羅光全書

冊十

中國哲學思想史

宋代篇（上）

臺灣學生書局印行

羅光著

中國哲學思想史

宋代篇（上册）

臺灣學生書局印行

中國哲學思想史 宋代篇

目錄

緒論

第一章 司馬光的哲學思想

第二章　周敦頤的哲學思想

第五章　程顥的哲學思想

第六章　程頤的哲學思想

緒論

一、宋代哲學思想的源流

唐代在中國的哲學思想史上，有一種特殊的地位。儒家的思想在唐代爲消沉的時代，或者更好說是在啓蒙的時代。儒家「四書」、「五經」的思想，因着秦始皇焚書坑儒，又因秦始皇改變文字，漢代儒者的工作都集中在搜尋與註釋經籍上。惟一的儒家新思想則爲「漢易」；然而「漢易」則雜有道家和術士陰陽的思想。唐代的儒者對於經書的註釋有顏師古補正「五經」的脫誤處，有孔穎達的五經正義。有了正義，學者便拘守不離，沒有另外的發展。因此沒有給宋朝儒者留下哲學思想的遺產。

但是，唐朝的皇帝對於道敎，具有一種親蜜的情感，隱隱地和道敎一樣地都認老子李耳爲祖宗，道敎在唐代乃能興盛。漢末和南北朝的道敎跟漢朝的易學混爲一脈，「漢易」的卦氣說，成了魏伯陽所作參同契中的主要思想。這種思想經過唐代留傳到宋朝，便造成了理學的第一個動力。周敦頤的太極圖說，和邵雍的先天圖說都受了道教卦氣圖說的影響。

宋朝皇帝親信道教的人有眞宗和徽宗。眞宗曾命王欽若總校道經；道經在宋太宗時已有徐鉉和王禹偁奉命收集，約有七千餘卷。眞宗大中祥符五年（公元一〇一二年）以張君房專收道藏，撰雲笈七籤一書。道士張伯端，在北宋時，作悟眞篇，價值頗等於參同契。張伯端亦名張用成，字平叔，天台人，卒于宋神宗元豐五年（公元一〇八二年），壽九十六歲。生年則應在太宗雍熙四年（公元九八七年）。他在悟眞篇所表現的思想，接受了禪宗的頓悟圓通的觀念，同時也推崇孔子的修身工夫。神宗時道士陳景元研究老莊，註釋道教經典。宋朝儒家學者如歐陽修、蘇軾、周敦頤及朱熹等人，都喜歡交結道士。朱熹的門生蔡元定，本是方技術士，長於象數學，元定的兒子蔡沈，爲朱熹的有名弟子，號稱九峯先生，也專長象數。道教的象數易學，影響了宋朝的易圖學。

道教主求長生，實行養生之術，或靜坐呼吸，或煉製金丹。這些方法雖近荒謬，但是中間藏有哲學思想，即是『元氣』的觀念。天地萬物由氣而成，萬物之氣爲陰陽之氣；天地中另有元氣，元氣週遊天地，循環不已。人禀受天地陰陽之氣，也禀有元氣；人幼時，元氣盛，成年後，元氣消耗。人爲養生，乃應保全元氣和補充元氣。這種元氣的觀念在理學家的二程思想中很顯明，而且張載的太虛之氣也受道教元氣觀念的影響。

唐代留給宋朝思想界的一份重大遺產，爲佛敎思想。佛敎思想乃是唐代的特色。唐代中葉，佛敎天台宗華嚴宗和禪宗已達到極盛的境界，高僧們融會了印度佛敎思想和中國傳統的思想而成了中國佛敎思想。到了宋朝，佛敎的思想雖比不上唐代興盛；但也還保存了很大的影響力。宋太祖登極後，卽詔除後周世宗破佛的禁令，又定他的生日二月十六日爲「長春節」，在首都開封的相國寺宴饗羣臣。開寶四年（公元九七一年），詔命張從信赴成都雕刻大藏經，版成於太宗太平興國八年（公元九八三年）。刻版由成都運到開封，藏於傳法院。後代人稱這種版本爲蜀版大藏經，共五千零四十八卷。在魏晉南北朝時，佛敎有處士結社，誦經禮佛。宋朝在太宗時，宰相王旦結集蓮社，比丘和處士千餘人參加。宋朝儒家學者，常喜歡和僧人相交。宋朝理學家也都先研究了佛學，然後才建立理學。

佛敎在宋朝最盛的敎派，乃是禪宗、天台宗和密宗，華嚴宗也相當興盛。宋朝中國僧人往印度求經，約計一百三十八人。西域僧人攜梵文經典來中國者，約計八十人。譯經工作便繼續進行，所譯經典，約六百餘卷，大都係密宗的典籍。

密宗在第八世紀時，由善無畏傳入。在善無畏之前，已有幾部密宗經典譯成漢文。在貞觀年間，沙門智通譯出千眼千臂觀世音陀羅尼神咒經，介紹速得成佛的「滅罪印」和「成等正覺印」等法。善無畏於唐玄宗開元四年（公元七一六年）抵長安已八十歲，從事翻譯。繼承傳揚的人爲不空，不空於天寶五年（公元七四六年）到長安。五代時後周世宗滅佛，密宗受害很大。宋太祖解除後周世宗的禁令，密宗漸興。太祖興國七年（公元九八二年）建譯經院，譯出密宗經典二百多卷。同時在遼國，密宗多受宣揚。宋遼的密敎在思想方面，沒有新的發展；在敬禮方面，則更通俗化而走向崇拜特種本尊。

天台宗在唐朝時由智者大師，建立了敎義，以判敎和止觀爲特點。宋太宗時有義通，有御賜寶雲大師的名號。他的弟子四明知禮爲天台宗「山家派」的代表。同時有智圓爲「山外派」的代表，兩派互有爭辯。天台宗以法華經爲敎典，於八識外創立第九識，即淸淨識或眞如識、菴摩羅識，又名眞心。眞心以外有妄心，妄心爲妄加分別之心。「山家派」的止觀採取妄心觀的觀法觀，先觀妄心然後入眞心。「山外派」則反對以觀心以外別有觀法觀，以直接觀入空中平等的眞如。「山家派」的觀法觀，以色心平等，都爲三諦圓融，一切都是眞如本體實相。「山外派」則以色爲假諦，其諦在於心觀。心爲本，色爲末，三千諸法，都由心出。眞心卽眞如。山家、山外兩派在宋代都相當興盛，後來山外派衰微，山家派流傳到後代。學者中稱山家派爲「事圓」說，山外派爲「理圓」說。

在天台宗的思想裏，以心爲本體，心是純然絕對的。心觀的歷程和意義，不在於說明人怎樣認識客觀世界，而在於證悟自己的本體。

華嚴宗在宋朝有高僧淨源、道亭、觀復、師會。華嚴宗以理遍于事，事同于理，一攝多，人和法相對相依。

唐朝中葉以後，佛教最盛的宗派，當推禪宗。唐德宗時禪宗禪師曾著禪源諸詮集，收集了禪宗的資料，可惜這部書已失傳。禪宗分南北兩派，到了唐代，又分五家七宗。宋初最盛的禪宗，爲法眼宗，次則雲門宗。法眼宗四傳就衰失了，只有雲門宗在宋代獨盛。到了北宋末年，雲門宗也衰竭了，臨濟宗和曹洞宗卻能繼續留傳。

北宋時雲門宗的璉國師和明覺國師，都是禪宗的名僧。南宋時曹洞宗有正覺、覺盛，臨濟宗有守端、法演、宗杲等禪師。但是在禪法上，則沒有新的發展。

北宗以唐代弘忍爲祖，弘忍倡「守心」、「觀心」，也稱爲「了心」。人人都有佛性，都常被妄念所遮蔽。佛性爲心，本來清淨，但是妄念使人有差別心。心本體常寂，照是用。寂而常用，用而常寂。心不動，是定，是智，是慧。在心內見佛性，顯出自性清淨光明。南宗以慧能爲始祖，也以明心見性爲本；性卽佛性，不有不無，虛空無邊。神會又以性爲道體，他的弟子大照（孝慧光）更以心是道，是理，心外無理，理外無心。心能平等，故稱爲理；理能照明，故稱爲心。（大乘開心顯性頓悟眞宗論）慧能壇經以眞如是念的體，念是眞如的用。「凡人也有佛性，若能直接證悟，卽見佛性，妄心不生。佛性卽是眞理，常無相清淨，人又有自性，自性爲見聞覺知，四大及一切法。北宗對於定慧不分爲二，無住爲寂靜，寂靜體爲定。寂靜體能知自體就是慧。至於頓漸的方法，南北兩宗不相同，在理論上，則兩宗都主張頓悟，只是人的根性不相等，便要用頓漸的方法。

佛敎的華嚴宗、天台宗和禪宗，代表中國的佛敎。各宗的思想在唐代都已成熟，在宋代流傳於社會。宋朝的儒家學者沒有人不反對佛敎，詆毀爲異端，卻同時又常和僧人往來，且都研究佛學。北宋佛敎明敎大師(契嵩)作了一篇排韓文，又作輔敎篇，王安石，蘇軾兄弟都從契嵩研究佛學。周敦頤曾從廬山歸宗寺佛印和東林寺常總習佛法。程明道程伊川曾先習佛而後研究六經，楊時和朱熹曾參天童文禮，常讀宗杲慧禪師語錄，陸九淵曾參西湖靈隱寺德光。佛學的心、性，明心見性，以及眞如本體等觀念，給予宋朝理學很多的啓示。又因爲佛學的這些觀念和禪觀的方法流行學者中，理學家乃想借他們的觀念和方法，加以儒化，用以攻擊佛學的虛空觀念。唐朝李翺的復性書，已是由禪宗惟儼的影響而成。宋朝張載開始主張天地之性和氣質之性。二程和朱熹繼承了這個思想。二程和朱熹都以性爲理，以理在萬物，又在人心；天地萬物同一理，各物之理又不相同，理一而殊。陸九淵卻以心爲理，心外無理，理外無心；這種思想也來自禪學，至於理學家所主張的持敬守靜，楊時，羅從彥，李侗等人所從事的保守未發的氣象，便是採自禪宗的心學。雖說宋明理學家如王陽明等，以理學家的心學歸之於孟子和中庸；但實際上則應看爲佛教禪宗的產物。當然理學家採取禪宗的心學，予以改頭換面；然而換不了禪宗心學的骨架。

二、宋代哲學思想的派系

宋朝哲學思想在哲學史上稱爲理學，也稱爲道學，所研究的對象爲性理。性爲物之所以成爲一物之理，性所以是理，理所以是性。佛教天台宗和華嚴宗常講空，空不是空，而是有；有又不是有，而是空；乃有不有不空的中道，中爲體，體爲眞如。禪宗講人心的本體爲佛性，直觀人心的佛性便能證驗眞如。這些思想包括本體觀念，包括心和性的關係，尤其包括人和物的實有存在之理。宋朝儒家學者乃被這些觀念所吸引，開始加以研究；然而由這些觀念進爲修養定慧的人生，總不能得到印證，終而回到儒家的經書，乃從易經和論語、中庸、大學、孟子的思想裏，找到了關於本體、心、性等觀念的個別思想，便以佛學的結構方法，連繫起來，構成了新儒學的理學。

宋儒對於漢儒估價很低，看不起他們的訓詁，認爲他們以己意亂經。孫復說：「專守毛萇鄭康成之說而求於詩，吾未見其能盡於詩也。專守孔氏之說而求於書，吾未見其能盡於書也。」（睢陽子集 與范天章書）邵雍說：「漢儒以反經合道爲權，得一端者也。」（觀外物篇）張栻說：「漢儒之言曰：『明於天地之性者，不可惑以神怪，知萬物之情者，不可罔以非類。』言必有所授，非漢儒所能言。」（南軒文集 黃鶴樓記）葉適說：「漢人不知學。」（水心習學記言）陸九淵嘗問學者有自信心否，學者對說只信幾個子曰；「陸子徐語之曰：漢儒幾個杜撰子曰，足下信得過否，學者不能對，問曰：先生所信者若何？曰：九淵只是信此心。」（宋元學案 槐堂諸儒學案，知州危驪塘先生積傳）

宋儒講義理，談心性。胡瑗和孫復開端，周敦頤以太極圖說建立系統，張載以太虛之氣充實內容，二程講理氣，朱熹繼承二程的思想，集理學的大成。邵雍則專講易經數理，陸九淵專談心學，陳亮葉適主張經世功利之說。這些學者可看爲宋朝理學各派的代表。

普通講宋學的人，常按地域而分學派：洛學、關學、蜀學、湘學、閩學、永嘉學、江西學。

洛學，爲程顥、程頤的學派，又有邵雍的學說。二程的弟子很多，弟子也不都是河南人，其中著名的有謝良佐、楊時、呂大臨、胡宏。

關學，爲張載的學說。張載以上有范仲淹，范仲淹以前有戚同文。在張載以後有三呂：呂大忠、呂大鈞、呂大臨。關學重禮，講經世治國。後來永嘉學派和關學有聯連。在關學和洛學中，可以列司馬光的學說，司馬光生於山西夏縣，常居陳水，然而在洛中居官。

蜀學的代表爲三蘇：蘇洵、蘇軾、蘇轍。蘇軾的門人和朋友很衆，其中著名的有黃庭堅、晁補之、秦觀。

湘學，湘學的有名學者爲周敦頤，乃是理學的一位大師；但是他自成一個學說，不被列爲湘學以內。湘學的代表有胡家和張家。他們的本家並不是湘人，只因他們籍居湖南，乃建立了湘學。胡家有四人：胡安國，安國的兒子胡寅、胡寧、胡宏。胡宏號五峯先生，爲理學的巨子。張家有張浚、張栻父子，浚曾任宰相和大將，對於易經和詩、禮、春秋、中庸都作有集解，張栻號南軒，爲朱熹的好友，過從親密，不幸壽歲不長，只活四十八歲。南軒的門人和私淑弟子頗多。

閩學以朱熹爲代表。朱熹從學於李侗，李侗從學於羅從彥，從彥爲楊時的門生，楊時爲二程的弟子。因此，朱熹常被視爲二程的私淑弟子。朱熹的一傳和再傳弟子在理學家中算最多，學派的繼承一直到明朝。他的一傳弟子中，以蔡元定蔡沈父子和陳淳爲最著。

江西學派頗複雜，有歐陽修的史學，有王安石的經世學，有陸九淵的心學。陸九淵的父親陸賀，也稱爲學者；九淵一共兄弟六人，他最小，六人中在理學上有成就的有三人：九韶，字子美，號梭山；九齡，字子壽；九淵，號象山。陸九淵的門人，以楊簡和袁燮爲有名。

永嘉派爲宋朝學派之最後者，主張經世功利，由程頤門人鄭景望和薛艮齋首先發起，陳亮提出主張，葉適予以完成。永嘉在浙江，浙江在宋朝除永嘉學派外，還有一位不屬派系的學者爲呂東萊，東萊長於史學。

宋學以地域分派，爲後代學者的分法。當時學者中分成派系。王安石執政時，行使新法，贊成和不贊成的人分爲新舊兩派，互相傾軋。朱熹學說既盛，時人攻擊他爲異端，他和他弟子蔡元定都被貶謫。到了南宋晚年朱學已成學界的正統思想，永嘉派的學者葉適等又被攻擊相反程朱之學。因此可見在宋朝時學說分派已成事實，但不像後世人把這學派分得那麼顯明。就是朱熹和陸九淵的思想，有不同處，也有相同之點。

三、宋代哲學思想的系統

宋朝的理學，由胡瑗和孫復開端。

胡瑗，字翼之，號安定先生，泰州如皐人。生於宋太宗淳化四年（公元九九三年），卒於宋神宗嘉祐四年（公元一〇五九年），年六十七。胡瑗一生官職，多在太學任教，以經義敎諸生明道德仁義之本，再敎以經世達用之學。在敎學時，非常嚴肅，衣服擧止必要端重。弟子中有程頤，非常稱頌他。胡瑗對於中庸的性和率性，特別注意，開啓後代理學家的修身論。

「命者，稟之於天；性者，命之在我。在我者修之，稟於天者順之。」

（安定學案、宋元學案一 卷一）

門生徐積，攻擊荀子的性惡論，倡養氣，而以情有正與不正，欲也有正與不正。他認爲這是胡瑗的思想。

孫復，字明復，號泰山先生。晉州平陽人，生於宋太宗淳化三年，（公元九九二年）卒於宋神宗嘉祐二年，（公元一〇五七年）年六十六。孫復，擧進士落第，退居泰山，學春秋，著春秋尊王發微十二篇。卒後，學生在他家中尋得著作十五篇。現存尊王發微發揮孔子作春秋的筆法書法，使禮法更顯明。歐陽修曾說：「先生治春秋，不惑傳注，不爲曲說以亂經，其言簡易，明於諸侯大夫功罪。以考時之盛衰，而推見王道之治亂，得於經之本義爲多。」（泰山學案 宋元學案一 卷二）

胡孫兩人，在治學方面，注重經義，不重訓詁；在敎學方面，力主嚴肅，倡明師道。這是宋朝後來理學家的傳統精神。他們兩人，雖然對於理學的重要觀念，還沒有明白提出，然對於人性，對於義理，對於正心，則已講授。

他們以後，有歐陽修。歐陽修（公元一〇〇七—一〇七二年）長於史學，曾對易經作考訂，著易童子問，在文集中有本論上下兩篇，反對荀子性惡，以仁義爲攻擊佛教的基本。稍晚於歐陽修的學者有司馬光（公元一〇一九—一〇八六年）著潛虛和易說，由易經的數理講易，和邵雍易數相表裏。王安石爲一政治家，生於宋眞宗天禧五年（公元一〇二一年）卒於宋哲宗元祐元年（公元一〇八六年）年六十六歲。安石以他的性說著名，著有原性和性情兩篇。他以性比太極，無善無惡，性觸外物時發生情，情發時合於理爲善，不合於理爲惡。情發自性，性爲體，情爲用，性情爲一。

但是理學的創始人爲周敦頤，他著太極圖說和通書。兩書都很短，他卻舉出了一個有系統的學說，就是理學。理學爲儒家的形上學，以易經、中庸、大學爲根基，參入了道佛的思想。西洋的形上學研究萬物的最高理由，討論「存有」。中國的形上學，研究「形而上之道」，道爲天道、地道、人道，爲天地人變化的原則。天地人的變化，在於生生，易經說生生之謂易。因此中國形上學研究「生生」。存有和生生在觀念上不同，在實體上則爲一。中國哲學以萬有都是生。易經以太極生兩儀，兩儀生四象，四象生八卦；八卦代表物，周敦頤以太極生兩儀，兩儀生五行，五行生男女，男女生萬物。老子在道德經也說道生一，一生二，二生三，三生萬物。所以一切萬有都是由氣而化生，化生以後，並不是一成不變，仍繼續生化；凡是存有，便都是生生。中國形上學由生的方面去研究萬有。

周敦頤用一個簡單的圖形，畫出萬物化生的體系。在通書裏，他則提出了中庸的『誠』，以誠爲生生的理由。人既是萬有的最高部份，人的生活便以誠爲原則。周敦頤所創的理學，乃是倫理學的形上根據。

生生的體系，在理學裏成了主要的問題，邵雍在周敦頤所提出的體系以外，建立了一種數理的體系。他根據易經的數理，聯合六十四卦的系統，構造了天地變化的數理系統，以元會運世的方法，計算宇宙的年代。張載則走周敦頤的路線，以太虛爲萬物之源，以太虛而有陰陽。他說明萬物同一氣，物我同胞。在人的本體裏，他還分了天地之性和氣質之性，二程曾從周敦頤受學，也是張載的親友。他們兄弟兩人，對於生生的體系，提出理氣兩元。對於人性，以人性爲理。對於修身，提出了守敬。他們的門人弟子，謝良佐、楊時、呂大臨等特別注意修身之道，尋求喜怒哀樂未發時的氣概，楊時的弟子羅從彥，從彥的弟子李侗講究靜坐，有禪家的氣味。二程當時對於生生的道理提出了『仁』字，仁爲生，仁有了形上的意義。人的生命在於心，人心乃爲仁。程顥和程頤對於心，意見頗不相同。程顥以理在人心，人心者沒有私慾的掩蔽，天理便自然流露，人不必勉力助長。程頤則主張致知，求知外物之理，按理去修身，「敬以直內，義以方外。」朱熹爲李侗的門生，然私淑程頤。他集理學的大成，成立了理學的系統。

天地萬物的化生，由理和氣而成。理爲性，氣爲質。理卽生生之理，在天地間爲一理，在萬物裏則各爲一理，理一而殊。氣分陰陽，分清濁。在朱熹的思想裏，陰陽的區分，不及清濁的區分重要。理成物性，氣成物形。在人，理爲人性，氣爲人情。合性與情，乃有人心。人性爲理，當然是善；但在每一個人，理和氣相合，成氣質之性，因養氣的清濁程度不同，氣質之性乃有善惡。人心爲靈，乃一身的主宰。人心以天地之心爲心，天地以生物爲心，生物之心爲仁，人心也是仁。人爲發育自己的人性之仁，應格物致知，研究事物之理，以求知道人心之理。知道人心之理，則應主敬守靜。朱熹的思想，在初期，力主格物致知，很不贊成老師李侗的靜坐，到了第二期，他作延平問答和延平行狀，則取李侗靜坐的長處，也主張求靜。後來他和張栻（南軒）往交問答，乃一心注重實踐。

朱熹以理和氣構成了本體論；以本然之性和氣質之性，解決了儒家的性善性惡論，以致知格物，奠定了儒家的修爲論；以天地生物之心爲仁，以仁義禮智信爲五行的性能，建立了儒家倫理學的形上理論。

朱熹同時的陸九淵，則反對朱熹的思想。陸九淵的哲學思想專注在心性問題上，以人心卽是天理，天理卽是人心。仿效佛教明心見性的觀念，主張人反觀自心，自然見天理，既見天理，天理卽流行於行事。他的思想導源於程顥，朱熹的思想則導源於程頤。

朱陸的門生弟子結束了宋朝的哲學的趨勢。雖然當時尚有陳亮葉適的永嘉學派，注重經世實用之學，但影響力不大。宋末到元朝，朱熹的學說已經成了哲學思想的主流。朱學包括理學家周、張、邵、二程的思想，又上承中庸、大學、孟子的傳統，旁收道家和佛教的哲學學說，乃成一新的哲學系統。這種系統乃是唐宋思想的總滙，爲宋代哲學思想的代表。

第一章 司馬光的哲學思想

一、緒論

司馬光爲中國政治史上的一位完人，也是一位從政的標準儒者。南宋劉嵩在紹興二年（公元一一三二年），作他的文集序說：「大丞相溫國文正司馬光，出於去聖數千歲之後，其公忠直亮，根於性質之自然，非勉而中，思而得者。見於脩身踐言，則孝悌忠信，雖蠻貊而可行，在屋漏而不媿。至其施諸政事，則關百聖而不愧，蔽天地而不恥。而發爲文章，則探陰陽造化之賾，以豐其源；躬仁義禮樂之實，以沃其膏；酌聖賢出處之正，以厲其操；通古今因革之變，以博其施；非徒載之空言也。」（註一）

司馬光，字君實，於宋眞宗天禧三年（公元一〇一九年）生於陝州夏縣。父名司馬池，官天章閣待制。光於仁宗寶元初，中進士甲科，歷官武成軍判官事，大理評書，國子直講，樞密副使，龍圖閣直學士，翰林學士。王安石執政，光以端明殿學士知永興軍宣撫使。資治通鑑書成，加資政殿學士。元祐元年（公元一〇八六年）卒於相位，年六十八。追贈太師溫國公。太皇太后與帝親臨其喪。宋史本傳說：「凡居洛陽十五年（王安石行新法時），天下以爲眞宰相，田夫野老，皆號爲司馬相公。婦人孺子亦知其爲君實也。帝崩赴闕臨衞，士望見皆以手加額曰：此司馬相公也。所至，民遮道聚觀，馬至不得行，曰：公無歸洛陽，留相天子，活百姓。……歸葬陝州，謚曰文正，賜碑曰忠清粹德。京師人罷市往弔，鬻衣以致奠，巷哭以過車。及葬，哭者如哭其私親。嶺南封州父老亦相率具祭。都中及四方，皆畫像以祀，飲食必祝。光孝友忠信，恭儉正直，居處有法，動作有禮。……自少至老，語未嘗妄。自言吾無過人者，但平生所爲，未嘗有不可對人言者耳。誠心自然，天下敬信。……光於物澹然無所好，於學無所不通，惟不喜釋老。……惡衣菲食，以終其身。」

當時范仲淹、韓琦、文彥博，都以文人爲相，都有高尙的操行，顯明的政功。然而司馬光在思想界有哲學家的地位，在品德上有賢哲的聲譽，爲中國政治史上所少見的人物。儒家自孔子以來，都主張學以致用，都倡導以堯舜的仁政去治國；但是孔子、孟子和荀子等，都沒有居高官，都不克實行儒家的理想。唯有司馬光達到了這個目的。所以我們願意研究司馬光的哲學思想，以他作儒家政治家的代表。司馬光的著作，最著名的是他的資治通鑑，在哲學方面的著作很少，只有潛虛一卷、易說三卷、太玄注、法言注。

二、形上思想

司馬光研究易經時，很看重揚雄的太玄。

「余少之時，聞玄之名而不獲見，獨觀揚雄之自序稱玄盛矣。……及長，學易，若其幽奧難知，以為玄者，賢人之書，校於易，其義必淺，其文必易。……故願先從事於玄，以漸而進於易，庶幾乎其可跂而望也。於是求之積年，始得觀之。……然易，天也，玄者為之階也。子將升天而廢其階乎。……」

揚雄的太玄，仿傚漢朝易學家的卦氣說，建立一種宇宙變易論，以代表陰陽變化的「方、州、部、家」，配合一歲的四季。司馬光根據揚雄的太玄作潛虛一卷。四庫全書總目有「潛虛提要」一文，云：「宋司馬光撰。光有溫公易說，已著錄。是編乃擬太元而作，晁公武讀書志曰：此書以五行爲本。五行相乘爲二十五，兩之爲五十。首有氣體性名行變解七圖。然其辭有闕者，蓋未成也。其手寫草稿一通，今在子建姪房。朱子跋張氏潛虛圖，亦曰：范仲彪炳文家多藏司馬文正公遺墨，嘗示予潛虛別本，則其所闕之文甚多，問之，玄：溫公晚年著此書，未竟而薨，故所傳止此。近見泉州所刻，乃無一家之闕，始復驚疑，讀至數行，乃釋然曰：此贋本也，其說與公武合。」

潛虛一卷有闕本，有完本，朱熹以闕爲原本，完本爲僞本。潛虛原本文字很少，圖解頗多，有氣圖、體圖、性圖、名圖、行圖、命圖。

在命圖以後，全卷結束時，司馬光說：

「玄以準易，虛以擬玄。玄且覆瓿，而況虛乎，其棄必矣！子雲曰：後世復有揚子雲，必知玄。吾於子雲雖未能知，固好之矣。安知後世，復無司馬君實乎？」

司馬光作潛虛的用意，在於仿倣揚雄的太玄，作圖以解釋宇宙和人事的變化。繪圖的原理雖出於易經，繪圖的經緯則出於漢易卦氣之說，繪圖的注意點在於政治理想。故在哲學思想上，價值很低；但能代表宋朝易經圖象的一派，和邵康節同流。

1. 宇宙論

潛虛的形上思想，在全卷的開端：

「萬物皆祖於虛，虛生於氣，氣以成體，體以受性，性以辨名，名以立行，行以俟命。故虛者，物之府也；氣者，生之戶也；體者，質之具也；性者，神之賦也；名者，事之分也；行者，人之務也；命者，時之遇也。」

在這一段文章裡，司馬光提出下列幾個名詞：虛、氣、體、性、名、行、命，自己不加解釋；但從這幾句簡單的話，可以看出他的哲學思想。思想很不成熟，且參有道家思想。他從宇宙萬物的源起，說到物的本體，由物而說到人生，觀念很簡單，然而他所作的圖表，則反而複雜了。

(甲) 虛

宋朝初期理學家研究易經，如周敦頤、邵康節、張載，都受有道家的影響，司馬光也免不了這種影響；因爲在漢朝以後，研究易經的人祇有道教的長生術士。司馬光的潛虛，雖模仿揚雄的太玄；然而在思想上，則摘取道家的哲學觀念。老子和莊子講虛無，司馬光乃講「虛」。

司馬光對於「虛」，有三句解釋：

「萬物皆祖於虛，……」

「虛生於氣……」

「故虛者，物之府也。」

「虛」似乎和老子的「無」相似，實則不相同。老子的「無」爲一實體，爲宇宙萬物之元。司馬光的「虛」，不是實體，不是萬物之元，祇是一種境界。這種境界的虛，在老子的思想裡，是「無」或「道」的境界；但是在司馬光的思想裡則不知道是「什麼」的境界，祇能說是氣的境界，因爲他說「虛生於氣」。

(乙) 太極

司馬光在易說，解釋易傳繫辭所說「易有太極，是生兩儀，兩儀生四象，四象生八卦，八卦定吉凶，吉凶成大業。」（繫辭上 第十一章）他以太極爲至極，爲中：

「易有太極，極者，中也、至也、一也。凡物之未分，混而為一者，皆為太極。……」

「或問太極有形無形？曰：合之則有，離之則無。何謂也？曰：請以宮喻。夫宮者，土木之為也，舉土木則無宮矣。土木者，堂牆棟宇，則無土木矣。雖然，合而言之，則宮巍然在矣。」

「太極者，一也，物之合也，數之元也。引而伸之，觸類而長之，則算不能勝也，書不能盡也，口不能宣也。」（註二）

太極爲萬物之合，也爲萬物之中。中，在中庸爲人心的天然狀態，卽人心沒有被情欲所動時爲中。太極稱爲中，就是萬物沒有分離，沒有各自成爲一物之前，「混而爲一」。這種思想很渾沌不清楚。分則無形，合則有形，合爲宇宙，則宇宙稱爲太極；或者以氣凝結爲太極，分則爲虛，然而太極稱爲虛，虛則常無形。有形之太極，已是形而下之器。

「極，中也；儀，匹也。」

「太極，天也。乾坤，日月也。四象，五宮也。八卦，十二辰也。六十四卦，列宿也。衆爻，三百六十有六度也。」

「太極，地也。乾坤，山澤也。四象，四方也。八卦，九州也。六十四卦，萬國也。衆爻，都邑也。」

「太極，歲也。乾坤，寒暑也。四象，四時也。八卦，八節也。六十四卦，十二月也。衆爻，三百六旬有六日也。」

「太極，王也，乾坤，方伯也。四象，四岳也。八卦，州牧也。六十四卦，諸侯也。衆爻，卿大夫也。」（註三）

這些解釋都是比譬，以他看來，太極爲萬物之首，又爲萬物的總稱。太極是不是一個實體，是不是萬物之元，司馬光沒有解釋明白。司馬光的太極，和易經的太極，在思想上就不相同。宋朝理學家，對於太極，各有各的解釋，司馬光的解釋，較比張載和朱熹的解釋，爲膚淺，且沒有說明太極究竟若何？

(丙) 乾坤

司馬光以乾爲陽，坤爲陰。陰陽相雜而成物。他在易說解釋「易傳」子曰：「乾坤其易之門邪；乾陽物也，坤陰物也。」

「易之門，易由此出。乾坤合德，而剛柔有體，交錯而成衆卦，然其剛柔各自為體撰故也。乾陽物，卦陰陰物，凡萬物之陽者皆為乾，陰者皆為坤。乾坤相雜而成六子，六子者非他，乾坤之雜也，乾坤者，陰陽之祖也。陰陽之精，騰為日月，散為水火，鼓為雷風，流為山澤。……」

「夫乾不專於天，坤不專於地，凡事之健者皆乾也，凡事之順者皆坤也。」（註四）

乾坤，爲德能，代表陰陽。乾爲陽德，坤爲陰德。陰陽之德又以柔剛爲代表，乾爲剛，坤爲柔，又以健順爲代表，乾爲健，坤爲順。然而陰陽之本體則爲氣。乾坤相雜，即是乾坤相結合，乾坤的結合，應該和易經的陰陽相結合，同一意義。漢儒以陰陽相結合而有五行，司馬光以乾坤相雜而成六子。六子是什麼？司馬光沒有解釋。易經每卦有六爻，六爻俱爲陰陽之爻；或者卽是司馬光所說的六子。至於日月水火風雷山澤乃是易經的八卦，爲陰陽所成。司馬光以為陰陽之精所聚散，也是漢以來儒者的說法。

（丁）氣

「虛生於氣，氣以成體。」

萬物之祖為虛，然虛生於氣，虛為氣的境界。氣則為萬物之元素。氣成物的本體。司馬光在潛虛所作的第一圖為「氣圖」。

氣圖

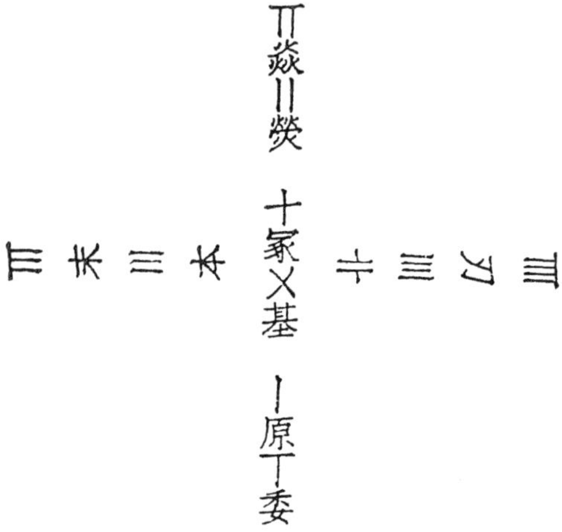

丌焱‖熒

𝍨 刄 ||| 卝 十冢乂基 本 ||| 末 𝍧

｜原丅委

原為天為一為水
熒為地為二為火
本為天為三為木
卝為地為四為金
基為天為五為土
委為六（丅）
焱為七（丌）
末為八（𝍧）
刄為九（𝍨）
冢為十

張敦實解釋說：「五行之在天地間，具自然之氣，故有自然之象，與自然之數。天一居北爲水，地二居南爲火，天三居東爲木，地四居西爲金，天五居中爲土。在虛則有原有熒有本有卝有基焉。至於水一得土五而成六，火二得土五而成七，木三得土五而成八，金四得土五而成九，中央五土而成十。……故五行更生，得土以助之。昔之原者今有委，昔之熒者今有焱，昔之本者今有末，昔之卝者今成刄，昔之基者今成冢矣。」

司馬光的氣圖，爲仿傚漢易的五行配四方四時八卦圖。他不以圓周形作圖，而用十字形作圖，便於數字的解釋。但他爲什麼取原熒本卝基委焱末刄冢這些名詞，並沒有解釋，大約也祇是用這些名詞作爲一種符號。這種氣圖和邵康節所說的河圖很相似。

氣圖所表示的，爲天地的數字和五行的變化。司馬光接受漢易的卦氣說，以氣分天地之氣，天地之氣卽是陽氣陰氣，然後又有五行金木水火土之氣。他自己沒有新的思想，沒有說明氣的本體，也接受了易經和漢儒對於天地的數字。

2. 本體論

(甲) 體圖

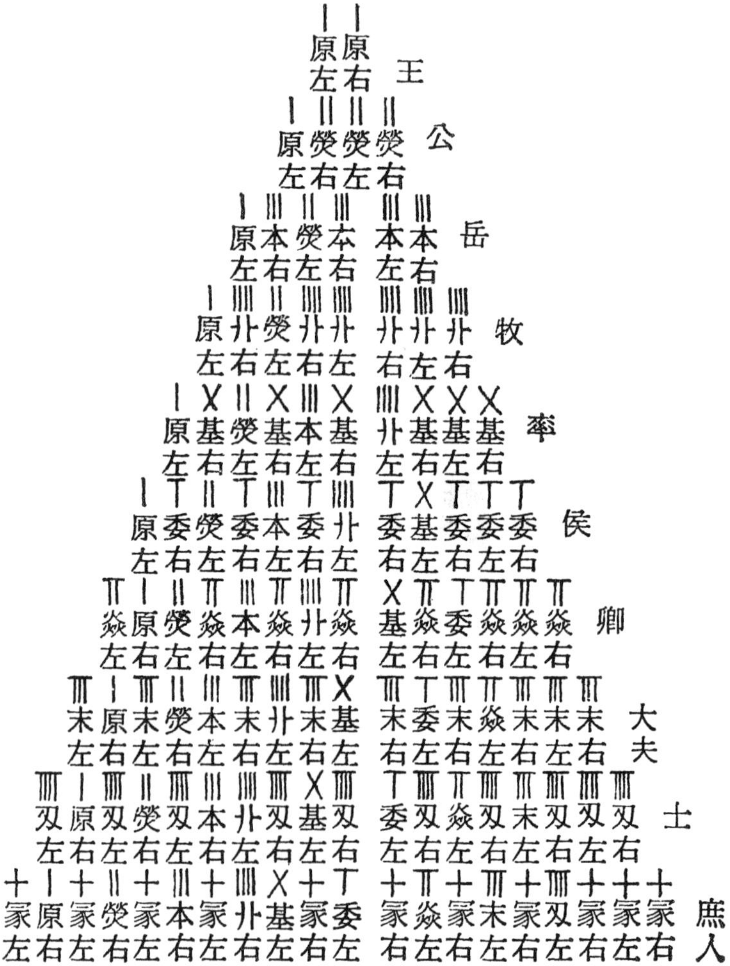

〡〡 王
原原
左右

〡〢〢〢 公
原熒熒熒
左右左右

〡〣〢〣 〣〣 岳
原本熒本 本本
左右左右 左右

〡〤〢〤〤 〤〤〤 牧
原卝熒卝卝 卝卝卝
左右左右左 右左右

〡〥〢〥〣〥 〤〥〥〥 率
原基熒基本基 卝基基基
左右左右左右 左右左右

〡〦〢〦〣〦〤 〦〥〦〦〦 侯
原委熒委本委卝 委基委委委
左右左右左右左 右左右左右

〧〡〢〧〣〧〤〧 〥〧〦〧〧〧 卿
焱原熒焱本焱卝焱 基焱委焱焱焱
左右左右左右左右 左右左右左右

〨〡〨〢〣〨〤〨〥 〨〦〨〧〨〨〨 大夫
末原末熒本末卝末基 末委末焱末末末
左右左右左右左右左 右左右左右左右

〩〡〩〢〩〣〤〩〥〩 〦〩〧〩〨〩〩〩 士
双原双熒双本卝双基双 委双焱双末双双双
左右左右左右左右左右 左右左右左右左右

十〡十〢十〣十〤〥十〦 十〧十〨十〩十十十 庶人
家原家熒家本家卝基家委 家焱家末家双家家家
左右左右左右左右左右左 右左右左右左右左右

物的體由氣而成，萬物之體，有性有形。司馬光拿國家人事的體制，象徵宇宙萬物的物體，潛虛說：

「一等象王，二等象公，三等象岳，四等象牧，五等象率，六等象侯，七等象卿，八等象大夫，九等象士，十等象庶人。一以治萬，少以制衆，其惟綱紀乎。……卿詘一，大夫詘二，士詘三，庶人詘四。位愈卑，詘愈多，所以為順也。詘雖多，不及半，所以為正也。正順蒐墜之大誼也。」（註五）

張敦實解釋說：「天地之數，陽奇陰偶，陰陽合德，而剛柔有體，此五位所以相得而各有合也。天一與地六相得，合而生水，有原而有委。地二與天七相得，合而生火，有熒而有燄。天三與地八相得，合而生木，有本而有末。地四與天九相得，合而生金，有廾而有刃。天五與地十相得，合而生土，有基而有冢。以五行生成，分言之則有五，合言之則有十。故一等至十等，總五十有五體；體有左右，辨賓主也；有上下，辨尊卑也。左右上下，遞純遞詘，以與天下之治，以成天下之業。故能若綱在綱，若臂使指，無尾大不掉之患。」（註六）

體圖和易經的六十四卦圖相似。宋朝研究易經的學者，專心製造易卦圖，根據陰陽兩爻的變化，列擧六十四卦的變化。在宋朝學者所作的易圖中，以俞琰所作的「先天六十四卦直圖」，最簡單最合理。俞琰的圖在結構的理論上，有點和司馬光的體圖相彷彿。俞琰畫圖的理論，爲陽爻陰爻在六畫裡所能有的變化：一陰五陽，二陰四陽，三陰三陽，四陰二陽，五陰一陽，分爲五列，左右平列。五列的上面爲六陽，下面爲六陰。司馬光的體圖，以五行在氣圖的變化，由上結下，分成十列，一列代表一種原素，上面所有的原素都參加下列的體的構成。十列的原素爲氣圖的原素：原、熒、本、𠀤、基、委、焱、末、刄、冢。十列由原開始，原爲一，次第往下，按照列的號碼而列體數。體有左右，代表天地，代表陰陽。這種圖在哲學上沒有意義，祇能代表五行的變化。

（乙）性圖

司馬光對於性的解釋，在潛虛裏說：

「體以受性，性以辨名。」

在文集裏的「迂書」裏說：

「易曰：窮理盡性以至於命。世之高論者，競為幽僻之語以欺人，使人跂懸而不可及，憒瞀而不能知，則盡而舍之。其實奚遠哉！是不是理也，才不才性也，遇不遇命也。」（理性命）

從上面兩段話裏，很難知道司馬光對於「性」究竟有什麼思想。他沒有往物的本體深處去硏究，祇從普通的意義上去講。「才不才性也」，這句話的出處該是孟子。孟子的「才」為人所有天生向善之能，既是天生之能，就稱為性，但是孟子的才字和性字，意義不完全相同。潛虛說：「體以受性，性以辨名。」以性在體內，性沒有體不能成，體沒有性不能立。物體有了性乃能有名，名是物的代表，而物之所以為物則是性，名便是代表性。有了性纔有名，名按性而分辨。

司馬光在潛虛裏作性圖：

性圖

一	二	三	四	五	六
一一水	一二火	一三木	一四金	一五土	一六水
二二火	二三木	二四金	二五土	二六水	二七火
三三木	三四金	三五土	三六水	三七火	三八木
四四金	四五土	四六水	四七火	四八木	四九金
五五土	五六水	五七火	五八木	五九金	五十土
六六水	六七火	六八木	六九金	六十土	
七七火	七八木	七九金	七十土	七一水	
八八木	八九金	八十土	八一水	八二火	
九九金	九十土	九一水	九二火	九三木	
十十土	十一水	十二火	十三木	十四金	

司馬光在潛虛裏說明性圖：

「凡性之序，先列十純，十純既浹，其次降一，其次降二，其次降三，其次降四，最後五配，而性備矣。始於配，天地之道也。」

張敦實解釋說：「五行之性，皆相生以相繼，相克以相成。虛始於十純，其體立而不改。其次降一，故水與火配，其次降二，故水與木配，其次降三，故水與金配，其次降四，故水與土配，自降一至降四，其下亦降次以相配焉。最後五行生成，大率不出乎此。」（註七）

所謂十純，爲右第一行的十個數字，以後向左的每一行，都由兩數相配，所謂純，卽是五行的金木水火土；所謂配，卽是每兩行相結合。性，或是純，或是相配。至於說性圖爲什麽上面五列各爲六行，下面五列各爲五行，司馬光沒有說明。我臆測，上面五列成數三十，爲易經的地數；下面五列成數二十五，爲易的天數，合起來爲五十有五，成天地之數。

(丙) 名圖・行圖・命圖

漢朝易學者講卦氣，孟喜和京房以卦配節氣，以爻配日，京房和虞翻又作納甲納辰。司馬光仿傚卦氣圖作名圖和行圖。

名圖爲一圓形圖，代表三百六十四變，每變代表一日。司馬光說：

「人之生本於虛，虛然後形，形然後性，性然後動，動然後情，情然後事，事然後德，德然後家，家然後國，國然後政，政然後功，功然後業，業終則返於虛矣。」（潛虛）

這種次序，由形上而形下，由物之元而到人所構成的國家社會，合計爲十：性、動、情、變、德、家、國、政、功、業。每一過程再分爲五，共得五十，再加以元、衰、齊、散、餘，共五十有五，成天地之數。

「故萬物始於元，著於衰，存於齊，消于散，訖於餘；五者形之運也。」（潛虛）

行圖爲一長方形圖，將名圖的五十五個名目，排在上列，除元、齊、餘外，共五十二名目，每一名目，分爲初二三四五六上，共七行，每行加以按語，按語有些像易經的卦辭，稱爲變圖。共三百六十四行，配一年的三百六十四日。

張敦實解釋說：「五行在天地之間，可以開物成務，冒天下之道者也。故用各有五，終於五十五名。其修爲之序，可以治性，可以修身，可以齊家，可以治國，可以平天下。故曰：行者，人之所務也。繫之辭以明其義，用之變以尙其占，皆所以前民用也。」（註八）張敦實所用的話，是易經「繫辭」的話。「易傳」用這些話解釋『易』：「子曰：夫易何爲者也？夫易，開物成務，冒天下之道，如斯而已者也。」（繫辭上 第十一章）周易本義註說：「開物成務，謂使人卜筮，以知吉凶，而成事業。冒天下之道，謂卦爻既設，而知天下之道皆在其中。」司馬光的行圖，以修身齊家治國爲主，對三百六十四行所繫的辭，都是修身齊家治國之道，在行圖裏便冒有天下之道；然而也可以用爲卜筮，以知吉凶。

司馬光的命圖，則爲卜筮之用。他仿傚易經「繫辭」的卜法作一卜法。

「五行相乘得二十五，五以三才乘之，得七十五，以為策。虛其五而用七十。分而為二……」（潛虛）

司馬光的形上哲學思想，由漢朝易學遞變而出，企圖由漢易的空談卦氣，而轉入治國之道。但是這種形上思想尚很淺薄，又很混亂，同時稍後的理學家則另入一途，由理和性而談物之本體。祇有邵康節和他同路，但邵子的思想則更複雜了。

三、人生哲學

司馬光在文集中有幾篇疑孟的文章，對於孟子的言行，有時責以不合於聖人的訓示，也不贊成孟子的性善論；對於孔子則推崇爲聖人；惟間而也看重佛道的幾點思想。

「或問老釋有取乎?迂叟曰:有。或曰何取?曰:釋取其空,老取其無為自然,捨是無取也。或曰:空則人不為善,無為則人不可治,奈何?曰:非謂其然也。空,取其無利欲之心,善則死而不朽,非空矣。無為取其因任,治則一日萬幾有為矣。」(註九)

雖取佛道的長處,對於佛,取空;對於道,取無爲;然在應用時,仍舊用儒家之道。司馬光的人生哲學,乃純儒家的哲學。

1. 天道

先秦時代,儒家的人生哲學常以天道爲基本,書經詩經和孔子孟子,都以倫理善惡的標準在於上天的旨意。孔子雖重禮,然禮以天爲本。戰國末期鬼神的迷信很盛,道家的自然主義盛行社會,荀子乃特重禮法,上天的天道隱晦不顯了,墨子乃極力主張天志。漢朝讖緯的思想滲入易經,使宇宙的變化完全按照陰陽五行之氣的運行,成爲一種機械式的宇宙論,上天的天道也變爲自然界的法則。王充曾以主張無神論而著名,揚雄的太玄對於上天的天道也不明顯。司馬光則很明顯地主張有位格的上天尊神，天道卽上天的旨意，人的生活應符合天意。

「天者，萬物之父也。父之命，子不敢逆；君之言，臣不敢違。父曰前，子不敢不前；父曰止，子不敢不止；臣之於君亦然。故違君之言，臣不順也；逆父之命，子不孝也。不順不孝者，人得而刑之；順且孝者，人得而賞之。違天之命者，天得而刑之；順天之命者，天得而賞之。」（註一〇）

這種思想，簡直相似墨子的思想，在論語和孟子裏都找不到。但書經和詩經對於上天的信仰，乃是這種眞誠的信仰。人應謹守天意，行善避惡，天意由聖人制禮以顯明出來，人便該守禮。天對於每個人也有命，孔子和孟子都教人知道天命，安心立命而不亂。司馬光說：

「天使汝窮而汝强通之，天使汝愚而汝强智之，若是者必得天刑。」（註一一）

這一段話使共產黨人咒罵司馬光把被壓迫者的窮苦，都歸之於天的意旨，誰也不能反抗；而以解放人民痛苦的人爲天的罪人！（註一二）司馬光的思想並不是要人窮就窮，苦就苦，一切歸之命運；乃是以人的幸福不在於智愚勇怯貴賤貧富，而在於有德。德由人爲，命分由天。人勉力做自己分內的事，而不想改變自己的命。做了自己分內的事，心內有安寧，這是天的賞報；一心祇有富貴，心中不安，這就是天的罰。

「或曰：夫士者，當美國家，利百姓，功施當時，澤及後世，豈獨齪齪然謹司其分不敢失隕而已乎！曰：非謂其然也，智愚勇怯貴賤貧富，天之分也；君明臣忠父慈子孝，人之分也，僭天之分，必有天災；失人之分，必有人殃。」（註一三）

司馬光恢復詩、書的思想，以人的命運屬於天，人的倫理標準在於天意，人則有責任努力行善，以利國家社會。他不是消極的命運論者。他說：

「天之所不能為而人能之者，人也。人之所不能為而天能之者，天也。稼穡，人也；豐歉，天也。」（註一四）

人不宜和天爭功。這種思想，爲儒家傳統的思想。當時王安石爲變法，倡反對傳統的論調，以「天命不足畏，祖宗不足法，人言不足恤。」司馬光盡力反對王氏的主張，以天示人生活法則。他在太玄注說：「首者，明天地以陰陽之氣發斂萬物而示人法則也。」（玄測中）這是孔子的法天思想。

2. 人的本體

（甲）人爲三才之一

儒家從易經以來，常以天地人爲三才，代表宇宙萬物，人爲三才之一，且爲萬物的最優秀者，禮記「禮運」篇以人得五行之秀氣。司馬光注解易經時，接受這種思想：

「三才者，天陽也；地陰也；人者，陰陽之中也。以物言之，則陽也、陰也、太極也；以事言之，則始也、壯也、究也；以位言之，則下也、中也、上也。三才之中，復有陰陽焉；故因而重之，以爲六爻，而天下之事

畢矣。」（註一五）

司馬光的這種注解，和易經的思想不完全相合，而且也不大明瞭。易經說：「兼三才而兩之，故易六畫而成卦。分陰分陽，迭用柔剛，易六位而成章。」（說卦 第二章）在「繫辭」裏也說：「兼三才而兩之故六，六者非它也，三才之道也。」（繫辭下 第十章）易傳以六爻代表三才之道，沒有說天陽地陰人中，雖是可以說這種思想包含在易經以內。司馬光以人爲陰陽之中和，繼承了禮記和漢儒的思想。

（乙）心・情

中和之氣，爲人的本體之氣；中和之氣的表現則在於人的心。人心因氣之虛，有神有靈。神則變化莫測，靈則有知。司馬光在太玄注說：

「中者，心也，物之始也。……」

「……夫以天地之廣大而人心可以測知之，則心之爲用也神矣。……君子之心可以鉤深致遠，仰窮天神，俯究地靈，天地且不能隱其情，況萬類乎，以其思而未形也。故謂之幽。法言曰：『或問神，曰心。請問之，曰：潛天而天，潛地而地。』天地，神明而不測者也，心之潛也，猶能測之，況於人乎？況於事倫乎？君子思慮之初，未始不存乎正也……」

「神者，心之用也。……」（註一六）

荀子曾以心爲虛靈，虛靈乃有徵知。宋朝在唐朝以後，唐朝的佛教已經注重心論，尤其是禪宗。司馬光曾稍研究佛經。

「余嘗聞學佛者言：佛書入中國，經律論三藏，合五千四十八卷。般若經獨居六百卷。學者撮其要為心經一卷。為之注者，鄭預最簡而明。余讀鄭注，乃知佛書之要，盡於空一字而已。……世稱韓文公不喜佛，常排之。余觀其與孟尚書書論大顛云：能以理自勝，不為事物侵亂。……今之學佛者，自言得佛心，作佛事，然皆不免侵亂於事物，則其人果何如哉……」（註一七）

司馬光以心的知識功用爲神，但也注意心之靈。

> 「靈者，心之主，所以營為萬物，物之所賴以生存者也。……靈已隕矣，則氣形各反其本也。」

人心之靈，爲人的生命之主，即是說人心乃是人生命之心，人有氣有形，氣和形由着心而成人的生命，人心之靈一停止，人的生命就息止了，人也不是人了，氣和形改歸原本，成爲無靈之物，因爲人死後的屍體，乃無靈之物。

人心有情，情乃天生。司馬光主張情在自然流露時，常按天然的原則。這種自然原則稱爲「道」。普通人常說以道去制情，因爲道不勝情則亂，道勝情則善。司馬光則說情內有道，情和道是一致的。聖人認識人情之道，便按人情之道而制禮，禮以導情，而不是制情。

> 「夫情與道一體也，何嘗相離哉！始死而悲者，道當然也。久而寖衰者，亦道當然也。故始死而不悲，是豺狼也。悲而傷生，是忘親也。……夫情者，水也；道者，防也。情者，馬也；道者，御也。……由是觀之，情與道何嘗交勝

哉。」（註一八）

情與道不互相交勝，乃是孔孟的思想。孔孟都不以情爲惡，因情爲心之動。心不能不動。父親死了兒子，不能不悲痛。日子久了，這種悲痛自然就減低。順着這種自然之道，情之動便能合節，乃得中和。

(丙) 性兼善惡

人性是什麽？司馬光在「疑孟」裏說：「性者，天與之也。」在太玄注「注衡」裏說：「成不可更，性也。……性，天命也。」

性的善惡，自孟子以後，儒家常加討論。司馬光接受揚雄的主張，以性兼有善惡，而是善惡相混，修養性之善則爲善人，修性之惡則爲惡人。司馬光說：

「孟子以為人性善，其不善者，外物誘之也。荀子以為人性惡，其善者，聖人之教也。是皆得其遍而遺其大體也。夫性者，人之所受於天以生者也，善與惡必兼有之。是故，雖聖人不能無惡，雖愚人不能無善，其所受多少之間則殊矣。善至多而惡至少，則爲聖人；惡至多而善至少，則爲愚人；善惡相半，則爲中人。……故揚子以謂人之性善惡混，混則善惡雜處於身中之謂也，顧人擇而修之何如耳！修其善則爲善人，修其惡則爲惡人，斯理也豈不曉然明白哉！……」（註一九）

這種理論看起來很明白，在哲學上則實在不明白；而且等於沒有說。因爲儒家學者所研究的問題，在於爲什麼有善人有惡人？司馬光答說人性有善惡。然而人性的善惡究竟有什麼意思？假使人性有三品，人性便不相同了。這些問題都是哲學上的問題，司馬光沒有答覆，後來張載、程頤、朱熹努力尋求答案。

司馬光提出性兼善惡的主張，從教育和政治方面去看，算爲正確。孔子爲聖人，尙努力修身，對於國人，主張以正而敎。

「必曰：聖人無惡，則安用學？必曰：愚人無善，則安用敎？譬之於由，稻粱藜莠相與並生。善治用者，耘其藜莠而養其稻粱，不善治用者反之。善治其性者，長其善而去其惡，不善治性者反之。」（註二〇）

從修身和教育方面說，這種主張是對的；但是從哲學方面說：問題在於善惡如同稻粱藜莠一同生在田裏。田裏有稻粱藜莠是因爲有種子，種子不是天然生的，乃是後天所播種的；人性的善惡便是善端惡端；人性怎麽有善端惡端呢？善端惡端究竟是什麽？司馬光沒有想到這些問題。

(丁) 才·德

孟子講性善，以善爲善端，稱善端爲良能。孟子也講才，以人爲惡不是出於才過之失。才在孟子的思想裏，乃人天生行動的能力，譬如眼睛能看，耳朶能聽，這是才。人作惡，不能說是眼睛或耳朶的過。人有理性的聰明，有記憶的回憶力，這也是才。尤其是人心向善的善端，更是才。司馬光有一篇「才德論」，以才爲天生，德爲人成，才德不能兩全時，寧捨才而取德；這是他的政治思想，才雖可用，德更可靠；創業時用才，守成時用德。

「世之所謂賢者，何哉？非才與德之謂邪？二者殊異，不可不察。所謂才者存諸天，德者存諸人。智愚勇怯，才也。愚不可强智，怯不可强勇，四者有常分而不可移，故曰存諸天。善惡逆順，德也，人苟棄惡而取善，變逆而就順，孰禦之哉，故曰存諸人。……鈞之不能兩全，寧捨才而取德。……為國家者，進取莫若才，守成莫若德。……」（註二一）

德由人修，不由天生。性雖善，不足稱爲德；培養善性而行善，纔稱爲德。司馬光自己一生謹慎，正直不阿。宋史本傳說：「先天孝友忠信，恭儉正直，居處有法，動作有禮。」他自言沒有過人之才，但勉力修德。「自信吾無過人，但平生所爲，未嘗有不可對人者。」（宋史本傳）這是他的人生哲學。

3. 修養論

司馬光勤於修德，修德上以正心爲主。人修德行善，應有標準，按照標準而行善，纔眞是善。中庸和大學爲儒家修身的基本，儒家修身以人性天理爲標準，人性天理爲中，合於中爲中節。人的行動以心爲主，心動然後有中節或不中節，因而應該治心。

（甲）治心

治心雖由大學、中庸和孟子提倡，但到了漢代卻不受儒家的注意，唐朝文人韓愈作原道一文，以治心不合於大學的正心，詆毀爲外道，因大學正心爲有爲，治心則爲佛道的空。

「然則古之所謂正心而誠意者，將以有爲也。今也欲治其心，而外天下國家，滅其天常。」（韓愈　原道）

韓愈排佛，罵當時人以佛教修身之道，加於儒家修身之上。「今舉夷狄之法，而加之先王之教之上，幾何其不胥爲夷也。」（韓愈　原道）宋朝理學家接受佛教治心之道，空去心中的貪慾。司馬光說：

「學者所以求治心也。學欲多而心不治，安以學爲？」（學要）

「小人治迹，君子治心。」（治心）

小人注意外面的行動，不叫人看出自己的破綻。中庸則教人「愼獨」，「愼獨」就是正心。正心在於使自己的心在動時，常定於一。

「君子從學貴於博，求道貴於安。道之要在治方寸之地而已。大禹謨曰：人心惟危，道心惟微，惟精惟一，允執厥中。危則難安，微則難明，精之所以明其微，一之所以安其危也。要在執中而已矣。中庸曰：喜怒哀樂之未發謂之中，發而皆中節謂之和。君子之心，於喜怒哀樂之未發，未始不存乎中，故謂之中庸。庸，常也，以中為常也。及其既發必制之以中，則無不中節，中節則和矣。是中和一物也，養之為中，發之為和。……」（註二二）

司馬光可以稱爲理學家，他和周敦頤、張載、二程、朱熹等一樣，以易經、中庸、大學作爲思想的根據。中和之氣，原自易經；中和之道，出自中庸；而修中和之法，則是大學的正心。

「夫治心以中，此舜禹所以相成也。油氣以和，此孟子所以養浩然者也。」（註二三）

「心感于物，為善為惡，為吉為凶，無不至焉。必也執一以應萬，守約以御衆，其惟正乎，……心苟正矣，則往也來也，屈也伸也，而心不為之動焉。動於往來，則心傾矣。心苟傾，則物以其類應之……。孔子曰：天下何思何慮，天下同歸而殊塗，一致而百慮。天下何思何慮，歸與致者，豈非正歟？故於文，一止為正。正者，止於一而無不周也，夫又何思何慮焉。……故大人之道，正其心而已矣。治之養之，以至于精義入神，則用無違矣。用之於身則身安，而德崇矣。過此以往，不足思也，久而不息，則可以窮神而化，大人之德莫盛于斯矣。」（註二四）

用大學正心之道，解釋易經的咸卦。理學家常注意一字，正心爲心止於「一」，「一」爲喜怒哀樂未發之中。這樣易經、中庸、大學便連貫在一起了。由正字而到止字，止爲大學的止於至善。

「或問：子不能無心乎？迂叟曰：不能。若夫回心，則庶幾矣。何謂回心？曰：去惡而從善，捨非而從是。」（註二五）

回心也卽是孟子所講的收心。人心需要靜，靜而後可以知道善惡，乃能治心。司馬光還沒有像後來陸象山以靜而反觀人心天理，但他以回心而行善，也是人心自然的傾向，並不困難。有的人認爲回心爲善，「如制駻馬，如斡磐石之難也。靜而思之，在我而已，如轉戶樞，何難之有？」（回心）

（乙）致知格物

大學講修身的層次，以正心在誠意，誠意在致知，致知在格物。大學缺致知格物的章篇，朱熹補了一篇，但是學者多有不接受朱熹的主張者，陸象山和王陽明便是這派人的代表。司馬光的主張，可以說是開陸王的路，他解釋格物爲捍除物的誘惑，然後便能知道人生行善之道。司馬光不主張自心是天理，他認爲人對於善惡，都知道分辨，做起事來，卻作惡而不行善，並不是不知道作惡是壞，但因有外物的引誘，不退卻，便作惡事。因此，爲正心，應該捍拒外物的引誘，使人心不爲外物所蔽。

「人之情莫不好善而惡惡，慕是而羞非。然善且是者蓋寡，惡且非者實多，何哉？皆物之誘也，物迫之也。……大學曰：致知在格物，格猶扞

也，禦也，能扞禦外物，然後能知至道矣。」（註二六）

桀王紂王，也知道禹湯爲聖王，自己和禹湯相反；盜跖也知道顏淵爲賢人，自己所爲和他相反；然而勝不過淫欲和貪利的誘惑，乃捨善而作惡。司馬光用水和燭作比譬，說明人心之知，能够爲外物所蔽。

「故水誠清矣，泥沙汩之則俛而不見其影。燭誠明矣，擧掌翳之，則咫尺不辨人眉目。況富貴之汩其智，貧賤之翳其心哉。」（註二七）

水清燭明，爲照外物；陸象山和王陽明後來以人心清明，可以明鑒心中天理。司馬光可以稱爲他們的先驅。

（丙）機權

從事政治的人，容易爲外物所蔽。而這些外物，常是國家大事。這些大事常在將發未發的時候，要求預先處理，在政治上乃有機巧權變的論調和作法。法家提倡這種主張，春秋戰國的政客多從事這樣工作。後代儒家雖有反對這種主張的人，但在實行上能够排除這種主張的政治家，則很少。司馬光就是一位純樸的儒家政治家，他主張在政治上雖有機權，然必以「道」爲準。機，是事將發生，還沒有發生的時候，聖人以淸明的智慧可以看出，即以正道處理。權，爲權衡事情的輕重，以「道」爲權衡的標準。因此在政治上心該當正，行事也該當正。

「機者，弩之所以發矢者也，機正於此而的中於彼，差之至微，失之甚遠。故聖人之用機也似之。易曰機者動之微，吉凶之先見者也。……然則機者，事之未著，萌芽端兆之時，聖人眇然見之，能去禍而取福，迎吉而禦凶，所以為神也。聖人之所慎，無過機者。……權者，銓也，所以平輕重也。聖人之用權也，必將較輕重商緩急。彼重而此輕，則捨此而取彼；彼緩而此急，則去彼而就此。取捨去就之閒，不離於道，乃所謂權也。然則，機者，仁之端也；權者，義之平也。今世俗之為說者，乃欲棄仁義而行機權，不亦反哉。……」（註二八）

司馬光學周公攝政，伊尹放太甲，微子去商受的史事，作聖人行機權的例證。國家大事旣不可用機詐，自身的私事更不能用詐術了。這種修身之道，和中庸的誠道相合。

（丁）勤　樸

一位從政的大員，最忌諱的事則在於驕奢。易經的乾卦就開始敎導「九六，亢龍有悔。」中國的歷史哲學有易經的循環原則：物極必反。儒家政治家應知道待時而動，律時而退，以名哲保身。

謙讓的從政人員，其修身之道，應勞苦儉樸。司馬光一生勤勞，宋史本傳載他老年抱病時，仍工作不輟，友好都勸他休養。「賓客憫其體羸，謂宜少節煩勞。先王曰：死生命也。爲之益力。」他自奉甚薄，也囑咐兒子節儉。

「吾本寒家，世以清白相承。吾性不喜華靡，自為乳兒，長者加以金銀華美之服，輒羞赧棄去之。……平生衣取蔽寒，食取充腹，亦不敢服垢敝，以矯俗干名，但順吾性而已。衆人皆以奢靡為榮，吾心獨以儉素為美。人皆嗤吾固陋，吾不以為病。……」（註二九）

司馬光列舉李文靖、張文節、御孫等賢哲的儉德，且引御孫的話：「儉，德之共也；侈，惡之大也。夫儉則寡欲，……侈則多欲。」寡欲則能正心修德，多欲則作惡敗家。

4. 歷史哲學

司馬光在哲學思想上，素無顯著地位；在史學上，則以資治通鑑而著名。資治通鑑爲繼春秋以後第一部成功的編年史，而且編寫有原則。宋神宗賜序說：「其所載明君良臣切摩治道議論之精語，德刑之善制，天人相與之際，休咎庶證之原，威福盛衰之本，規模利害之效，良將之方略，循史之條數，斷之以邪正，要之於治忽，辭令淵厚之體，箴諫深切之義，良謂備焉。」

爲斷定史事的邪正，爲講明天和人的關係，爲指出休咎盛衰的本原，這幾點都需要有哲理的原則。司馬光在資治通鑑所用的原則，有些不能使人贊成，例如以曹魏爲正統，以諸葛亮爲寇。但是他嚴守固定的原則，使人佩服他爲人求學的認眞不苟且之精神。在這裏我們不是研究歷史哲學，故只舉出司馬光在修資治通鑑的原則中，和普通哲學有關的幾點。

（甲）帝王受命於天

資治通鑑起自周威烈王二十三年，沒有記載商周的史事。尙書明言湯王和武王奉天命而討桀紂，帝王受命於天。孟子也很明顯地有這樣的主張（萬章上）戰國末期鄒衍等倡五德遭遞之說，自漢以後帝王多信祥瑞的異兆。因此，帝王受命於天，已成爲儒家政治哲學和歷史哲學的一項大原則。司馬光修資治通鑑常保守這項原則。

記述沛人劉邦初起兵時，引用史記劉邦斬蛇事，以蛇爲白帝子，劉邦爲赤帝子，暗示劉邦將爲天子，以土德而興。

漢孝文皇帝十五年，傳說有黃龍現，帝召公孫臣，拜爲博士，申明土德，改曆和服色。王莽篡位，有汝南郅惲通天文曆數，「以爲漢必再受命，上書說莽曰：上天垂戒，欲悟階下，令就臣位，取之以天，還之以天，可謂知命矣。莽大怒，繫惲詔獄。」（資治通鑑 卷三十八）漢光武帝興兵時，有赤伏符，讖言當興。

在文集「策問十道」中有第五道論曆數，帝王改朔的理由，乃是新受天命，改曆以應天命。司馬光說：

「正者受天命臨四海，上承天之序，下正人之統，故政治之本，莫先於曆數，曆數之紀，莫大於正朔。正朔者，曆數之大端而萬事之維首也，是以聖人重之。」（註三○）

這種思想雖原自尚書，繼承孟子，然而卻加入了五行相生剋的思想，又以自然界的怪異現象代表天意，和經書的純樸思想相離頗遠了。

（乙）不重視正統

和王者受命的思想相連帶的一個思想，爲「正統」。正統在通常意義表示嫡系子孫承襲帝位，又表示江山一統。在一個朝代子孫相繼承的狀況下，沒有正統的問題。就是王莽篡漢，王莽仍算正統。問題則在漢朝和唐朝以後，幾個稱王的人，同時分據一區，在這種情況下，那一個王國可以稱爲正統呢？

司馬光不重視正統，因爲實際上沒有辦法可以實行正統制度去編中國歷史。他承認歷史上應該有正統，但能實際上有正統，則要一個朝代統一了中國，尊稱天子，纔可以配得上正統。

「臣愚誠不足以識前代之正閏，竊以為苟不能使九州合為一統，皆有天子之名，而無其實者也。雖華夏仁暴，大小強弱，或時不同，要皆與古之弱國無異。豈得獨尊奬一國，謂之正統，而其餘皆為邪偽哉？」（註三一）

他在漢以後的南北朝和唐以後的五代，便不採正統制，祇就實事的方便，取了曹魏以繼承漢朝，又取後梁接替唐朝；但他表示並不是尊重曹魏而貶抑蜀漢和吳國。

「然天下析離之際，不可無歲數月日，以識事之先後。……故不得不取魏、宋、齊、梁、陳、後梁、後唐、後晉、後漢、後周年號，以紀諸國之事，非尊此而卑彼，有正閏之辨也。」（同上）

資治通鑑為編年制，按年以紀事；因此他在南北朝和五代，不得不用一個朝代的年號為綱目，「以紀諸國之事」，但是他既以曹魏為主，記蜀漢和曹魏戰爭時，便以孔明的軍隊為入寇，然而他並沒有想以曹魏為正統。因此引起朱熹的不滿，編通鑑綱目，把三國的魏、吳、晉，和五胡諸國，都稱爲僭國，南北八朝和五代，都沒有統序，不列正統，諸侯。

（丙）主張理法不承認事實

資治通鑑的開始年代，爲威烈王二十三年，所記的第一件事，爲周天子命魏趙韓三家爲諸侯。這件事在歷史上沒有大的意義，實際上魏趙韓三家已經不尊重晉侯，他們三家有了諸侯的實力，瓜分了晉國。周天子封不封他們作諸侯，在事實上沒有分別。但是在法理上，則分別很大。魏趙韓雖有實力，也能自稱爲侯，但在當時人的心目中，乃是悖逆。周王封了他們，他們便名正言順，在法理上有了根據。司馬光祇用一句話述了這件事，接着寫了一篇長評，以天子所重者在乎禮，禮所重者在於名份。周天子竟不守禮，把諸侯的名份給予三個悖逆強臣，承認一樁悖逆的事實，則是周代天子的威信完全喪失了。

「今晉大夫暴蔑其君，剖分晉國，天子旣不能討，又寵秩之，使列於諸侯，是區區之名分復不能守而並棄之也，先王之禮於斯盡矣。」（註三二）

這種重理法名份的原則，乃是中華民族的一種傳統特色。我們看重名義，而不重事實。

今天自由中國在臺灣爭中國的正統，不承認毛共的政權，就是重理法而不重事實。歐美的歷史和法理則承認事實而不重理法。

司馬光的哲學思想，在哲學方面是處於宋朝理學初期的嘗試地位，具有理學的幾點特徵，內容則很淺薄。而且他本不是專門講理學的人，他是政治家兼史家；但我們就因為他不是專講哲學而能有哲學思想，所以把他的思想加以研究。

他從研究易經下手，進而到講解大學、中庸，開宋朝理學家的學術途徑。他研究易經，和邵康節的方法頗相似，雖然內容不相同，都是偏於圖書；然司馬光的易說，則又和程頤朱熹一途，重在說理了。

註

註　一：溫國文正司馬公集，頁一。四部叢刊初編　商務

註　二：司馬光　易說，卷五

註　三：同上

註　四：司馬光　易說，卷六

註　五：宋元學案　涑水學案下，頁四十三。商務、國學基本叢書

註 六：同上，頁四十三

註 七：同上，頁四十五

註 八：同上，頁七十七

註 九：溫國文正司馬公集，卷七十四、老釋

註一〇：同上，卷七十四、士則

註一一：同上

註一二：中國思想通史，第四卷上册，頁五一三。人民出版社。民四八年

註一三：溫國文正司馬公集，卷七十四、士則

註一四：同上，卷七十五，迂書、天人

註一五：易說，卷六

註一六：太玄注，玄測　中

註一七：溫國文正司馬公集，卷六十九，書心經後贈紹鑒。

註一八：同上，卷七十二、情辨

註一九：同上，卷七十二、善惡混辨

註二〇：同上

註二一：同上，卷七十、才德論

註二二：溫國文正司馬公集，卷七十一、中和論

註二三：同上，卷六十二、答范景仁書

註二四：易說　卷三

註二五：同上，卷七十四、回心、學要、治心

註二六：同上，卷七十一、致知在格物論

註二七：同上

註二八：同上，卷七十一、機權論

註二九：同上，卷六十九、訓儉示康

註三〇　同上，卷七十二、策問第五道

註三一：資治通鑑　卷六十九、魏紀一

註三二：資治通鑑　卷一、周紀

第二章 周敦頤的哲學思想

一、傳略

宋眞宗天禧元年，公元一〇一七年，周敦頤生於湖南道州營道縣，原名敦實，後避英宗舊諱，改名敦頤，字茂叔。故鄉營道縣有溪名濂溪，敦頤晚年寓居江西潯陽，卜居廬山下，以故鄉濂溪之名，名寓所爲濂溪堂，學者乃稱敦頤爲濂溪先生。

周敦頤出身儒家，伯父周長識和五叔周伯高都中進士。父名輔成，賜進士出身，終於賀州桂嶺令。先娶唐氏，生礪，礪生仲章。唐氏卒，娶鄭氏，生敦頤。

敦頤年十五，父卒，隨母入京師，依舅氏龍圖閣直學士鄭向，舅氏愛他如同自己的兒子，景祐三年，舅氏按着朝廷典例可以使兒子蔭官爵，便奏補敦頤作監主簿。是年敦頤年二十，娶妻陸氏。次年喪母。三年後，除服，從吏部調洪州分寧縣主簿。時年二十四。

年二十八，調南安軍司理參軍。在南安軍中，遇程珦，令兩子程顥、程頤從他爲師，兩子當時長者年十五，少者年十四。明道自傳云：「自十五六時與弟頤，聞周敦實論學，遂厭科學之業，慨然有求道之志。」

年三十二時，爲郴縣令，年三十四，改郴縣貴陽令。年三十八，改大理寺丞知洪州南昌縣。後兩年，年四十，改太子中舍僉書，署合州判官事。同年轉殿中丞，仍判合州。年四十二時，妻陸氏卒。次年，左丞蒲宗孟，以妹歸之，乃爲繼室。年四十四，還京師。年四十五，遷國子博士，通判虔州。道經江州，愛廬山勝景，築書室於山麓，室前有溪，乃以故鄉濂溪的名字稱書室。年四十八，通判永州。年五十一，攝邵州事。自永州歸鄉，謁父墓。年五十二，擢授廣南東路轉運判官。年五十四，轉虞部郎中，擢提點廣南東路刑獄。年五十五，辭官，定居廬山下的書室。年五十七，以疾卒。(註一)

濂溪先生一生爲官，職位頗低，然每到的地方，人民都非常敬佩他的品格。宋朝的學者也尊重他的德性，黃庭堅曾稱：「茂叔人品甚高，胸中灑落，如光風霽月。」朱熹更稱道其學術思想，以爲直接孟子的道統。「蓋自周之衰，孟軻氏沒，而此道之傳不屬，更秦及漢，歷晉隋唐，以至於我有宋。……而周子出焉，不繇師傳，默契道體，建圖屬書，根極領要。……而周公孔孟之傳，煥然復明於當世，有志之士，得以探討服行而不失其正。」(註二)張伯行也說：「自孔孟而後，大道不明，卽以韓昌黎之才之識，猶不免孔墨並稱，況其下者

乎！有宋濂溪崛起南服，不由師授，默契道體，上以接鄒魯之傳，而下以啓洛閩之緒。」(註三)

宋史本傳說：「著太極圖，明天理之根源，究萬物之終始。又著通書四十篇，發明太極之蘊。」(註四)

潘興嗣作濂溪先生墓誌銘：「尤善談名理，深於易學，作太極圖、易說、易通數十篇。」(註五)

二、宇宙論

朱熹以周敦頤上繼孟子的道統，張栻在道州重建先生祠記也說：「然世之學者，考論師友淵源，以孟氏之遺意復明於千載之下，實自先生發其端。」(註六)所謂孟子遺意，或說孟子的哲學思想，由周敦頤而再發揚，我們應當研究一下，周敦頤究竟發揚了孟子的那種思想？周敦頤所留下來的書，現在祇有太極圖說和通書。太極圖說沒有發揚孟子的思想，通書也並沒有提到孟子，書中所說的也多是易經的思想，因爲通書實際上卽是易通。那麼朱子所謂道統有什麼意義呢？胡宏在所作通書序略有所說明。「道學之士，皆謂程顥氏續孟子不傳之學，則周子豈特爲仲穆之學而止者哉。粵若稽古孔子，述三五之道，立百王經世之法；孟軻氏闢楊墨，推明孔子之澤，以爲萬世不斷，人謂孟氏功不在禹下。今周子啓程氏兄弟以不傳之妙，一回萬古之光明，如日麗天，將爲百世之利澤，如水行地，其功蓋在孔孟之間矣。」（註七）

周子以孔子之道教程顥程頤，在通書的簡約辭句裏也提倡孔子之道和顏子的人格，特別在修身論，以孔子和孟子的精神爲標榜，後來張載、二程和朱子都繼承周子的修身法，使中庸之誠和大學的格物致知，以及孟子的浩然之氣，都能有發揚。從這一點去看，周子可以說是繼承孟子的道統。宋元學案「濂溪學案」說：「百家謹案，孔孟而後，漢儒只有傳經之學，性道微言之絕久矣。元公（濂溪）崛起，二程嗣之，又復橫渠諸大儒輩出，聖學大昌。故安定徂徠，卓乎有儒者之矩範，然僅可謂有開之必先，若論闡發心性義理之精微，端數元公之破暗也。」

但是從學術上去看，周子則是專於易經，且能超過漢朝的易學而上溯到易經的義理。

1. 太極圖

周敦頤在中國哲學史上所有的特點，是他的太極圖和太極圖說。因爲太極圖開啓了宋朝的理學。

關於太極圖的源流，胡宏說：「推其道學所自，或曰傳太極圖於穆脩也，傳先天圖於种放。种放傳於陳摶。此殆其學之一師歟。」(註八)陸象山也說：「朱子發謂濂溪得太極圖於穆伯長，伯長之傳，出於陳希夷。其必有考。希夷之學，老氏之學也。」(註九)

明黃宗羲著易學象數論，研究從漢朝到宋朝所有的易卦圖象，雖所收集頗廣，然沒有說到太極圖。清朝胡渭著易圖明辨，論到先天太極。先天太極圖爲趙撝謙所作。

胡渭說：「謂按清容(袁桷)博雅君子也，君子之言，信而有徵，故首著之季通(蔡)所得三圖：一爲先天

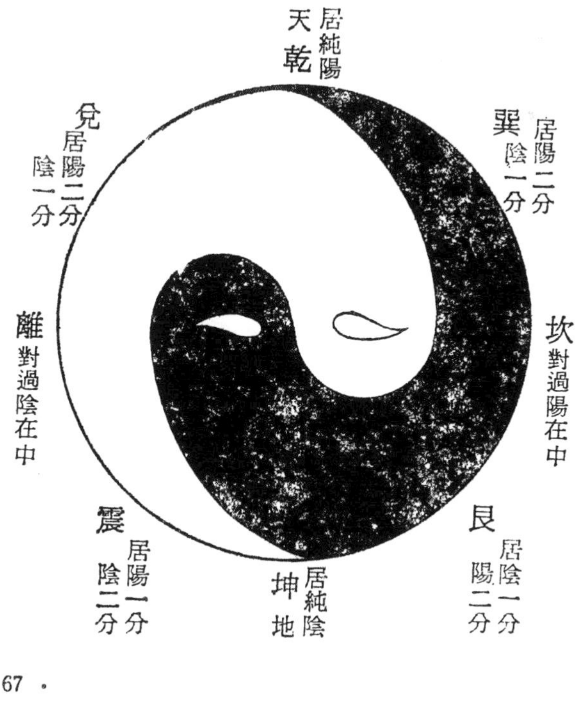

乾　天　居純陽
巽　居陽二分　陰一分
坎　對過陽在中
艮　居陰一分　陽二分
坤　地　居純陰
震　居陽一分　陰二分
離　對過陰在中
兌　居陽二分　陰一分

太極圖無疑矣。其二蓋九宮圖與五行生成圖，而希夷未嘗名之曰洛書，故或言洛書，朱子不得見也。」（註一〇）

「先天圖亦曰太極圖，取參同契之月體納甲二用三五與九宮八卦混而一之者也。朱子發云：陳摶以先天圖授种放，三傳而至邵雍，則康節之學，實出於希夷，其所演以爲先天古易者，悉本此圖可知也。後人謂之天地自然之圖，又謂之太極眞圖。」（註一一）

胡渭以邵康節所作的先天圖，出自蔡季通所得的先天太極圖，不說周濂溪所作的太極圖也是從圖所出，因爲邵康節所作伏羲八卦方位圖，和先天太極圖的方位相同。但是周濂溪的太極圖，在陰陽的圓周內有黑白兩圈，則和先天太極圖有點關

水火匡廓圖

右爲坎☵

左爲離☲

係。今畫「先天太極圖」或「天地自然」之圖於下：

環中爲太極，兩邊白黑回互，白爲陽，黑爲陰。黑中白點，卽是陽光，白中黑點，卽是陰魄。這個圖源出魏伯陽參同契的納甲月象圖，以推晦朔弦望。

參同契裏還有一個水火匡廓圖，和三五至精圖。第一圖以坎離爲用，坎離爲水火，第二圖代表五行交媾。

太極圖

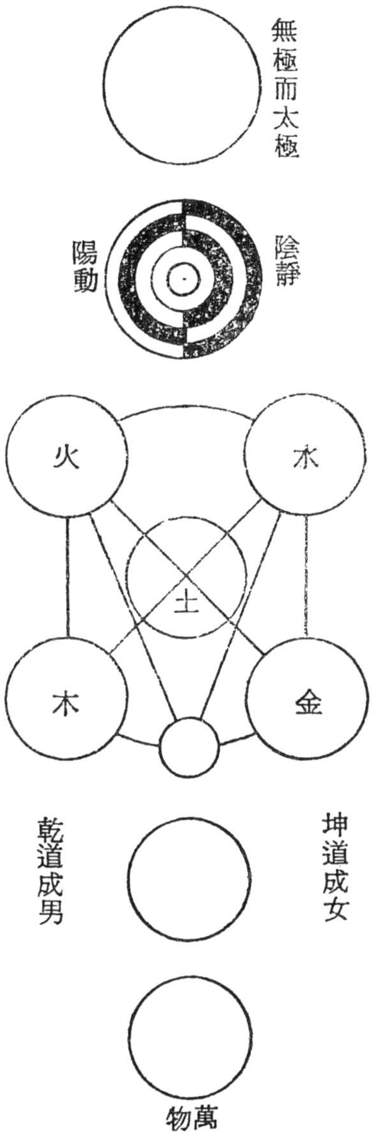

無極而太極

陰靜

陽動

火

水

土

木

金

坤道成女

乾道成男

萬物

周敦頤的太極圖，在第二圖解釋陰陽，是採取參同契的水火匡廓圖，在第三圖，則採取參同契的三五至精圖。

但是在「道藏」的上方大洞眞元妙經品裏有太極先天圖，和周敦頤的太極圖很相似。馮友蘭說：「此經有唐明皇御製序，似爲宋以前書。此或卽濂溪太極圖之所本歟？」（註一二）

太極先天圖

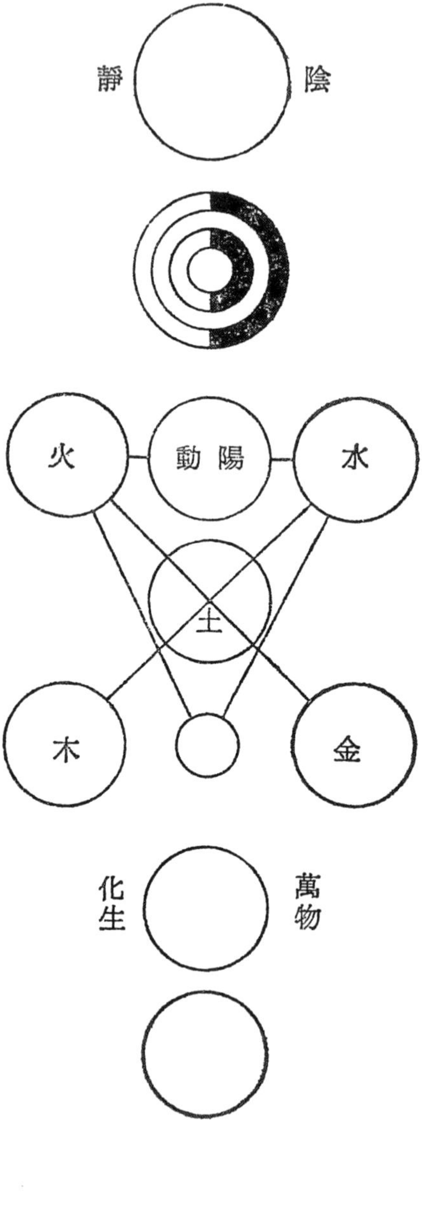

陰 靜

陽動 火 水 土 木 金

萬物 化生

黃宗羲在宋元學案解說太極圖的源流，節錄先叔父晦木憂患學易中太極圖辨說：「周子太極圖，創自河上公，乃方士修鍊之術也。……改河上公本圖名無極圖，魏伯陽得之，以著參同契。鐘離權得之，以授呂洞賓，洞賓後與陳圖南同隱華山，而以授陳，陳刻之華山石壁。陳又得先天圖於麻衣道者，皆以授种放，放以授穆修與僧壽涯。修以先天圖授李挺之，挺之以授邵天叟，天叟以授子堯夫。修以無極圖授周子，周子又得先天地之偈於壽涯。……其最下圈名爲元牝之門，元牝卽谷神，牝者竅也，谷者虛也，指人身命門兩腎空隙之處，氣之所由以生，是爲祖氣。凡人五官百骸之運用知覺，皆根於此，於是提其祖氣上升爲稍上一圈，名爲鍊精化氣，鍊氣化神。鍊有形之精，化爲微芒之氣，鍊依希呼吸之氣，化爲出有入無之神，使貫徹於五臟六腑。而爲中層之左木火右金水中土相聯絡之一圈，名爲五氣朝元，行之而得也，則水火交媾而爲孕。又其上之中分黑白而相間雜之一圈，名爲取坎塡離，乃成聖胎，又使復還於無始，而爲最上之一圈，名爲鍊神還虛，復歸無極，而功用至矣。……周子之意，以順而生人，故從上而下。太虛無有，有必本無，乃更最上圈鍊神歸虛還復無極之名曰無極，而太極太虛之中，脈絡分辨，指之爲理。乃更其坎圈取坎塡離之名曰陽動陰靜，氣生於理，名爲氣質之性。乃更第三圈五氣朝元之名曰五行各一其性。理氣既具而形質呈，得其全靈者爲人，人有男女。乃更第四圈鍊精化氣鍊氣化神之名曰乾道成男，坤道成女。得

其偏者蠢者爲萬物，乃更最下圈元牝之名曰萬物化生。」（註一三）

黃宗羲的考據沒有註明來源出處；而他對周敦頤太極圖的解釋，則爲他自己的思想，因此，我們還不能根據他的話就確定周敦頤的太極圖是出於「道藏」的太極先天圖。至於說周子的太極圖和道教的易圖有關係，則是很明顯的事。

周敦頤年三十時，教授程顥程頤兄弟求義理之學，以所作的太極圖授於程氏兄弟。則太極圖爲周子三十歲以前的作品。二程在後來講學時，從來不提太極圖，總是心中不表贊成。陸象山和朱熹對於無極一詞作辯論時，曾說：「梭山兄謂太極圖說與通書不類，疑非周子所爲；不然或是其學未成時所作，不然則或傳是他人之文，後人不辨也。……假令太極圖說是其所傳，或是少時所作，則作通書時不言無極，蓋已知其說之非矣。此言殆未可忽也。（註一四）

太極圖和太極圖說，作於周子少年時，乃是事實；至於說在通書裏沒有說到無極，這是因爲通書爲解釋易經，而且通書所存留的書篇並不全，中間一定有所漏失。不能因着這一點，我們就可以否認太極圖說。周子所寫的書，在當時並沒有受人重視；後來經過朱熹的注解以後，纔在學者中流行。朱熹記周子通書後記：

「所著之書，又多散失，獨此一篇，本號易通，與太極圖說，並出程氏，

以傳於世。而其為說，實相表裏。」（註一五）

周子太極圖說：

「無極而太極，太極動而生陽，動極而靜，靜而生陰，靜極復動。一動一靜，互為其根。分陰分陽，兩儀立焉。陽變陰合，而生水火木金土。五氣順布，四時行焉。五行一陰陽也，陰陽一太極也，太極本無極也，五行之生也，各一其性。無極之眞，二五之精，妙合而凝，乾道成男，坤道成女，二氣交感化生萬物，萬物生生，而變化無窮焉。惟人也，得其秀而最靈，形旣生知，神發知矣，五性感動，而善惡分，萬事出矣。聖人定之以中正仁義，而主靜，立人極焉。故聖人與天地合其德，日月合其明，四時合其序，鬼神合其吉凶。原始反終，故知死生之說，大哉易也，斯其至矣。」（周濂溪集）

2. 太　極

（甲）萬物的根源

『太極』一詞，出自易傳，漢儒解釋爲「一」，爲「大」，爲「元」，即宇宙萬物的根源。

朱子解釋爲：「而實造化之樞紐，品彙之根柢也。」又說：「蓋太極者，本然之妙也，動靜者，所乘之機也。太極，形而上之道也；陰陽，形而下之器也。」又說：「極是道理的極至，總天地萬物之理，便是太極。」（註一六）

這些解釋，當然代表朱熹自己的思想。周子不以太極爲『總天地之理』，因爲他不分理和氣。周子的思想既然由道教上溯到漢朝的易學，漢朝易學重在氣，則周子的太極，應該是太虛之氣；這一點和張載的思想相同。太極既是太虛之氣，乃無形無象，稱爲無極。

太虛之氣，爲『造化之樞紐，品彙之根柢。』周敦頤雖沒有說太極爲太虛之氣，但是他以陰陽爲氣，以五行爲氣，他說：

「陽變陰合，而生水火木金土，五氣順布，四時行焉。……二氣交感，化生萬物。」（太極圖說）

陰陽兩氣，由太極的動靜而生，太極在陰陽之內。他說：

「五行，一陰陽也；陰陽，一太極也。」（太極圖說）

朱熹雖以太極爲『理』，他卻也解釋周敦頤的太極，爲陰陽之根由，「動靜陰陽，皆是形而下者，然動亦太極之動，靜亦太極之靜，但動靜非太極耳。……某向以太極爲體，動靜爲言，其言固有病，後已改之。曰：太極者，本然之妙也；動靜者，所乘之機也。此則庶幾近之。」（註一七）

朱熹既以太極爲理，爲形而上，氣則形而下。然而太虛之氣，應是形而上，不能視爲陰陽之體，陰陽也不能視爲太極之用；因爲體和用，同爲一個實體，陰陽和太極不能視爲同一實體。至於說：「本然之妙」，也有語病，因爲「妙」祇是一種特性，不能作爲實體。我們祇可以說：太極有本然之妙。

周子在通書裏，沒有提到太極，祇說到「天以春生萬物」（通書 第三十六）「大哉乾元，萬物資始。」（通書 第一）在易經裏，天地和乾坤，都在太極以下。周子雖沒有提到太極，他既是解釋易經的思想，必不能否認太極。因此，太極圖的太極，和易傳的太極，意義相同，爲「品彙的根柢。」

（乙）無極

太極圖所引起的爭論，在於無極。易經不講無極，漢儒也不講無極。『無』字是老莊的思想，老子以「有生於無」。周敦頤的太極圖說「無極而太極」，這個『無極』究竟有什麼意思？

朱熹解釋說：「無極而太極，正所謂無此形狀，而有此道理耳。謂之無極，正以其無方所形狀，以爲在無物之前，而未嘗不立於有物之後；以爲在陰陽之外，而未嘗不行於陰陽之中；以爲通貫全體，無乎不在，則又初無聲臭形響之可言也。」（註一八）

朱子答陸子美說：「太極篇首一句，最是長者所深排。殊不知不言無極，則太極同於一物，而不足爲萬化之根；不言太極，則無極淪於空寂，而不能爲萬化之根。」（註一九）

朱子答陸子靜說：「故語道體之至極，則謂之太極。語太極之流行，則謂之道。雖有二

名，初無兩體。周子所以謂之無極，正以其無方所，無形狀。」(註二〇)

朱熹的解釋，以無極爲太極的註解，無極表示太極無形狀，不是在太極之上，另有一無極。

陸子靜和陸子美弟兄，則以爲周子的「無極而太極」，是接受了道家的思想，在太極之上，加一無極，太極和無極爲兩個實體；因此，他們不能接受。

陸子美說：「今於上又加無極二字，是頭上安頭，過爲虛無好高之論也。」(註二一)

陸子靜說：「無極二字，出老子知其雄章，吾聖人之書所無有也。老子首章，言無名天地之始，有名萬物之母，而卒同之，此老氏宗旨也。無極而太極，卽是此旨，……太極圖說，以無極二字冠首，而通書終篇未嘗一及無極字。二程言論文字至多，亦未嘗一及無極字。假令其初實有是圖，觀其後來，未嘗一及無極字，可見其學之進而不自以爲是也。」(註二二)

程端蒙贊成朱熹的解釋，與陸象山(子靜)書，書中說：「是以周子必曰無極而太極焉。蓋聞太極乃無形之理，而非有形之物，其意渾然，非以無極太極爲兩物相對而言也。大易雖不言無極而曰神無方而易無體；中庸雖不言無極，而曰無聲無臭。周子之意，亦猶是耳。」(註二三)

宋元學案的「濂溪學案」收有幾位學者對於太極圖的意見。劉靜修記太極圖說後以穆修死於明道元年，而周子時年十四（實則已十六歲），證明濂溪沒有從穆修受太極圖。宋元學案作案語：「百家謹案，周子之作太極圖說，朱子特爲之注解，極其推崇，至謂得千聖不傳之秘，孔子後一人而已。二陸不以爲然，遂起朱陸之同異，至今紛紛，奴主不已。宗朱者詆陸以及慈湖白沙陽明，宗陸者詆朱及周，近且有詆及二程者矣。」（註二四）

周濂溪的『無極』，從名詞和思想上說，一定是來自道家，不可否認；但是他並不是以無極和太極分爲兩個實體，不是以無極在太極以先，也不是以有生於無；而且以無極解釋太極。太極爲太虛之氣，無形無方；濂溪借用道家的無極，來表達自己的思想。說「無極」來自道家，這是對的；說「無極」和太極分爲兩實體則錯了，不是周子的思想。然以太極爲無極，並不必一定要用朱熹的解釋，以太極爲理爲道，卽說太極爲太虛之氣，也可以稱爲無極。因此朱陸之爭，各有是處，各有錯處。

3. 動靜陰陽

(甲) 動 靜

「太極動而生陽，動極而靜，靜而生陰，靜極復動。一動一靜，互爲其

根。」（太極圖說）

動靜兩詞，我們在講易經的哲學思想時，曾予以研究。但是易經所注意的，不在動靜，乃在進退和剛柔；因此，我們便用進退剛柔解釋動靜。在宋朝理學家的思想裏，由周濂溪開端，則很注重動靜，以動靜爲陰陽的成因。

朱熹註解太極圖說，對於動靜解釋說：「太極之有動靜，是天命之流行也。……動靜者，所乘之機也。」又說：「太極動而生陽，元未有物，且是如此動盪，所謂化育流行也，便是繼之者善。靜而生陰，陰主凝結，然後萬物各正性命，方是成之者性也。」

朱熹以動靜之理爲太極，又以動爲流行，靜爲凝結。「動靜者，所乘之機，識者謂此語最精。蓋太極是理，陰陽是氣，理無形而氣有迹。氣既有動靜，則所載之理，亦安得無動靜。」朱熹的解釋，有自相矛盾之處。他以太極爲理，以動靜爲氣；周子則明明說太極有動靜，朱熹便應該說太極爲氣，動靜之理隱在氣中，他卻說太極爲陰陽之氣所載之理，氣既有動靜，理乃有動靜。假使眞是這樣，則陰陽不是動靜所成，動靜都是陰陽所生；這明明和周子所說的不同。

動靜爲太極的動靜，朱熹原以爲太極是體，動靜是用。後來他認爲這兩句話有語病，乃改爲「太極者，天然之妙也；動靜者，所乘之機也。」然而他所改正後的兩句話：「天然之妙」和「所乘之機」，很不好解釋，而且實際上沒有意義。

朱熹以「天然之妙」代表理，理自身是動靜之理，乃可稱爲「天然之妙」，即是神妙莫測。至於「所乘之機」，乃是動靜之理在該動和靜時，乘着時機而動，乘着時機而靜。這種解釋對於太極和動靜，並沒有解釋，朱熹自己說：「太極，理也；動靜，氣也。氣行則理亦行，二者常相依而不相離也。太極猶人，動靜猶馬。馬所以載人，人所以乘馬。馬之一出一入；人亦與之一出一入。蓋一動一靜，而太極之妙未嘗不在焉，此所謂所乘之機。」（註二五）

動靜爲太極的動靜。周子的太極不是理，而是太虛之氣。太虛之氣涵有動靜之理，按着動靜之理而動靜。動爲流行，靜爲凝結；動爲「繼之者善也」，靜爲「成之者性也」。但是這些解釋祇是從成效方面說，沒有從本性方面說。從本性方面說，動靜應該是太極的行爲，行爲之理則爲太極的動靜之理。動靜的行爲，爲兩種不同性質的行爲，而且性質相反。不是正負相反的行爲，而是兩種相反又能相結合的行爲。周濂溪在通書裏說：

「動而無靜，靜而無動，物也。動而無動，靜而無靜，神也。動而無動，靜而無靜，非不動不靜也。物則不通，神妙萬物。」（通書 動靜第十六）

這兩種行爲，互相繼續，動極而靜，靜極而動。這種繼續，不是動到了極度乃有靜，靜到了極度乃有動；而是動靜同時存在，動盛到了極度，靜就衰到了極度；動衰時，靜就盛；同樣，靜盛到了極度，動就衰到了極度。所以說動中有靜，靜中有動。譬如冷熱，熱盛就不冷，熱衰冷就加增。冷盛就不熱，冷衰熱就加增，冷熱乃是同時存在的。

太極因有動靜，乃有變化；太極的變化繼續不斷。因此一物之性，並不是既成了，再不變化。性在理一方面說，性是不變；性在氣一方面說，則常繼續變化。王船山乃倡「命日降而性日生」。(註二六)

(乙) 陰陽

「太極動而生陽，……靜而生陰……分陰分陽，兩儀立焉。……五行一陰陽也，陰陽一太極也。……二氣交感，化生萬物。」(太極圖說)

陽陰由動靜而生，王船山說：「周子曰：動而生陽，靜而生陰，生者其功用發見之化行，靜則陰之體定，爾非初無陰陽，因動靜而始有也。」(註二七)生，不是產生或傳生之生，王船山且不以太極在陰陽之先，而以陰陽在太極之內，太極在陰陽之內。我們認爲周濂溪的太極圖，由上而下，太極在陰陽之先，爲太虛之氣，陰陽則爲兩氣，由動靜而化生。陰陽的性質各不相同，因動靜而繼續變化，乃互相結合。陰陽既爲太極所化生，太極便在陰陽之內。陰陽兩氣，爲萬物化生的原素。周濂溪又說：

「立天之道，曰陰與陽；立地之道，曰柔與剛；立人之道，曰仁與義。」（太極圖說）

這種思想爲易經的思想，所謂天道，爲天的變易之道；所謂地道，爲地的變易之道；所謂人道，爲人的活動之道。天以陰陽兩氣而有變化，地以剛柔兩種特性而起變化，人以仁義而生活。然而柔剛與仁義，都代表陰陽。

4. 五行

五行的思想起於戰國末年，到了漢朝用之於易經，乃代替了四象。四象本是陰陽的四種結合，五行則是陰陽的五種結合。漢朝易學家常以卦去配一年的四季，十二月和三百六十五日。一年的四季，爲寒煖的流行次序，以助五穀的生成。寒爲陰，煖爲陽，寒煖的流行便是陰陽的流行。漢儒乃以五行配四季和四方。春爲東爲木，夏爲南爲火，秋爲西爲金，北爲冬爲水，土則爲中央。

五行爲五氣，卽爲陰陽兩氣的五種結合，每行有各自的性質。周濂溪說：

「陽變陰合，而生水火木金土。五氣順布，四時行焉。……五行之生也，各一其性。」（太極圖說）

五行雖然代替了四象，而實際上除了土以外，其他四行都各代表一象，如木代表春，代表少陽；火代表夏，代表太陽；金代表秋，代表少陰；水代表冬，代表太陰。所以「五氣順布，四時行焉。」

通書說：

「水陰根陽，火陽根陰。五行陰陽，陰陽太極。四時運行，萬物終始。」

（通書　動靜第十六）

通書和太極圖說的思想相同。天生水，地生火，水的根爲陽，火的根爲陰，水代表冬，屬於陰；但陽隱伏在陰內，到了春天，陽就發動。火代表夏，屬於陽；但陰隱伏在陽內，到了秋天，陰就漸盛。五行爲陰陽所結合。陰陽在五行以內；陰陽爲太極的動靜所化生，太極爲太虛之氣，在陰陽以內。「五行，一陰陽也。陰陽，一太極也。」

漢朝儒家董仲舒和班固有五行相生相剋的學說，周濂溪沒有說明自己接受這種主張，然從他所說五行的排列次序爲水、火、木、金、土，朱熹解釋生的次序。「天地生物，先其輕清以及濁重。天一生水，地二生火；二物在五行之中最輕清。金木又重於水火，土又重於金木。……問：以質而語其生之序，此豈就圖而指其序耶？而水木何以謂之陽，火金何以謂之陰？曰：天一生水，地二生火，天三生木，地四生金。一三，陽也；二四，陰也。問：以氣而語其行之序，則木火土金水，此豈即其運用處而言之耶？而木火何以謂之陽，金水何以謂之陰？曰：此以四時而言，春夏爲陽，秋冬爲陰。平巖葉氏曰：水火木金土者，陰陽生五行之序也，木火土金水者，五行自相生之序也。」（註二八）

五行在萬物化生的程序裏，爲五種原素。萬物不由陰陽直接而化生，乃是由陰陽而五行，由五行而男女，然後由男女而化生萬物。

5. 男女

「無極之真，二五之精，妙合而凝，乾道成男，坤道成女。二氣交感，化生萬物。萬物生生，而變化無窮焉。」（太極圖說）

朱熹註解說：「眞以理言，無妄之謂也。精以氣言，不二之名也。凝者，聚也，氣聚而成形也，蓋性爲之主，而陰陽五行，爲之經緯錯綜，又各以類凝聚而成形焉。陽而健者成男，則父之道也；陰而順者成女，則母之道也。是人物之始，以氣化而生者也。」（註二九）

通書說：

「二氣五行，化生萬物。五殊二實，二本則一。是萬為一，一實萬分，萬一各正，小大有定。」（通書　理性命第二十二）

「二氣五行，化生萬物」。然而究竟怎樣化生呢？「無極之眞，二五之精，妙合而凝。」『眞』和『精』，按朱熹的解釋爲「無妄」和「不二」。我們必定要再深入一點去研究；因爲朱熹在一切解釋上，總離不了理和氣，而周濂溪並沒有以理和氣相對爲二。我們可以從老子和易經去研究『眞』和『精』。

「道之為物，……窈兮冥兮，其中有精，其精甚真，其中有信。」（道德經第二十一章）

「精氣為物，游魂為變，是故知鬼神之情狀。」（易 繫辭上 第四章）

老子書中，有「眞」和「精」；老子把這兩個字都用之於『道』。『道』的本體有精，精是一物的原素之最純淨點，也是原素本質的最高點。老子說『道』的本體中有精，是說『道』的本質最純淨也最高。這個精字便祇用之於氣，因爲氣是本質，而不用之於理。莊子便以『道』爲太虛本然之氣。『眞』爲確實無妄，也爲實有而非虛無。老子以『道』的本體中有精，這種精是實有不妄。

易經以「精」指氣，精氣爲物，物不是指普通一切的物，而是指鬼神。氣之精者，卽氣之純者成爲鬼神。游神魂不是通常的現狀，而是一種非常的變態。易經的「精」也是指氣之純者。

太極圖說以「無極之眞，二五之精，妙合而凝。」無極卽是太極，太極爲眞實之實有，卽無極的眞體。二五爲陰陽五行；陰陽五行都是氣，陰陽五行的純淨之氣，卽陰是陰，陽是陽，水是水，火是火，金是金，木是木，土是土，沒有和其他物摻合；所以稱爲二五之精。「妙合而凝」指陰陽五行的結合，非常神妙不測。『凝』爲凝聚，凝聚在哲學上的意義，是成定形，是具體化。

太虛之氣，無形無像；陰陽雖有形，然不確定，五行則更有形，然尙不是具體之物，祇是原素。五行相結合而成男女。這一點在字面上有些不好解釋，男女普通代表陽陰，男爲陽，女爲陰。現在說五行結合而成陰陽，陰陽不是結合而成五行嗎？周濂溪乃不用陰陽而用男女，又說「乾道成男，坤道成女，二氣交感，化生萬物。」什麼是乾道坤道呢？朱熹註解說：「陽而健者成男，則父之道也；陰而順者成女，則母之道也。」這不是合理的解釋；除非說五行中屬陽者，結合成男，五行中屬陰者，結合成女。但是從太極圖看來，男女是由五行互相結合而成的，男中有五行，女中也有五行。

乾道和坤道，來自易經。易經乾卦彖曰：「大哉乾元，萬物資始，乃統天。……乾道變化，各正性命。」坤卦彖曰：「至哉坤元，萬物資生，乃順承天。」文言曰：「坤道其順乎，承天而時行。」

五行相結合，成爲兩種性情不同的形，一種形具有易經所稱「乾」的特性，一種形具有易經所稱「坤」的特性；具有乾性者稱爲男，具有坤性者稱爲女。所謂男女，不指着人的男女，是指着成就人物的兩種因素。兩種因素既稱爲男女，普通也就稱爲陰陽，又假借人的稱呼，稱爲父母。男女稱爲陽陰，在本質上，和由太極的動靜而成的陽陰已有不同；因爲男女的陽陰，已經含有五行。

通書上說：

「天以陽生萬物，以陰成萬物。生，仁也；成，義也。」（通書 順化第十一）

「天以春生萬物，止之於秋。」（通書 刑第三十六）

這種思想，和太極圖說相合，太極圖說謂：「五氣順布，四時行焉。」春和秋在四時中代表生和成，春和秋又代表陽和陰。在春天，萬物化生；在秋天，萬物長成。這種陽陰代表動靜，代表流行和凝聚，和乾坤陽陰不同。

通書又說：「二氣五行，化生萬物。五殊二實，二本則一，是萬爲一，一實萬分。」這是不是老子莊子的「道在萬物，萬物和道爲一」的思想呢？在字面上看，有些相同。朱熹解釋說：「此言命也，二氣五行，天之所以賦受萬物而生之者也。自其末以緣本，則五行之異，本二氣之實。二氣之實，又本一理之極。是合萬物而言之，爲一太極而已也。自其本而之末，則一理之實，而萬物分之以爲體，故萬物之中，各有一太極。」(註三〇)若以太極爲理，朱熹的解釋是對的，若以太極爲太虛之氣，朱熹的解釋便要使周濂溪的思想成爲道家的思想。

周濂溪的通書爲易經通說，講解易經。從易經方面去看上面一段話，六十四卦代表萬物，六十四卦和八卦和四象，都由陽陰兩爻而成。所有的卦雖不同，實際上則常是兩爻的變化，因此可以說卦殊而二爻實。二爻爲兩儀，兩儀出自太極，可以說「二本爲一」。兩儀和四象，化成各種卦，就如二氣五行，化生萬物。也就可以說：「五殊二實，二本爲一。」宇宙萬物，由太虛之氣而化生，「是萬無一」但並不能「萬物等於太極」，萬物不是太極。萬物雖由太極而化生，並不合太極同一性，同一體，因此說「一實萬分」。

萬物由男女兩成素而化生，「二氣交感，化生萬物。」萬物的化生順乎自然，乾卦彖曰：「大哉乾元，萬物資始，乃統天。」坤卦「文言」：「坤道其順乎，承天而時行。」乾爲萬生之始，統攝自然之變。坤爲萬物資生之元，順乎自然而順時。萬物的化生，自然而流行，生生不窮。「萬物生生，而變化無窮矣。」這正是易經所說的「生生之謂易」。

三、人

歷代的儒家，常以人爲萬物之靈。禮記的「禮運」篇說：「故人者，其天地之德，陰陽之交，鬼神之會，五行之秀氣也。」周濂溪繼承了這種思想，他在太極圖說裏說：

「惟人也，得其秀而最靈。形旣生矣，神發知矣。五性感動，而善惡分，萬事出矣。聖人定之以中正仁義，而主靜，立人極焉。」（太極圖說）

1. 秀氣

人和萬物一樣，由乾道而成之男和坤道而成之女，二氣交感而成。男女之氣由五行而生，人便是由五行而生。但是人和物有分別，因爲人爲「最靈」。人的靈性來自五行之秀。「禮運」篇說「五行之秀氣」，太極圖說云「得其秀」。

什麼是秀氣？難道在五行之外另有一種秀氣嗎？老子道德經第四十二章，有云：「萬物負陰而抱陽，沖氣以爲和。」道家乃有所謂『沖氣』或『和氣』。沖字解釋爲虛，爲調。沖氣或和氣，爲陰陽調和之氣。朱熹解釋秀氣爲「氣之正且通者」(註三一)然而正且通和偏且塞，祇是效果；原因安在？原因是氣分清濁，氣之清爲正爲通，氣之濁爲偏爲塞。因此秀氣是清氣，爲五行之淸且純之氣。淸濁的名字，在易經上沒有，在周濂溪的通書裏也不見，要到稍後的理學家思想中纔出現，朱熹非常看重這個名字和意義，而且他的性善性惡論，也建立在這個思想上。至於正偏的名字則在易經上有，因爲易經的卦爻，最注意爻的位，位有中與正，爻的位置不中正，就是偏了。卦爻的中正，以二和五爲中，以陰陽爻居二五爲正。拿易經的正偏來解釋五行之秀氣，則是說五行相結合時，陰陽居在應居的位置，人之氣乃正且通。

正且通，和人之靈有關係。靈爲靈明，靈明在於明天理，即大學的「明明德」。人之氣爲正，人心則正，人心正，人心的天理乃能顯明，因此說「正且通」。

2. 靈•形

靈與神，在易經和理學家的思想中，常聯結在一起。並不是說靈便是神靈或鬼神，靈和神都是形容詞，靈爲靈明，神爲神妙；凡是靈明的本體，必定也是神妙。

易經以天地的變化，神妙莫測。周濂溪也說：

「大順大化，不見其迹，莫知其然之謂神。」（通書 順化第十一）

「發微不可見，充周不可窮之謂神。」（通書 誠幾德第三）

人有神，「神發知矣。」人的神是什麼？是人心；因爲人的知識，由心而成。人的神發動而有知，卽是人心活動而有知。先秦儒家對於人心之知，有孟子和荀子講得已甚明顯。周濂溪以「神發知矣」，神是指着心。

心爲神，因爲心的活動，不見形跡，神妙莫測。心的神妙，並不妨礙心的靈明。中庸以七情未發時，心居於中位，發而中節乃爲和，和卽是明。七情發而中節，天理乃昭明於心之動。

「惟中也者，和也，中節也，天下之達道也，聖人之事也。」（通書 師第七）

人在萬物中爲最靈，因人心爲靈。人心靈乃能知天理。天理之知在人心爲明。

「明不至則疑生，明無疑也。謂能疑為明，何啻千里。厥彰厥微，匪靈弗

瑩。剛善剛惡，柔亦如之，中焉止矣。」（通書 公明第二十一、理性命第二十二）

「匪靈弗瑩」，心不靈，則天理不明。心能靈，因人心之氣爲清。人心之氣雖清，但能爲物慾所蔽。人要使情慾之動皆中節，人心則純，心純乃明。

「仁義禮智四者，動靜言貌視聽無違之謂純。」（通書 治第十二）

情慾雖可說爲心之動。然這種動爲動靜言貌視聽之動，即是形體之動。周濂溪以人有心有形體。人爲氣之清，爲陽，形爲氣之濁，爲陰。

「惟人也，得其秀而最靈，形既生矣，神發知矣。」（太極圖說）在莊子的思想裏，形和神分得很清楚，莊子看重人之神，不看重人之形，主張墮形骸以養神。孟子也曾主張人有大體和小體，莫以小體害大體，小體卽是形體，大體卽是心。周濂溪以人有形體，有心神。形體由氣而成，形體之氣也是五行之氣，但較比心之氣則濁。形體爲物，心爲神。周濂溪曾說：

「動而無靜，靜而無動，物也。動而無動，靜而無靜，神也。」（通書 第十六）

形體之動靜，乃物之動靜，如五官，動便不靜，靜便不動。心的動靜，乃神之動靜，如心思索時，不動而動，不靜而靜，在外面看來，像是沒有動作，像是靜，實則動作非常迅速，眞是神妙莫測，不見形跡。

「物，則不通；神，妙萬物。」（通書 動靜第十六）

物，不通則塞，塞是因爲氣濁。人的形體和禽獸的形體相同，所有的氣，偏而塞。人心之氣則正而通，乃稱爲秀氣，人因着心靈纔可以稱爲最靈。

3. 性·情

周濂溪在太極圖說提到五行各一其性，又說五行在人內，五性感動，卻沒有講到人性。在通書裏，有一章標題爲「理性命」，然而在篇章裏卻沒有理、性、命三個字。這一章爲第二十二章。「厥彰厥匪，匪靈弗瑩。剛善剛惡，柔亦如之，中焉止矣。二氣五行，化生萬物……萬一各正，小大有定。」朱熹以前兩句說理，中兩句說性，後面八句說命。周子的意思，在這一章裏，講說理性命的大意：理爲明，明以靈爲瑩。性爲中，在剛柔的善惡裏顯明出來。命由氣而來，「小大有定」。

至於性，在通書裏有另一處說到：

「性者，剛柔善惡中而已矣。」（通書 師第七）

這種思想出於中庸，中庸云：「喜怒哀樂之未發謂之中。」周濂溪以「未發之中」爲性。然而中庸所說的中，並不是解釋性的本質，祇是說七情未發時，人心所有的天然狀態；這種狀態稱爲性。七情未發時，心的狀態究竟是什麼？是心的明德，是天理。性便是天理。剛柔善惡得於中，就是合於天理，所以說：「惟中也者，和也，中節也。」宋朝理學家以三本書爲基本，即易經、中庸、大學，將三本書的思想融會貫通，中字就是這種融會貫通的思想之一。

易經「繫辭上」第五章說：「一陰一陽之謂道，繼之者善也，成之者性也。」朱熹注說：「道具於陰，而行乎陽。繼，言其發也。善，謂化育之功。陽之事也。成，言其具也。性，謂物之所受。言物生則有性，而各其是道也，陰之事也。周子程子之書，言之備矣。」據我們現在所有的太極圖說和通書，周濂溪在這一方面，說得很少。

「乾道變化，各正性命，誠斯立焉。……」（通書 誠上第一）

「故曰：一陰一陽之謂道，繼之者善也，成之者性也。……」（同上）

「大哉易也，性命之源乎。」（同上）

這一章提到性命，但都是引用易經的話，沒有解釋，沒有說明。我們衹能說周濂溪接受了易經的思想。朱熹注解第一段說：「天所賦爲命，物所受爲性。言乾道變化，而萬物各得其所受之正。」注解第三段說：「易者，交錯代換之名，卦爻之立，由是而已。天地之理，陰陽交錯，而實理流行，一賦一受於其中，亦猶是也。」

性爲人所受於天，命爲天所賦於人；周子都沒有予以說明，要到張載、二程和朱熹去發揮。

孟子主張性善，然最注意『心』。性在心中表現出來爲善端，存心則可養性。周濂溪僅祇提到心純，而他的心純，和『誠』有關係。他主張誠，也就主張心純。情字，在通書裏提到：

「欲動情勝，利害相攻，不止則賊滅無倫焉。故得刑以治。情僞微曖，其

變千狀，苟非中正明達果斷者，不能治也。」（通書　刑第三十六）

朱熹常以情爲心之動，欲爲心之所趨，情爲氣，心爲理。周濂溪沒有分得這樣詳細，祇由善惡方面去看情欲，以善惡由情欲而來。情欲動，若使心失去中正，便是惡。但是他說：「情僞微曖，其變千狀。」情便不能完全是物；若是物，不能變化萬狀，情便該屬於心了，情是心之動。然而情是僞，而且微曖。情是僞，因爲能掩蔽天理；情爲微曖，微曖是微微晦暗，因爲掩蔽天理時，卽是掩蔽心的光明，好比薄雲掩月，有時也可能是烏雲掩月，人心完全黑暗。

4. 善・惡

「五性感動，而善惡分，萬事出矣。」（太極圖說）

善惡之分，由於五性感動。朱熹解釋說：「形生於陰，神發於陽。五常之性，感物而動，而陽善陰惡，又以類分。而五性之殊，散爲萬事。」（註三二）朱熹的解釋，和周濂溪的思想，不完全相合。周濂溪說「五性感動」，朱熹解爲「五常之性」，五常乃是仁義禮智信，班固白虎通「情性」篇說：「五常者何，謂仁義禮智信。」五性則按大戴禮「文王官人」篇說：「民有五性：喜、怒、欲、懼、憂」，乃人之感情。白虎通「性情」篇則也以五性卽五常：「五性者何，謂仁義禮智信。」但是周濂溪以「五性感動，而善惡分」，所謂五性，應該是人的感情：喜怒欲懼憂。漢武內傳上元夫人對皇帝說：「舍爾吾性，返諸柔善。」注解說：「謂暴、淫、奢、酷、賊也」。也是指着人的感情。所以人的善惡是由於五情而生。

五情感於物而動，物是外面的事物，五情因外面事物的引發而動，動而中節爲善，不中節爲惡。因着感情之動，人乃有動作，一切的事件都由人的動作而出生了。

對於善惡，周濂溪有個『幾』字。

「幾善惡。」（通書 誠幾德第三）

「動而未形有無之閒者，幾也。」（通書 第四）朱熹註釋通書第四說：「幾者，動之微，善惡之所由分也。蓋動於人心之微，則天理固當發見，而人欲亦已萌乎其間矣。」情之動，卽心之動。五性有所感應，心乃動。在動的開端，動還沒有發作時，稱爲幾。這個觀念也來自易經。「夫易，聖人之所以極深而研幾也。唯深也，故能通天下之志。唯幾也，故能成天下之務；唯神也，故不疾而速，不行而至。」(繫辭上　第十章)深、幾、神三個字，代表宇宙變易的深奧，微妙和神迅。人的心靈在動時，也有深、幾，神。心要動而還沒有動的情態稱爲『幾』，在這個時候，善惡就分別了，在這個時候，人或是守天理，或是從人欲。宋明理學家的修身之道，常注意「幾」，主張守靜，主張反省，使人能控制「幾」。朱熹說：「天理人欲之分，只爭些子，故周先生只管說幾字；然辨之又不可不早，故橫渠每說豫字。」(註三三)

朱子語類有云：「問：孟子謂乃若其情，則可以爲善，而周子謂五性感動而善惡分，是又以善惡於動處並言之。豈孟子就其情之未發，而周子就其情之已發而言之乎？曰：情未必皆善也，然其本則可以爲善，而不可以爲惡。惟反其情，故爲惡耳。孟子指其正者而言也，周子兼其正與反者而言也。」(註三四)實際上，善惡是在情受外物之感動而使心動纔有。

5. 人極

(甲) 中正仁義

宋明理學家講論理性之學，步易經的後塵，從形而上研究宇宙和人的變易；然而他們講論學術的目的，在於修身，以道德價值貫通形上和形下。周濂溪的太極圖說講了宇宙和人的變易，乃說：

「聖人定之以中正仁義，而主靜，立人極焉。」

人極爲人生之道，也稱人道。易經說：「易之爲書也，廣大悉備，有天道焉，有人道焉，有地道焉。」（繫辭下 第十章）三才之道，也稱三極。

人生之道，以天地變易之道爲模範。天地變易之道在易經的卦裏都表現了出來。易經所表現天地變化之道，以卦爻爲代表，卦爻之變，以位爲中心；爻的位，以中正爲貴。位，爲爻所在之位；正，陽爻在單數初、三、五爲正，陰爻在偶數二、四、六爲正。中，上下兩卦之中爻爲中。中正，陰爻在第二位，陽爻在第五位爲中正。中正的意義，即陽爻陰爻在自己該在的地位，而且居於中，不高不低，又不偏不倚。由天地變易的中正，轉到人的生活上所有的道德的價值，通書說：

「聖人之道，仁義中正而已矣。守之貴，行之利，廓之配天地。豈不易

簡？豈為難知？不守不行不廓耳！」（通書　道第六）

「惟中也者，和也，中節也，天下之達道也，聖人之事也。故聖人立教，俾人自易其惡，自至其中而止矣。」（通書　師第七）

通書和太極圖說的思想，在人道方面相同，都以仁義中正爲人極。中字的意義在中庸裏，爲倫理道德的意義。「喜怒哀樂之未發，謂之中，發而皆中節，謂之和。中也者，天下之大本也；和也者，天下之達道也。」朱熹的註解說：「喜怒哀樂，情也。其未發，則性也。無所偏倚，故謂之中，發而中節，情之正也。無所乖戾，故謂之和。」

中正，爲人心因情欲而動時，常居於正，和於天理。中庸書裏以中和爲『中庸』；因爲第一章經裏講中和，接下去的傳都講中庸。中庸之道，孔子以四時的運行爲代表，四時運行使寒暖得其時，五穀乃能發生。人守中庸，事事合於時，合於理，孔子說：「君子中庸，小人反中庸。君子之中庸也，君子而時中。小人之中庸也，小人而無忌憚也。」（中庸　第二章）孔子以時中和無忌憚相對待，卽是中庸和反中庸相對待。『時中』爲易經的思想，卽是合於時合於理。『無忌憚』則如朱熹的註解所說「肆欲妄行」，沒有規矩，不管合於天理或不合於天理。周濂溪所立的人極，在原則上要求人的行動合於時，合於理，能夠中正。

仁義，按照周濂溪的思想：「天以陽生萬物，以陰成萬物。生，仁也；成，義也。」（通書 第二十一）從生生之道解釋仁義，仁爲生，義爲成，又說：

「故聖人在上，以仁育萬物，以義正萬民。」（通書 第十一）

朱子語類說：「問：春作夏長，仁也；秋斂冬藏，義也：此亦所謂天道人道之立歟？曰：此卽二書二氣五行之說。」（註三五）

「仁爲生，義爲成。」漢朝易學家常有這種思想，他們以五行配四時，以五行爲五常之德。春夏屬於陽，秋冬屬於陰，周濂溪乃說：「天以陽生萬物，以陰成萬物。生，仁也；成，義也。」仁義用在道德上，仁爲愛，義爲禮法，聖人以仁愛去養育萬物的生命，以義禮去教民於正道。「聖人定之以中正仁義，……立人極焉。」中正仁義爲人生活的原則，按照這種原則去生活，乃有道德。

「動而正曰道，用而和曰德。匪仁、匪義、匪禮、匪智、匪信，悉邪也。邪動，辱也。甚焉害也。故君子愼動。」（通書 動靜第五）

人的行動，合於正和，即是合於中正，纔有道德。道德的表現，爲仁義禮智信，仁義禮智信爲五常。

周濂溪沒有發揮五常的意義，但是他自己本人則身體力行，朱熹說：「先生姓周氏，……博學力行，聞道甚早，遇事剛果，有古人風，爲政精密嚴恕，務盡道理。」(註三六)黃庭堅稱其「人品甚高，胷中灑落，如光風霽月，短於取名而銳於求志，薄於徼福而厚於得民，菲於奉身而燕及煢嫠，陋於希世而尚友千古。」(註三七)

(乙)主靜

黃榦作無欲齊記，記說：「家本仲訪余於于山之下，相與讀周子程子以及先師朱子之書，探其端緒，以求其本原。至於周子無欲則靜之旨，本仲喟然嘆曰：入德之要其在茲乎！是可以名吾齋矣，盍爲我言其義。余嘉本仲擇之精，……爲之言曰：寂然不動，心之體也；事物未接，思慮未萌，湛然純一，如水之正，如衡之平，則其本靜也。……故主靜者可以制乎動，無欲者所以全乎靜，此周子之意，而亦有所自來也。艮其背不獲其身，行其庭不見其人，主乎靜也。且晝之梏亡，則夜氣不足以存，無欲則靜也。……所謂襟懷灑落，如光風霽月者，其所養可知矣。周子推明無極動靜之義，以繼孔孟不傳之緒，而斷之以無欲則靜之一言。至其論聖學，則曰無欲則靜虛動直，論養心則曰無欲則誠立明通。然則聖傳之樞要，學者之塗轍，果不出於斯言也哉。」（註三八）

宋明理學家常以主靜為修身的要道，乃因周濂溪首先倡主靜以立人極，黃榦評為「聖傳之樞要，學者之塗轍。」在通書裏也講到靜。

「聖可學乎？曰：可。曰：有要乎？曰：有。請問焉。曰：一為要，一者，無欲也。無欲則靜虛動直。靜虛則明，明則通。動直則公，公則溥。明通公溥，庶矣乎！」（通書 聖學第二十）

朱子語類說：「問周子云：一為要，一者無欲也，如何？曰：一者無欲，便是無欲。人豈看無欲之時，心豈不一。又問：比程子主一之謂敬，如何？曰：無欲與敬字一般，此敬字分外分明。要之持敬頗似費力，不如無欲撇脫。人只為無欲，心便千頭萬緒。此章之言，甚為切要。」又說：「問：一是純一，靜虛是此心如明鑑止水，無一毫私欲填於其中，故其動也，無非從天理流出，無一毫私欲撓之。靜虛是體，動直是用。曰：也是如此。靜虛易看，動直難看。靜虛只是伊川云，中有主則虛，虛則邪不能入，是也。若物來奪之則實，實則暗，暗則塞。動直只是其動也更無所礙。若少有私欲，便礙便曲。要恁地做，又不要恁地做，便自有窒礙，便不是直。曲則私，私則狹。」（註三九）

我引來上面幾段頗長的文章，我是願意引用周濂溪當時人對他的這種思想所有的解釋，以便明瞭主靜的重要和主靜的意義。

靜字本來自老莊，主靜爲道家人生哲學的特別點。佛教也是主靜，更是主無欲。儒家都不贊成道佛的主張，並且譏評佛教使人成爲枯木死灰。現在，周濂溪提出了主靜，理學家便都接受，且以爲「聖傳之樞要，學者之塗轍。」這其中必有道理。

宋朝的社會盛行佛教的禪宗，又承唐朝道教的餘緒；主靜的修行，在智識界頗爲通行。周濂溪既從道教之士受太極圖，心必喜道士的虛靜生活。他便想把佛教和道教的特點，採摘而成儒家的修身之道。在先儒的賢者中，周濂溪很敬愛顏子的人格，更喜歡顏子在貧苦中能有安樂。

「伊尹顏淵，大賢也，伊尹恥其君不為堯舜，一夫不得其所，若撻於市。顏淵不遷怒，不貳過，三月不違仁。志伊尹之所志，學顏子之所學。」

（通書　志學第十）

「顏子一簞食，一瓢飲，在陋巷，人不堪其憂，而不改其樂。夫富貴人所愛也，顏子不愛不求，而樂乎貧者，獨何心哉？天地間有至貴可愛可求，而異乎彼者，見其大而忘其小焉爾。見其大則心泰，心泰則無不足，無不足則富貴貧賤處之一也。處之一，則能化而齊，故顏子亞聖。」（通書 顏子二十三）

周濂溪以顏子見其大乃能心中泰然，他便求能使心中泰然之道。求泰然之道，在於保持心中的天理，不爲外物所擾，因此他就主張主靜。他有這種主張，在心理方面是受佛道的影響，也因顏子的感召，在學理方面，則以中庸和孟子爲根據。中庸標出「天命之謂性……喜怒哀樂之未發謂之中，……」孟子主張「存心養性」以節制私欲。周濂溪所建立的人極，「無欲而靜」，即是孟子的節慾。節慾而後情動則能中和。儒家的無欲，和佛教的無欲不是一樣，佛教主張絕欲，絕欲不合於人性的傾向，將使人變成枯木死灰；節慾則以心主宰情欲，使動而皆中節。朱熹的門生解釋說「靜虛是此心如明鑑止水，無一毫欲塡於其中，故其動力，無非從天理流出，無一毫私欲撓之。」已經偏向佛教的禪靜，和儒家的思想不完全相合。朱熹答說：「也是如此。」並不完全贊成門生的解釋，後來並引程伊川的話來補充，以心中有主則虛。這個「主」字非常重要。主字第一表示心是主宰，心要作主；第二表示心中有主，主是天理，是人性。心按天理以主宰情欲之動，心就虛靜，並不是以心爲止水，沒有一毫私欲之撓。人心不能沒有私欲之撓，祇是和欲撓時，人心不爲私欲所動。

「情僞微曖，其變千狀。苟非中正明達果斷者，不能治也。」（通書 刑第三十六）

主靜的修鍊工夫，在於使人中正明達果斷。周濂溪在通書裏沒有詳細講解主靜的方法；但是他注意到最重要的一點，即是『誠』。誠爲主靜的最重要方法。

四、誠

道家從老子以後，主張效法自然，以自然爲人生最高規律。儒家的中庸一書，提出了儒家的生活規律，以「誠」爲最高法則。中庸說：「誠者，天之道也；誠之者，人之道也。」（中庸 第二十章）「誠」字從那裏來？從性字來，「自誠明，謂之性，自明誠，謂之教。」（中庸第二十一章）凡是性，都是天然而誠，一切的物都按照自己的本性而動。所謂天然，即是自然，也稱爲天；所以說：「誠者，天道也。」唯獨人卻不常誠，並不是人性不誠，乃是人有心，心靈，自作主宰。人心要使人之動常合於人性，這就是人之誠，人要誠於自己的天性；所以說：「誠之者，人之道也。」

周濂溪在通書裏特別注意「誠」。「誠」的內容非常隱晦，我們試加解釋。通書的思想，以「誠」爲主；太極圖說的思想，以太極爲主。兩書既都是周子的著作，則必定可以互相貫通。太極和誠究竟有什麼關係？

1. 誠不是太極

現在研究中國哲學的學者，早已注意這種問題。

（甲）吳康先生在所著的宋明理學第一章論周敦頤時說：

「太極卽絕對，卽宇宙之本體或第一原理亦卽最高之命，此絕對或本體抑第一原理，為周普，為徧在，而不可指言為某一物，某一事，故亦曰無極。」（註四〇）

「濂溪之釋誠，為出於乾元，純粹至善，無為而為善惡之幾，發微而不可見，充周而不可窮，性命之源，五常百行之本；則誠卽大傳之易，而為宇宙萬有之本之『純粹活動』(Actuspurus) 也。此純粹活動之本質，有下列各義：宇宙之本源，……本體周徹，……功能周徹，……無本末無終始。……」(註四二)

吳康先生的解釋，雖然沒有明說誠是太極，實際則是以誠等於太極。他說「誠卽大傳之易」。

但是吳康先生又以誠爲宇宙本體的純粹活動，而附加拉丁術語。所附的拉丁術語和中文術語「純粹活動」，兩者的意義不相同。拉丁術語爲士林哲學的術語，意爲「純粹的現實」。純粹的現實乃是不含潛能的現實，沒有變易的現實，是絕對的有，是完全的自立主體。純粹的現實不是活動，更不能成爲宇宙本體的活動了。

捨了拉丁術語而祇取中文術語，『誠』爲宇宙本體的純粹活動；但又以這種活動爲宇宙的本源，爲無本末無終始，則又互相衝突，意義混亂不清。而且這種思想必不是周子所想到的。

（乙）唐君毅先生在所著中國哲學原論第一冊第十三章「原太極上」，特別提出了這個問題。君毅先生且以通書解太極圖說，以周子的「無極而太極」是較易經更進一步的思想，而太極的意義，則由通書的誠去解釋。他說：

「而通書之概念，可與圖說中之太極相當者，則是誠或乾元之概念。誠之概念，原自中庸。吾人如以誠之概念同於太極，為足以規定太極之涵義者，則吾人復可說易與中庸之思想為一，或以中庸釋易。而此亦昔所未有。後張橫渠之學，亦以通中庸與易傳為宗。伊川進而兼以中庸論孟之旨注易，是皆開宋代易學之義理一路之先河，而別於王弼韓康伯注易，求兼通於老子之玄理者也。」（註四二）

「今本此意以釋圖說，誠既相當於太極，則太極之本，只當以無說之，而且說之以無極。此正猶通書之以無思無為，寂然不動，說誠也。而太極之用，則首先於動有，正如誠之動之為有。……」

「唯以通書之誠，原出中庸，原為一道德性之天道與人道人德，涵具真實存在及至善之義者；則吾人今以誠之義，規定太極之義，便可確立太極為

一涵具真實存在之性質及至善之性質者。……」（註四三）

唐先生很費心思，又多加說明，並且也說：

「然吾人於此，却未嘗如朱子之確定太極一名之所指者為至極之理，自亦須如朱子不之於無極之極及太極之極，分作二解，謂一極指形，一極指理。而唯是據通書，以圖說中之太極之一名之義，翻譯之為一真實存在之天人一貫之誠道，而無極之名則只為遮詮。易之太極之名，亦正賴吾人之此翻譯，而得其進一步之實義。」（註四四）

我對於唐先生的解釋，新頴而且深入，很表欽佩：但是我卻不完全表示同意。我所同意之點，是通書的誠和太極圖說的太極，互有關係，互相說明；不同意之點，是唐先生所說誠即是太極，為天人一貫之誠道。

2. 誠爲太極之德

（甲）通書的誠不是太極圖說的太極

唐先生說：「通書言誠之爲源，謂卽乾元，卽萬物所資始；正同於圖說之以太極爲萬物之所自生。是卽萬物之所以爲一也。」（註四五）

但是通書的「誠上第一」說：

「誠者，聖人之本。大哉乾元，萬物資始，誠之源也。」

通書開端第一句說：「誠者，聖人之本。」沒有說：「誠者，萬物之本。」太極則是萬物之本，而不是聖人之本。聖人之本，乃是聖人之所以成聖人，這是倫理方面的事。萬物之本，則是萬物之所以成萬有，這是形上本體方面的事。兩者互不相同，不能混爲一談。

通書又說誠有自己的本源，本源是乾元。太極則是萬物的本源，太極自己不再有源。因此太極在上，誠在下，誠不是太極。

唐先生說：「通書言誠爲聖人之本，正同圖說之言人性之本於太極，爲人極之所以立。」(註四六)實際上兩者不同，圖說言人性本於太極，爲形上本體論，由本體論轉到倫理論，乃以太極變易之道，以立人極。我們決不能以人極就是太極。

唐先生所以把誠和太極相混，緣因乃是他以中庸之誠，爲形上的實體。然而他又處處以誠爲德，「誠在中庸，原爲一道德性之天道天德與人道人德，涵具眞實存在及至善之義者。」(註四七)

「誠」既爲德，祇能說是太極之德，或說是天地在變化中所守之德，而不能便以爲是太極。

朱子也曾以周子的誠爲太極，他在通書第一章的註解裏說：「誠者，至實而無妄之謂。天所賦，物所受之正理也。人皆有之，聖人之所以聖者，無他焉，以其獨能全此而已。此書與太極圖相表裏，誠，卽所謂太極也。」(註四八)

朱子的解釋，和自己的思想相連貫。他以太極爲理，以誠爲人所得於天之正理，誠乃是太極。但是周子，並沒有以太極爲理，而且也不可能以太極爲理，誠也又不是爲理，因此誠決不是太極。

（乙）誠是太極之德

老子的道德經以「道」爲宇宙的本源，道變化無窮，化生萬物。道的變化乃是自化，

「道常無為而無不為，王侯若能守之，萬物將自化。」（道德經 第三十七章）

道自化的原則爲「自然」，

「人法地，地法天，天法道，道法自然。」（道德經 第二十五章）

道的自然而自化的力，稱爲「德」。莊子說：

「動以不得已之謂德。」（莊子 庚桑楚）

道自化而不得不動，因爲自然要動，道自然而動的原則規律，也稱爲德。

自然而動，是必定要這樣動；必然要這樣動，便不會有另一樣的動；所有的動作，完全和本性相合，這就是誠。道家稱道的動常爲自然，儒家稱太極和天地之動常是誠。誠便是太極之德，也是天地之德。

中庸第一處講「誠」的，是第二十章，章上說：

「誠者，天之道也；誠之者，人之道也。誠者，不勉而中，不思而得，從容中道，聖人也。」

「誠者……聖人也。」這種思想和周子通書的第一章所說相同。通書第一章開端就說：

「誠者，聖人之本。」

第二篇又說：

「聖，誠而已矣。」

「聖，誠而已矣。誠，五常之本，百行之源也。」

「五常之本，百行之源。」即是說人道之本。此點即是中庸所說「誠」爲人道之本。「誠者，天之道也；誠之者，人之道也。」

誠，爲天道或天德，因爲天地的運行，必定按照自己運行的規律而動，絕對不能有僞。朱子也曾解釋誠「爲至實無妄之謂。」

我所謂的德，是行爲之道。在倫理學方面，以按行爲之道而行，有所得於心，有所得於行動之道，按行動之道造成習慣，乃稱爲德。通書第五篇「愼動」說：

「動而正曰道，用而和曰德。」

這是從人一方面說；天地之動，則常是正，常是和，故天地之動便稱爲天道天德，天道天德的所以然究竟怎樣，就是誠。人之動，則不常是正，不常是和；因此，便該要誠，「誠於自己的人性天理，使行動常是眞實無妄。」

天地之道，也是太極之道；天地來自太極。太極不可見，不可言。太極生乾坤，乾坤爲天地，乾坤則可言了，故易經常說乾坤之道，中庸、大學則說天道。通書乃說：「大哉乾元，萬物資始，誠之源也。」誠爲乾元之德，誠發源於乾元。

(丙) 誠是太極變化之能（力）

德，本來也有能的意思，有力的意思。在道德經，德也代表道的自化之能；由自化之能，進而代表道之自化，代表道之變動。太極之德，便可以指着太極變化的德能，指着太極變易的動。

在中庸上，誠除指天道天德以外，又指天地乾坤之動。「誠者，自成也。……誠者，物之終始，不誠無物。……」「故至誠不息，不息則久……。」

周子通書裏也有這種思想。

「乾道變化，各正性命，誠斯立焉。……元亨，誠之通；利貞，誠之復。大哉易也，性命之源乎。」（通書　誠上第一）

誠由乾道變化而立；因爲萬物因着乾道的變化而有性命，按着性而行乃稱爲誠。物之性命，由太極的變易而有根源。誠因着性命而立。這個誠字是指着德性。元亨利貞，則是乾道的變化；周子以元亨爲誠的通和復，便是以誠爲乾元的變動了。

通書且以誠有幾有神。「幾」爲將動未動的狀態，「神」則是靈妙的行動。通書說：

「寂然不動者，誠也；感而遂通者，神也；動而未形有無之閒者，幾也。」

（通書 聖第四）

朱子註解說：「本然而未發者實理之體，善應而不測者實理之用，動靜體用之間，介然有頃之際，則實理發見之端，而衆事吉凶之兆也。」（註四九）

朱子以誠爲理爲太極，乃以神爲誠之用，幾爲誠之動的端倪。我不以誠爲理爲太極，祇以誠爲太極之動，或說乾元之動。太極之動，乃動而不動，故曰寂然不動，然而太極有動，太極之動有神，有幾。在人一方面，人的動，可以是誠，因此，也有神有幾。人眞能誠而神而幾，便是聖人。

「誠神幾，曰聖人。」（通書 聖第四）

（丁）誠的特點

通書既以「誠」爲太極或乾元的德能，爲太極或乾元的動，通書就說明「誠」的幾種特點；這些特點乃是易經所說乾元變易的特點。通書說：

「靜而動有，至正而明達。」（誠下第二）

「誠無爲。」（誠幾德第三）

「寂然不動者，誠也。」（聖第四）

「天道行而萬物順，聖德修而萬民化，大順大化，不見其迹，莫知其然之謂神。」（第十一 順化）

「動而無靜，靜而不動，物也。動而無動，靜而無靜，神也。物，則不通；神，妙萬物。……」（動靜第十六）

「至誠則動，動則變，變則化。」（擬議第三十五）

易經講解乾坤變化之道，說：

「範圍天地之化而不過，曲成萬物而不遺，通乎晝夜之道而知，故神無方而易無體。」（繫辭上 第四章）

「夫乾，其靜也專，其動也直，是以大生焉。夫坤，其靜也翕，其動也闢，是以廣生焉。」（繫辭上 第五章）

「易，無思也，無爲也，寂然不動，感而遂通天下之故，非天下之至神，其孰能與於此。」（繫辭上 第九章）

易經以易爲變易，爲動；周子以誠爲變動；誠即相當於易。易無爲，寂然不動；誠也是無爲，寂然不動。然而，易，感而遂通，稱爲天下之至神；誠也是靜而動，至正明達，動而不見其跡。因此可以看到周濂溪以誠爲太極的變易。

（戊）以誠通貫易經與中庸大學

宋明理學家的旨趣，趨向於修身之道。儒家修身之道，在於大學的明明德和中庸的率性。怎樣明明德？在於正心誠意。怎樣率性呢？在於誠。

誠爲眞實無妄，無妄故能率性，率性故能明明德。這是從倫理學方面去講，誠爲聖人之本。

從形上學方面去講，人性來自乾元的變化，「乾道變化，各正性命。……大哉易也，性命之源也。」誠是易，是乾元，誠又是人性之本。

易和誠，是無爲，是寂然不動，在不動中有動。中庸乃說：「喜怒哀樂之未發，謂之中；發而皆中節，謂之和。中也者，天下之大本也。和也者，天下之達道也。」七情未發謂之中，乃是寂然不動。寂然不動之中，謂之天下之大本，卽是說「大哉易也，性命之源也。」、「誠者，聖人之本。」把本體論和倫理論結合在一齊，易和中庸相貫通。因此通書乃說：「易何止五經之源，其天地鬼神之奧乎。」（精蘊第三十）

以中庸之誠貫通大學的正心，周子的遺書中有「養心亭說」一篇。「養心亭說」中有云：

「……予謂養心不止於寡而存耳，蓋寡焉以至於無。無，則誠立明通。誠立，賢也；明通，聖也。是賢聖非性生，必養心而至之。」（註五〇）

養心莫善於寡欲，爲孟子的正心法。周子以寡欲應至於無欲，無欲則「誠」立。「無欲」來自佛教，以無欲能正心，本不合中庸大學之道；但周子以無欲作為中，作為明明德，無欲代表寂然不動，無欲便是誠了。他又回到他的一貫的思想上了。

(己) 誠為修德成聖之道

誠，為「明明德」，心所有天理自然昭著於思言行為。為達到這種境界，須要沒有私慾的紛擾。因此，誠，要求去慾，乾乾不息。

「聖，誠而已矣」（通書 誠下第二）

「誠然必懲忿窒慾，遷善改過而後至。」（通書 乾損益動第三十一）

誠則窒慾，窒慾則正心，正心則中，中則通，通乃明。

「誠精故明。」（通書 聖第四）

3. 聖人

聖，爲孔子所標榜的理想人格，在論語裏，聖，爲孔子所仰望之點，「子曰：若聖與仁，則吾豈敢，抑爲之不厭，誨人不倦，則可謂云爾已矣。」（論語 述而）在易經的「十翼」裏，聖人乃成一種超凡的人格，爲天生的幸運者，因爲「聖人設卦，觀象，繫辭焉，而明吉凶。」（繫辭上 第二章）「夫易，聖人之所以極深而研幾也。唯深也，故不疾而速，不行而至。」（繫辭上 第十章）「夫大人者，與天地合其德，與日月合其明，與四時合其序，與鬼神合其吉凶。」（乾卦．文言）大人乃聖人中的特出者，爲古代的聖王，在生活上實現天人合一。中庸少說聖人多說至誠。對於聖人，中庸說：「大哉聖人之道，洋洋乎發育萬物，峻極於天。」（中庸 第二十七章）至誠者則能盡性而盡人性，再能盡物性，終至於「則可以贊天地之化育。可以贊天地之化育，則可以與天地參矣。」（中庸 第二十二章）中庸的思想和易經的思想，互相連貫；聖人以仁道而贊助萬物的化育，終而達到天人合一的境界。

朱熹作中庸章句序，提出儒家的道統，繼承道統者爲聖人，若不能爲聖，也爲聖人的後學。「夫堯舜，天下之大聖也，以天下相傳，天下之大傳也。以天下之大聖，行天下之大事，而其授受之際，丁寧告誡，不過如此，則天下之理，豈有以加於此哉。自是以來，聖聖相承，若成湯文武之爲君，臯陶伊傅周召之爲目，旣皆以此而接夫道統之傳。若吾夫子，則雖不得其位，而所以繼往聖，開來學，其功反有賢於堯舜者。然當是時，見而知之者，惟顏氏曾氏之傳得其宗，乃曾氏之再傳，而復得夫子之孫子思。……自是而又再傳以得孟氏。……及其沒而遂失其傳焉。」朱熹乃以周濂溪上接孟子的傳授，繼承孔孟的道統。所繼承的道統，卽是爲聖之道。

「聖人定之以中正仁義，而主靜，立人極焉。故聖人與天地合其德，日月合其明，四時合其序，鬼神合其吉凶。」（太極圖說）

「誠者，聖之本。」（通書 誠上第一）

「聖，誠而已矣。」（通書 誠下第二）

「誠神幾，曰聖人。」（通書 聖第四）

「聖人之道：仁義中正而已矣。」（通書 道第六）

「無思而無不通，為聖人。」（通書 思第九）

「聖希天，賢希聖，士希賢。」（通書 志學第十）

「故聖人作樂以宣暢其和心，達於天地。」（通書 樂中第十八）

「聖可學乎？曰：可。曰：有要乎？曰：有。請聞焉。曰：一為要！一者，無欲也。」（通書 聖學第二十）

「然則聖人之蘊，微顏子殆不可見。……聖同天，不亦深乎！」（通書聖蘊第二十九）

「聖人之精，畫卦以示。聖人之蘊，因卦以發。」（通書 精蘊第三十）

「君子乾乾不息於誠。然必懲忿窒慾，遷善改過而後至。乾之用，其善是。損益之大莫是過。聖人之旨深哉。」（通書 乾損益動第三十一）

「聖人之道，入乎耳，存乎心，蘊之為德行，行之為事業。彼以文辭而已者，陋矣。」（通書 陋第三十四）

「聖人之道，至公而已矣。或曰：何謂也？曰：天地至公而已矣。」（通書 公第三十七）

在通書的短短四十章裏，講聖人的章數，眞爲數不少！他所說的聖人，常指着孔子，也有時指作易的聖人。聖，爲理想的人格，實屬天生。「無思而無不通，爲聖人。」這就是天生的睿智的人，也就是孔子所說：「或生而知之。」（中庸 第二十章）「或安而行之。」

（中庸 第二十章）聖人心中沒有私慾的紛擾，天理昭明，乃能仁民愛物，天下為公。因着這種仁民愛物的仁德，聖人「與天地合其德。」天地好生之德，以日月光照萬物，以四時節制氣候；聖人之德也能像日月四時一樣，照顧萬民，「故聖人作樂以宣暢其和心，達於天地。」人事吉凶，鬼神可以前知；然而吉凶的成因在於人行善行惡，吉凶的形成在於人事和天地的變化，對於這些成因和變化，聖人的睿智，可以覺察天地變化的奧妙，便也可以前知人事的吉凶。「誠神幾，曰聖人。」聖人之誠，可以和天地相通。「無思而無不通。」天地和人事的變化，雖是神妙莫測，聖人可以前知。「動而未形有無之閒者，幾也。」聖人也能知道。這種思想有點和莊子所講的「氣知」相似。而且周濂溪所說「誠無為。」「寂然不動者，誠也。感而遂通者，神也。」也和老莊的無為論相似。所不同的點，則在於積極有為。「然必懲忿窒慾。」

聖雖為天生的資質；但是常人也可以學做聖人，「聖可乎？曰：可。」在中庸孔子說：「或生而知之，或學而知之，或困而知之；及其知之，一也。或安而行之，或利而行之，或勉強而行之，及其成功，一也。」（中庸 第二十章）宋明理學家的修身論，在於勉人為聖賢。「士希賢，賢希聖，聖希天。」

五、結論

周濂溪被朱熹尊爲繼承孔孟道統的賢哲，爲孟子以後的第一人。在思想上說，他的思想是繼承易經、中庸、孟子的思想，以中正仁義，以誠爲人生之道；以聖爲理想人格；以孔子爲聖人，顏子爲亞聖（通書　第二十三）。修身之道，則繼承孟子的養心寡慾。

但是周濂溪在中國哲學思想史上的位置，則是一位開啓宋明理學的思想家。現存的周子著作太極圖說和通書，不上一萬字，所發表的思想很簡單；但是在形上宇宙變易論和精神生活論，包涵了宋明理學所有的重要思想，如太極、陰陽、五行、人性、誠、仁、中正。另外在於把易經和中庸相結合，造成儒家倫理的形上基礎，指出了理學家所走的路。

雖然，周濂溪的思想，受有道家的影響，但他爲一純正的儒家。他的人格，「博學力行，有古人風。」

註

註　一：度正、年譜，見周濂溪集卷三十

註 二：朱熹 江州卷溪書堂記、見周濂溪集，頁二一二。（國學基本叢書、商務印書館）
註 三：張伯行 周濂溪先生集序。（同上）
註 四：見周濂溪集，頁二〇〇
註 五：同上，頁二〇〇
註 六：同上，頁二一四
註 七：同上，頁一三一—一三二
註 八：胡宏 通書序略（同上，頁一三一）
註 九：見周濂溪集，頁三三
註一〇：胡渭 易圖明辨，卷三，頁二〇一。廣文書局版。
註一一：同上，頁二〇五
註一二：馮友蘭 中國哲學史、下冊，頁八二二。商務，民二十四年版
註一三：見宋元學案、濂溪學案下，頁一二五—一二六。（國學基本叢書）商務印書館
註一四：見周濂溪集，頁三三
註一五：同上，頁七三
註一六：見周濂溪集，頁四—五
註一七：同上，頁六
註一八：同上，頁四
註一九 同上，頁三二
註二〇：同上，頁三五
註二一：同上，頁三二
註二二：同上，頁三三—三四

註二三：同上，頁四一

註二四：宋元學案 卷四，頁一二四

註二五：朱熹 ○重鋟、周濂溪集，頁五三

註二六：王船山 尚書引義 卷三 太甲二、周易外傳三困卦。

註二七：王船山 周易內傳發例，頁七

註二八：見周濂溪集，頁九—一〇

註二九：同上，頁一二

註三〇：同上，頁一一〇

註三一：同上，頁一四

註三二：同上，頁一四

註三三：同上，頁八五

註三四：同上，頁五七

註三五：同上，頁九八

註三六：同上，頁一

註三七：同上，頁一六九

註三八：同上，頁二一〇—二一一

註三九：同上，頁一〇八

註四〇：吳康 宋明理學 華國出版社，民四十四年版，頁三九

註四一：同上，頁四三

註四二：唐君毅 中國哲學原論 人生出版社，民五十五年版，頁四一三

註四三：同上，頁四一七

註四四：同上，頁四一七
註四五：同上，頁四一四
註四六：同上，頁四一四
註四七：同上，頁四一六
註四八：見周濂溪集 卷五，頁七四
註四九：同上，卷五，頁八七
註五〇：同上，卷八，頁一三九

第三章　張載的哲學思想

一、緒論

張載字子厚，生於宋眞宗天禧四年（公元一〇二〇年），世居大梁。因父親張廸卒於涪州任內，乃爲鳳翔郿縣橫渠鎭人，時人便稱他爲橫渠先生。

張載和二程爲親戚，長他們一輩；然互相勉勵，研究性理之學。張載曾研究佛學訪問釋老，後乃全心研究六經，尤其研究易經和中庸大學，遂養成自家的思想。他一生曾做過官，以進士任雲巖令，後任崇文院校書。因和王安石不睦，乃託病歸鄉。神宗熙寧九年，被召同知太常禮院，因與禮官抗爭修改禮儀，辭官歸家。中途，得病逝於臨潼，時在熙寧十年十二月，年五十八。著有正蒙、經學理窟及易說。

張載的思想，「以易爲宗，以中庸爲體，以孔孟爲法。」（註一）「以禮爲教，不言理而言禮，理虛而禮實也。」（註二）

他雖和周敦頤和邵雍同時，年歲較他們稍少，在理學上的思想，要比他們倆人都較成熟。又因他沒有向道士領過教，他講易學就沒有像周邵兩家的圖說，他曾學過佛經但卻常反佛。所以在他的思想裏，較少滲入的道佛思想，他可以稱爲純正的儒家。

他最注重禮，而且主張恢復周禮，守三年之喪。又想恢復井田制，不贊成王安石變法。他思想的中心在於「氣」，把莊子、孟子和漢朝儒家、唐朝道家對於「氣」的思想，結成一個系統，以氣爲天地萬物的本源和元素。由氣而到他的思想頂點，「民吾同胞，物吾與也。」（西銘）

二、天人合一

宋元學案和張子全書都把「西銘」作爲張載著作的第一篇，放在書卷的開端。歷代學者研究張載的思想，也都認爲「西銘」代表他的主要思想。本來「西銘」應放在全書的結尾，作爲張載思想的結晶和巔峯。例如我們講莊子和孟子的思想時，以至人和道相通，作爲莊子思想的頂點；以浩然之氣，作爲孟子思想的高峯。但是現在我們研究張載的哲學思想，卻也從「西銘」的天人合一開始，這是因爲張載的思想系統，要從上往下，才能夠看得分明。天人合一爲他思想的頂點，我們把頂點認識清楚了，再從頂點向下走，條條是路。走到了山腳的形而下的問題，再往上溯形而上的理由，來龍去脈，可以一點不混亂。

「西銘」原爲正蒙「乾稱」篇的一段，後人稱這一段爲「西銘」。「西銘」的思想源自易經、中庸和禮記。易經以乾坤爲萬物之始，又以大人「與天地合其德，與日月合其明，與四時合其序，與鬼神合其吉凶。」（乾卦　文言）中庸以人能盡性則盡物性，盡物性則參天地的化育。（第二十二章）禮記的「禮運」篇有大同一段，「大道之行也，天下爲公。」

「西銘」一篇論乾坤爲一大父母，人物皆天地所生同爲兄弟，應以事親之道以事父母。乾稱父，坤稱母，我爲乾坤所生，居在天地的中間。天地間的一切形象，皆是我的身體；天地間一切流動的理由，皆是我的性。萬物同我一齊爲天地所生，便都是我的兄弟同親。皇帝爲天地的宗子，大臣爲宗子的家相。年高者爲我的兄長，年幼者爲我的幼弟，有疾病和遭難的人，是我兄弟中有人生病遭難。我若好好愛待這一切的人，便是我表示對天地的孝心。我若違背天地之心，不愛這些親人，乃是違德，也是害仁，爲天地所生的不肖之子。我若在視聽言貌的行動上，能够順從天地之心，則是一個克肖父母之子。知道天地變化之道，則可以好好明白天地間的事；懂得天地變化的神妙莫測，則可以繼承天地的善志。於是一切行動都能自誠愼獨，存心養性，而致孝於家庭之父母。

在這一篇短文章裏，包含幾端非常高深的大道：第一，乾坤爲我的大父母；第二，天地的形氣爲我的身體，天地的理性，爲我的理性；第三，天地間的人物爲我的同胞親屬；第四，我向天地盡孝，愛一切的人；第五，我要知化窮神，以述天地之志；第六，儒家的孝道，以孝事天地爲基礎。

張載想像天地爲一大家庭，乾坤天地爲父母，人物同是一家的人物，每人應向大家庭盡孝。他沒有用易經和中庸的神秘話語，講與天地合德，與日月合明，也不講參天地的化育。然而在思想的深處，則是易經和中庸的話隱藏着在裏面作爲根基。這也是儒家思想的發展途徑，易經和中庸肯定了人精神生活的至善止境，後代的儒家便要予以發揮，予以解釋。漢朝儒者從形體方面以人體爲一小天地，把人身的結構和一年的結構作比配，乃是一種粗淺的物質解說。道家進而以元氣通行宇宙，人氣和天地之氣相通，以求長生，還是一種粗俗的解說。理學家乃進而從形上哲學上面求解釋，以說明易經和中庸所說精神生活的最高境地。

1. 生生之道

在易經和中庸所說的最高精神生活，都以生命爲基礎。易經以天地變化之道爲生生，生生的最高境地，當然是生命的最高境地。中庸所說的最高的精神生活，便是參天地之化育，卽是參天地生生的變化。既然參加天地生生的變化，便和天地生生的變化打成一片，和天地變化之道相通；因此「與天地合其德……先天而天弗違，後天而奉天時。」人的生活變成了天地生生的一部份表現，人的生活之道爲天地生生之道，人的生活精神爲天地好生之仁，人乃與天地合爲一體，浩然長終。

張載的「西銘」採取儒家的傳統思想，儒家的傳統以家族代表生命。一個人的生命在家族的生命中延續，父母的生命繼續在子女的生命中，子女的生命和父母的生命相連結，追溯到家族的祖宗。祖宗爲家族生命的起源，子孫爲追思這個源流，乃有孝道的祭祀。宗子祭祖，追思祖宗恩德。同宗親族互相照顧，互相勉勵，以追述祖宗的德業。忤逆不肖之子，乃家族之辱，有辱祖宗。

張載把天地比成一大家族，乾坤爲家族的祖宗，皇帝爲家族的宗子，大臣爲宗子的家相，以治理族中的家事。一切的人都是同家人，愛家中的人卽是向父母盡孝道。天地的一切物，也是家中之物，都該愛護。愛人愛物是因人對天地應盡孝，因孝天地而愛人物。生在我以先的人爲兄長，生在我以後的人爲子弟，聖賢人乃是生命中最優秀的人，疾病鰥寡的人乃是在生命上有虧缺的人；我和這一切的人都是生命相連，同爲天地所生。人和天地萬物都在生命上相連，都是親屬。故曰：「民吾同胞，物吾與也。」（西銘）

生生爲仁；天地人物在生命上相連相通，體驗這種相連相通之道稱爲『仁』，天人合一便在仁上表現出來。劉蕺山說明「西銘」一篇的意義在於仁：「訂頑云者，醫書以手足痿痺爲不仁，視人之但知有己而不知有人，其病亦猶是。則此篇乃求仁之學也。仁者以天地萬物爲一體，眞如一頭兩足，合之百體然。」(註三)所謂訂頑卽是指着「西銘」，張載曾把學堂兩門，左書「貶愚」，右書「訂頑」，後程伊川改爲東銘、西銘，張載作「東銘」、「西銘」各一篇。

2. 乾坤天地

在「西銘」一篇裏最重要的觀念爲乾坤天地。這兩對名詞來自易經，是很顯明的事，但是張載是否保存這兩對名詞在易經所有的意義，値得我們研究。

在易經裏乾坤爲太極的兩種德能，乾爲動，坤爲靜；乾爲剛，坤爲柔；乾統天，坤統地；乾爲萬物資始，坤爲萬物資生。乾坤並不代表兩個實體，祇是代表兩種德能。由乾坤而有陽陰，卽由動而有陽，由靜而有陰，陽陰乃是天地萬物的原素。由陽陰而有天地，天爲陽，地爲陰，天地相合而生萬物。在「說卦」裏：「乾爲天，爲圜、爲君、爲父……。坤爲地，爲母，……。」

「西銘」說：「乾稱父，坤稱母。」這種思想當然爲易經的思想。王船山作正蒙註，解釋張載的思想說：「濂溪周子首爲太極圖說，以究天人合一之原，所以明夫人之生也，由天命流行之實，而以其神化之粹精爲性，乃以爲日用事物當然之理，無非陰陽變化自然之秩序有不可違。然所疑者，自太極分爲兩儀，運爲五行，而乾道成男，坤道成女，皆乾坤之大德，資生資始，則人皆天地之生，而父母特其所禪之幾。則人可以不父其父而父天，不母其母而母地，與六經語孟之言相蹠盭，而與釋氏眞如緣起之說，雖異而同。則濂溪之旨必有爲推本天親合一者，而後可以合乎人心，順乎天理而無敝。故張子此篇，不容不作。程子一本之說，誠得其立言之奧，而釋學者之疑。竊嘗沈潛體味而見其立義之精。其曰：『乾稱父，坤稱母。』初不曰：天吾父地吾母也。從其大者而言之，則乾坤爲父母人物之胥生，生於天地之德也固然矣。從其切者而言之，則別無所謂乾父卽生我之乾，別無所謂坤母卽成我之坤。惟生我者，其德統天以流形，故稱之曰父；惟成我者，其德順天而厚載，故稱之曰母。故書曰：唯天地萬物父母，統萬物而言之也。」（註四）

乾稱父，坤稱母，不是對於我或對某一個人來說，我是由我的父母所生；而是對萬物整體而言。朱熹註「西銘」說：「自一家言之，父母是一家之父母。自天下言之，天地是天下之父母。」萬物整體由乾坤資始資生，乾坤乃稱爲萬物的大父母。人爲萬物之一，所以也由乾坤而有始，乾坤乃可以稱爲我的父母。

天地在「西銘」裏是否和乾坤，異名而同實？

「乾稱父，坤稱母，予茲藐焉，乃渾然中處。故天地之塞，吾其體；天地之帥，吾其性。」（西銘）

在乾坤以下稱父母，張載解釋乾坤稱爲父母的理由，理由在於天地所充塞的形象，我就以爲我的身體；天地所率領運動流行之道，我就以爲我的本性。這就是易經所說天道流行，化生萬物；地道敦厚，載成萬物。易經所謂天地乃和乾坤，異名而同實。因爲乾坤雖爲太極的德能，德能的表現，卽在於天地，故乾坤也稱爲天地的德能，天德爲生，地德爲成；天德爲流行，地德爲厚載。

「西銘」裏講愛人爲「純乎孝者也」，所謂孝是孝乎天地，不是孝乎乾坤；又講孝爲「其踐形唯肖者也」，又說「知化則善述其事，窮神則善繼其志」，都是對於天地說，而不是對乾坤說；並不是不能對乾坤說，按理，乾坤旣稱爲父母，孝於天地卽是孝於乾坤。但因乾坤爲德能，爲抽象性的名詞，天地則是實體，故人之孝於大父母，乃對於天地而言。儒家的傳統常以天地爲生之本，父母爲類之本。宇宙間的生命來自天地，人類則原自父母。從這裏可以看出「西銘」的天地和乾坤異名而同實。

但是天地究竟代表什麼呢？天代表日月雨露，地代表山川河海嗎？在字面上說：天代表上面的現實；地代表下面的現實；然而這些現實，如日月雨露山川河海，也是萬物，萬物由天地所生，便不能是化生萬物的天地，那麼天地究竟是什麼呢？天地代表自然，或者代表太極；然而自然祇能是一種德能，一種規律。太極也祇是宇宙的根源，和老子的『道』一樣無心無情，自然而化。儒家卻以天地有心，稱為天地之心，或簡稱天心；且以天地有情。人之心，得天心而爲心，聖人得知天地之情。

張載在正蒙書裏講天人合一時，也講天心。

「聖人盡性，不以聞見梏其心。其視天下，無一物非我。孟子謂盡心則知性知天以此。天大無外，故有外之心，不足以合天心。」（正蒙　大心）

張載的四句教中也講天地之心：

「為天地立心，為生民立命，為往聖繼絕學，為萬世開太平。」（近思錄拾

遺論語說）

儒家的天心，指着天地好生之德，也稱爲天德，「有天德，然後天地之道可一言而盡。」（正蒙 天道）代表宇宙自然運化之道。「神，天德。化，天道。」（正蒙 神化）然而儒家講天人合一時，特別提出天心或天地之心，所注意的是在『心』字，張載所以說：「爲天地立心」。張伯行集解說：「……故天地以生生爲心，變化萬物，而性命因之各正；儒者亦以此爲心，而參贊化育，必實全其盡性之能事。」（註五）人的性和心有分別，性是理，心是生命的中心，人的生命是活的，是有意志情感的，是有位格的。人心來自天心，天心便也該是活的，有情意的，有位格的；那便是上天上帝了。

儒家的哲學和宗教信仰相分離，在哲學裏祇講太極、講天地、講天心。但是在哲學思想的背後，有宗教的信仰，張載而且很看重古禮，對於郊祭誠心相信，既相信上天上帝，則哲學上所講的天心，追根是指着上天。張載也說：「天不言而信，神不怒而威。」（正蒙 天道）「天之知物，不以耳目心思。」（同上）

3. 萬物一體

張載肯定「民吾同胞，物吾與也。」一切的人皆是我的同胞，這一點很容易懂，論語上已經有「四海之內皆兄弟也。」（顏淵）然而「物吾與也」則是先秦儒家都沒有明明講過，宋朝理學家則大膽提出。張載且以爲「無一物非我。」

這種萬物和我同爲一體，究竟衹是心理方面的一種感情作用，如同詩人以月亮星辰，山川花草都有人心的情感呢？或者眞是在哲學的本體上，萬物一體呢？宋朝理學家是講形上哲學，他們肯定「萬物一體」，乃是在哲理方面立論，而不是作詩。

朱熹注「西銘」說：「人物竝生於天地之間，其所資以爲體者，皆天地之塞；其所得以爲性者，皆天地之帥也。然體有偏正之殊，故其於性也，不無明暗之異。惟人也，得其形氣之正，是以其心最靈，而有以通乎性命之全體，於竝生之中，又爲同類而最貴焉，故曰同胞。則其視之也，皆如己之兄弟矣。物則得夫形氣之偏，而不能通乎性命之全，故不與我同類，而不若人之貴。然厚其體性之所自，是亦本之天地，而未嘗不同也。故曰吾與，則其視之也，亦如己之儕輩矣。」

朱熹的註釋，注重在一氣，萬物同一氣，所有理則有正偏。人得理之正，物得理之偏；然無論偏正，都是由天地而來。因此人和物，根源相同，氣相同，理也在正偏的條件下相同，人物便同爲一體。

「太虛者，氣之體。氣有陰陽屈伸相感之無窮，……陰陽之氣，散則萬殊，人莫知其一也，合則混然，人不見其殊也。形聚為物，形潰反原。」（正蒙 乾稱）

氣聚爲物，氣散返於太虛；萬物皆由氣聚而成，人也是由氣而有。人之氣清，不蔽塞天地生生之理，人心乃能懂得萬物之理，乃和萬物相通。這種相通，藉着氣，人更能和物相通。

萬物彼此不同，或不同類，或不同體，人和獸不同類，人和人不同體；分別的理由來自氣，因氣分清濁，結成形體，人物之形體各不相同。雖不相同，然同出於氣。氣中有理，理由氣而有正偏，朱熹繼承張載的思想，乃主張理一而殊。理雖殊，然同爲一理。

「天性在人，猶水性之在冰，凝釋雖異，為物一也。」（正蒙 誠明）

王船山論正蒙「動物」篇說：「此篇論人物生化之理，神氣往來應感之機，以明天人相

繼之妙，形器相資之用。蓋所以發知化之旨，而存神亦寓其間。其言皆體驗而得之，非邵子執象數以觀物之可比也。」（註六）

萬物一體，由於一理一氣；這種思想在理學家中乃是一個普遍的思想。然張載為提出這種主張的第一人，因程頤常以「西銘」教門生，程頤的思想應在張載以後。「黃巖孫曰：程子云，所以謂萬物一體者，皆有此理，只為從那裏來，生生之謂易。生則一時生，皆完此理，人則能推，物則氣昏推不得，不可道他物不得有也。」（註七）

4. 天人合一

萬物既然同一氣同一理，雖然氣分清濁，理分正偏，但是就本體來說氣為一理為一，萬物便是一類而沒有分別。張載和別的理學家都不贊成這種主張，認為這是道佛的思想，他們則肯定「理一而殊」，因此萬物彼此的分別乃是實在的。

可是萬物雖因「理一而殊」和「氣分清濁」而有實在的分別，然而根本既相同，則萬物彼此相通；這一點乃是理學家的主張，他們由萬物相通而進到天人合一。

（甲）萬物相通

萬物相通，有兩層意義，張載主張萬物相通的第一層意義，是萬物在生生之中，具有彼此相連的次序，稱爲天序，萬物的生存彼此互相合作，沒有孤立之物。第二層意義是人有靈，能體驗出來，或說推廣自己之心，和萬物相通。

「生有先後，所以為天序。小大高下，相並而相形焉，是為天秩。天之生物也有序；物之既形也有秩。」（正蒙 動物）

天生萬物有一種次序，次序不在於生物的先後，而在於物種的貴賤。所謂貴賤，卽物種得天理的程度，人得天理最全，故爲萬物之秀；動物有感覺，較植物爲高；植物有生命，較礦物爲高。在先後的次序中，礦物較植物爲先，植物較動物爲先，動物又較人爲先。這種次序乃天生物之次序，稱爲天序，萬物在成形時也按照這種次序，稱爲天秩。但是天序和天秩的眞正意義，不在於化生的先後，而在於彼此對於生命互相合作。天上的雲雨風露，日月暖寒，地上的水氣泥土，都協助萬物的化生。萬物中，植物吸取礦物爲養料，動物採取植物，又攫取動物以作養料，人則以礦植物動物充養料。這種現象並不是「弱肉強食」或「物競天擇」的原則，而是在生命的系統裏，有一種自然的次序，互相協助，下級之物供上級物之需求。在這種供應之中，上級物取下級物時，以供生命之需求爲準則，不能濫取，濫取則破壞天序或天秩。植物和動物，按照自性的天理，卽自然律，不會濫取食物而破壞天序，祇有人有靈性之自由，能够濫用各種物體，流於不仁。儒家的天人合一思想，第一步要求人有仁心，「仁民而愛物。」

(乙) 心體萬物

人不單不要濫用萬物，摧殘生命；還要進一步能心體萬物。張載說：

「大其心，則能體天下之物。物有未體，則心爲有外。世人之心，止於聞見之狹，聖人盡性不以見聞梏其心，其視天下，無一物非我。孟子謂盡心則知性知天，以此。天大無外，故有外之心，不足以合天心。見聞之知，乃物交物而知，非德性所知；德性所知，不萌於見聞。」（正蒙 大心）

這一段話的關鍵在於『體』，體字在這裏當然不是形體或身體的體字，也不是俗語所說「體貼」，又不是朱子語類第九十八卷所說體察，或究理，而是自心體驗與萬物同體。「大心」篇有說：

「體物體身，道之本也。身而體道，其為人也大矣。道能物身故大，不能物身而累於身，則藐乎其卑矣。」

又說：

「能以天體身，則能體物也不疑。」

王船山解釋「體物體身，道之本也。」說：「萬物之所自生，萬事之所自立，耳目之有見聞，心思之能覺察，皆與道爲體。知道，而後外能盡物，內能成身；不然則徇其末而忘其本矣。」又解釋「道能物身，故大。」說：「物身者，以身爲物，而爲道所用，所謂小體從大體，而爲大人也。」（註八）

「體物」，以萬物爲一體，自能有這種體驗。這種體驗不是一種物質上的體驗，而是在心內有這種體驗。心的體驗不僅是一種感受，而是由道而生的心思作用。人自己明瞭按照同理同氣的觀念，人和萬物一體。因此，在心理便有愛惜人物之心。這種愛惜人物之心，發而爲「贊天地之化育」，力求使人與物都能在生存上有適當之發揚。「能以天體身，則能體物也不疑。」人心合於天心，乃能體驗到人物一體。

(丙) 神化

心體萬物，乃自然界之現象；然而不能在物質形色上實現，因爲人和萬物都各有各自的形體，在形體方面各自獨立，不僅是物，就是人也不能以他物或他人的形體爲自己的形體。雖說在「氣」方面說，萬物之「氣」在宇宙內相通；這種相通也是超乎形色。因此，物不能體物，祇有人能體物，因爲人有心，人心爲精神體，在精神上，人能以萬物爲一體，「民吾同胞，物吾與也。」

人心體萬物，仁民愛物，「尊高年，所以長其長；慈孤弱，所以幼其幼；聖其合德，賢其秀也。凡天下疲癃殘疾惸獨鰥寡，皆吾兄弟之顚連而無告者也，於時保之，子之翼也。」(西銘)這是孟子所謂推恩，「老吾老以及人之老，幼吾幼以及人之幼……故推恩足以保四海，不推恩無以保妻子。古之人所以過人者，無他，善推其所爲而已。」(梁惠王上)

人心能體萬物，因人心出自天心，有仁道，乃能仁民愛物。人心發揚仁道，乃和天心相合，「孟子曰：萬物皆備於我矣，反身而誠，樂莫大焉！強恕而行，求仁莫近焉。」（盡心上）道。

誠於自己的心，乃明於自心的明德。張載和周敦頤一樣注意「誠」，以誠爲天人合一之

「天人異用，不足以言誠；天人異知，不足以盡明，所謂誠明者，性與天道，不見乎小大之別也。」（正蒙 誠明）

誠則明，明則知天道，知天道而行之，則仁。天道爲天地運行以生生之道；天道出自上天，天心代表上天之心。人心以仁而合於天心，人心乃與上天相接。上天無形無臭，無所不在，無所不知，萬古常存；人心爲精神體，人心精神接於上天，包涵萬物，超乎宇宙，愛天下人物而不爲人物所累，知天地變化的神妙，「知化則善述其事，窮神則善繼其志。……富貴福澤，將厚吾之生也；貧賤憂戚，庸玉女於成也。存，吾順事，沒，吾寧也。」（西銘）貧富生死，都不足以爲憂，人乃進入「神化」。

「神，天德；化，天道，德，其體，道，其用，一於氣而已。」（神化）

「神化者，天之良能，非人能。故大而位天德，然後能窮神知化。」

「無我而後大，大成性而後聖，聖位天德。不可致知謂神；故神也者，聖而不可知」（正蒙　神化）

人心合於天，人的精神和上天相接，人乃能位於天德，參加天地生生的神妙變化，人的生命也進於神秘不可知。

三、氣

『氣』字雖見於易經「繫辭」，但祇在一兩句裏被提到；氣被應用於哲學，應從莊子和孟子開始，到了戰國末年，陰陽五行的思想漸次盛行，氣和陰陽五行相合，到了漢朝成了易經解釋的重點，與起氣運的學說。宇宙一切都成於氣的運行，人事的吉凶也全在於氣運。南北朝時，道家以莊子的氣，合於易緯的卦氣，構成養生之術。但是自戰國到唐，講氣的學者和道士，都沒有講氣的性質。張載應說是第一位講『氣』的性質和變化的哲學家。

1. 太虛太和

（甲）太　虛

講論氣時，就要講氣是什麼？有什麼性質。張載正蒙的第一篇爲「太和」篇，在這一篇裏，講述氣的性質。

「太虛無形，氣之本體。其聚其散，變化之客形爾。」（太和）

「太虛者，氣之體。」（乾稱）

這兩句話，說明氣的本體爲太虛，我們便加以研究。張載把本體和客體分開，朱熹不贊成。他在注解裏說：「客感客形，無感無形，未免分截作兩段事，聖人不如此說，只說形而上，形而下而已。」

性理大全集釋說：「於太虛之中，具有而未成乎形，氣自足也。聚散變化，而其本體不爲之損益。日月之發斂，四時之推遷，百物之生死，與風雨露雷，乘時而興，乘時而息，一

也，皆客形也。有去有來，謂之客。」（註九）

氣之本體爲太虛，『本體』兩字的意義在注釋中都不很明瞭。性理大全集釋以本體爲王、爲內。王，代表物的主體，在物以內。中國哲學上常用『體』和『用』，互相對待；可是意義並不常一定。張載也用「體用」兩字，例如說：「神，天德；化，天道。德其體，道其用，一於氣而已矣。」（正蒙 神化）這處的體和用，祇能按廣義而言。

體，在哲學上應該是物的主體，不是形體；用，則是附加體，是主體之動。『氣』的主體爲太虛，而太虛不僅是體，而且是氣的本體。在張載的思想裏本體和體有分別：體，爲主體。本體，則是原來的體，最初之體，最純淨而沒有參加別的質的體。氣的原來而最純淨的主體爲太虛；太虛卽是最初之氣，最純淨之氣，沒有成形之氣，爲形而上。氣成形，則分陰陽。

太虛呢？朱熹以太虛卽是周敦頤所說的「太極本無極也。」無極爲太極的解釋，則太虛便是太極。王植的張子正蒙注說：「諸家以太虛太和分體用。……李注（李光地）謂太虛無形之中，氣之本體存焉，卽太極也。」

張載在著作裏，很少提到太極，在易說解釋易的經傳時，對於「是故易有太極，是生兩儀……」，沒有解釋，僅在正蒙「大易」說：

「一物而兩體，其太極之謂歟。陰陽天道，象之成也。」

然而在正蒙「參兩」卻說：

「一物兩體，氣也。一故神，兩故化，此天之所以參也。」

他以太極爲一物兩體，又以氣爲一物兩體，兩體所指的爲陰陽，則太極爲氣未分陰陽而包涵陰陽，卽是未成形之氣。

太虛爲太極，張載不稱爲太極，卻稱爲太虛；在這一點上，他和周敦頤一樣，都感覺到爲解釋一個無形的第一實體，更妙用老子的觀念，周敦頤稱太極爲無極，張載稱太極爲太虛，無和虛都是消極的觀念，以排斥有限制性的附件，然而無和虛並不否認存在的主體。這種存在的主體爲氣，所排斥的附件則是特色和形色；太虛之氣爲沒有特性，沒有分別，沒有形象之氣，也就是沒有分陰陽之氣。這種氣有些像老子所說的道：「道之爲物，惟恍惟惚。惚兮恍兮，其中有象。……」（道德經 第廿一章）莊子也說：「視之無形，聽之無聲，於人之論者，謂之冥冥，所以論道而非道也。」（知北遊）但是老莊以氣由道而生，莊子說：「雜乎芒芴之間，變而有氣，氣變而有形，形變而有生。」（至樂）這種差別，來自易經，「易傳」說：「是故易有太極，是生兩儀。」（繫辭上　第十一章）老子則說：「道生一，一生二，二生三，三生萬物。」（道德經　第四十二章）是相當於老子的『一』，一爲「太初之氣」。

太虛之氣，沒有形象和特性，然而有所謂神化之理；因爲太虛之氣是種變易之氣，以生萬物。易經已經稱天地乾坤的變易爲神，神妙莫測。張載稱這種變化爲神化。神化之理，已具在太虛之氣裏，太虛之氣因着神化之理而變。這種神化之理有些和老子所說的德相似，道自身有自變之道，德可以說是理，也可說是能，道因德而自化。

吳康教授以太極爲太和的存在體狀，指太空之全體（註一〇）。在古書裏雖常以太空爲太虛，但不是哲學上的思想。張載明明伸說太虛爲氣之本體，而體不是代表量的容體。張載不是說氣在太虛之內，而是以太虛爲氣之本體。因此，太虛爲太空，不合於張載的思想。

日本渡邊秀方以太虛爲氣的一元，又以宇宙自身是太虛一元氣，一切萬物都在太虛一元氣內。（註一一）實際上，他是承認太虛爲氣的本體，祇是不認爲太虛是周敦頤所講的太極；因爲周敦頤依照「易傳」的思想，以太極生陰陽，陰陽生五行，五行生男女，男女生萬物，生化的程序乃是由太極而分化出來。張載則以太虛爲氣的全體，一切萬物在氣之內而聚散，沒有生分的程序。

（乙）太和

正蒙的第一篇，名「太和」篇，太和又是張載自己所造的哲學名詞，太和在張載的思想裏便佔有一個特殊的地位。

在易經中有太和的名詞：「乾道變化，各正性命，保合太和，乃利貞。」（乾卦·彖曰）周易正義注說：「太和，陰陽會合，沖和之氣也。」在中庸裏有中和：「喜怒哀樂之未發，謂之中，發而皆中節，謂之和。致中和，天地位焉，萬物育焉。」（第一章）

張載用太和的名詞，和易經的中和不同，和中庸的中和也不相同。他說：

「太和所謂道，中涵浮沉升降，動靜相感之性。是生絪縕相盪，勝負屈伸之始。……散殊而可象者為氣，清通而不可象為神，不如野馬絪縕，不足謂之太和。」（正蒙 太和）

朱熹注說：「此以太和狀道體，與發而中節之和無異。」我想朱熹的註釋過於簡單，估低了太和的意義。

王船山註說：「太和，和之至也。道者，天地人物之道理，即所謂太極也。陰陽異撰，而其絪縕於太虛之中，合同而不相悖害，渾淪無間，和之至矣。未有形器之先，本無不和，既有形器之後，其和不失，故曰太和。」（註一二）王船山以太和的和字，與中庸的和字，意義相同；然太和則謂「和之至也」，即最高度之和。然而這種太和，祇是一種狀態或境界。是什麼實體的狀態呢？應該是太虛的狀態或境界。

吳康教授以太和「爲兩種相對待性質所由出之本體。」（註一三）唐君毅教授以太和爲天地萬物之根源，即周敦頤的太極。（註一四）牟宗三教授以太和爲至和，即是創生宇宙之秩序的道。（註一五）

我們着手研究張載的太和，先要注意他所說「太和所謂道」的道字，以及太和和道的關係。

道是什麼呢？張載說：

「由氣化有道之名。」（正蒙　太和）

「運於無形之謂道，形而下者，不足以言之。」（正蒙　天道）

「循天下之理之謂道，得天下之理之謂德。」（正蒙　至當）

道，在張載的思想裏，不是一個實體，和老子的道不同。張載以道爲氣的變化之道，也卽是變化之理。易經有乾道、坤道、天道、地道，這些道字和張載所說的道字在意義上相同。「太和所謂道」的道爲形而上之道，因此不是指着氣的變化之道，因氣有形器，乃是指着太虛之道，卽是氣的本體的變化之道。

太和與道有什麼關係？太和是不是道？太和不是道，道是在太和之中；因爲張載說：「太和所謂道」，並沒有說：「太和，道也。」

太和特別指着太虛變化之道，「中涵浮沈升降，動靜相感之性。」循着這種變化之道，乃有「絪縕相盪，勝負屈伸之始。」然後發展到「不如野馬絪縕，不足謂之太和。」

太和不是指着一種不相衝突的至和狀態或境界，而是指着太虛變化時至和之道。太虛變化，絪縕聚散，一切中節，可以稱爲至和。

老子講道的變化時，強調着自然，強調無爲。莊子講道的變化，注意『通』：「始於玄冥，返於大通。」(秋水)道周行無阻，通貫天地萬物。「野馬也，塵埃也，生物之以息相吹也。」(逍遙遊)道在萬物，使萬物的生發有如野馬奔騰，然又回歸塵埃。張載所用野馬一詞，必源出莊子。他講太虛的變化，乃用太和去代表。

道在張載的思想中，從體用去說，代表用：「德，其體；道，其用。」（正蒙 神化）所謂道即是神化的天道：「神，天德；化，天道。」道爲化之道，化代表用。

因此，我們可以說：太和爲太虛變化之道，代表太虛之用。然而在中國哲學家中，體用雖分，但所指的實則常同爲一實。太虛所謂爲太極，太和所指也是太極；祇是觀點不同。太虛由本體方面去講太極，太和由變方面去講太極。無形之本體不好講，無形之變也不好講；張載乃稱爲神化，也稱爲至靜之動。「至虛之實，實而不固；至靜之動，動而不窮。實而不固，則一而散；動而不窮，則往且來。」（正蒙 乾稱）

（丙）神 化

易經的「繫辭」裏多次講到易時，常以爲神妙莫測，稱之爲神。（繫辭上 第五章）「繫辭」說：「陰陽不測之謂神。」「易，無思也，無爲也，寂然不動，感而遂通天下之故，非天下之至神，其孰能與於此。」（繫辭上 第十章）「利用出入，民咸用之謂之神。」（繫辭上 第十一章）「神農氏沒，黃帝堯舜氏作，通其變，使民不倦，神而化之，使民宜之。」（繫辭下 第二章）「窮神知化，德之盛也。」（繫辭下 第五章）因此，可見神化兩字也源自「易傳」。神化的意義：神字代表自然，代表無爲，代表莫測，代表智慧，代表恩德；化字代表變易，代表相通，代表行；神化便是指着易，指着宇宙變化神妙莫測，合於天德，以利人物。

張載自己解釋說：

「神，天德；化，天道。德，其體；化，其用。一於氣而已。」（正蒙 神化）

太虛一氣，性爲太和；太和的變化乃爲神化，因爲太和的變化以天德爲本，以天道爲途徑。天德爲生生，爲仁；太和本着這個目的而有變化。太和的變化順乎自然，合於自然秩序，看似無爲而實有爲，看似沒有形跡而實有不變之理，使天地人物都得有利益。

神爲天德，神便代表一種特性，這種特性爲精神性。一個實體若是物質，則凝聚不化，沒有行。實體能化必定要有精神性。張載說：

「清通而不可象為神……太虛為清，清則無礙，無礙故神。」（正蒙 太和）

「神為不測。……合一不測為神。……神不可致思，存焉可也，化不可助長，順焉可也。存虛明，久至德……聖不可知謂神。……知幾其神，……存神過化，忘物累而順性命者乎。……性性為能存神，物物為能過化。」

(正蒙 神化)

神化表精神性，代表本體虛明，代表本體之行不顯諸形跡。太虛一氣，爲神化的本體，張載說：「德，其體；化，其用。一於氣而已。」神化合一在氣之內，這種氣乃太虛之氣，沒有凝聚的物質，在人以內，則爲人的精神。

太虛一氣的神化，順乎自然，順乎時，順乎天道。

「大而化之，能不勉而大也。不已而天，則不測而神矣。」(正蒙 神化)

太虛一氣之化爲大，爲一。大，代表無限，代表至高；一則代表不分。太虛爲一氣，廣大無限。太虛一氣的神化，爲一種良能。「神化者，天之良能，非人能。」(正蒙 神化)這種良能稱之性，「中涵浮沈升降，動靜相感之性。是生絪縕相盪，勝負屈伸之始。其來也，幾微易簡，其究也，廣大堅固。」(正蒙 太和)在太虛一氣之中，涵有變化之理，稱爲動靜相感之性。太虛不能不動靜，動靜則相感，相感則絪縕，絪縕乃有勝負屈伸；然而常合於天道，沒有衝突，沒有分裂，而且沒有形跡，故稱爲太和。「易傳」以易爲神化，張載以太和爲神化。神化之功，在人的生活裏，也有表現。

2. 氣

張載以太虛爲氣之本體，也爲宇宙的根源。氣在根源上未成形時稱爲太虛。太虛涵有動靜相感之性，順乎性而起變化，神妙莫測，稱爲神化。

神化而使太虛一氣成形，分爲陰陽。太虛之氣爲形而上，陰陽之器爲形而下。普通哲學所講的氣，即是成形之氣。成形之氣爲天地萬物的構成素，天地萬物都由氣而成。但是張載講氣，則常指太虛一氣，又以氣和太虛相分。

「若謂虛能生氣，則虛無窮，氣有限，體用殊絶，入老氏有生於無自然之論。」（正蒙 太和）

(甲) 氣　化

(A) 一與兩

太虛一氣神化而分陰陽，陰陽相對待，對待之理卽爲太和所涵的動靜之性。太虛爲一，一中涵有動靜相對之理，相對爲二，一中有二，纔能有化。

「一物兩體，氣也。一故神，兩故化，此天之所以參也。」（正蒙　參兩）

「兩不立，則一不可見。一不可見，則兩之用息。兩體者：虛實也，動靜也，聚散也，清濁也，其究一也。」（正蒙　太和）

變易的原理，要求有一有兩，一爲根本，兩爲變易之因。用中國哲學家的話，則一是體，兩是用。因爲若沒有一主體，變易不能有根本，便沒有變易；變易是行是動，行和動須附於主體。太虛爲一，爲一切變易的根本，變易就不會亂，就能是太和。否則，如有幾個不同的主體，則變易便會互相衝突。太虛涵有動靜之性，動靜互相感應乃有化，由動靜的感應乃生陰陽，陰陽成形爲兩，互相對待，於是氣乃有氣化。

「氣本之虛，則湛本無形。感而生，則聚而有象，有象斯有對，對必反其爲有，反斯有仇，仇必和而解。」（正蒙　太和）

太虛一氣由動靜之感應而有象，象有對，爲陰陽。陰陽相對待如仇，有如黑格爾的我與非我，然仇必和解，陰陽相聚而成物。

「凡可狀，皆有也。凡有，皆象也。凡象，皆氣也。氣之性，本虛而神。」（正蒙 乾稱）

太虛爲無形，可稱爲無極；陰陽則爲有形之氣，卽是有。然而張載不同意老子的有生於無之自然論，他說：「知虛空卽氣，則有無隱顯，神化性命，通一無二。」（正蒙 太和）

(B) 陰 陽

「氣有陰陽，推行有漸爲化，合一不測爲神。」（正蒙 神化）

「以其能合異，故謂之感。若非有異，則無合。天性、乾坤、陰陽也，二端故有感，本一故能合。」（正蒙 乾稱）

張載少談陰陽，但他肯定氣有陰陽。陰陽不是爲相結合以生物，而是互相感應。張載所以很注重感應。

「感者，性之神；性者，感之體。惟屈伸動靜終始之能一也，故所以妙萬物而謂之神，通萬物而謂之道，體萬物而謂之性。」（正蒙 乾稱）

陰陽爲氣的感應；然而陰陽是兩氣，是兩體，所以他說：「一物兩體，氣也。」（正蒙 參兩）物與體相分：物爲實用；體是什麼呢？朱熹注解說：「只是這一物，周行乎事物之間，如陰陽屈伸，往來上下，以至於行乎十百千萬之中，無非這一個物事。」似乎把體解爲形，陰陽和屈伸上下一樣，都代表種種形象。這就是張載所謂客形。

然而客形不能解爲外形，客形的意義爲不常存在的形體，如同作客者只是暫時作客，然而客是實有的人。陰陽如爲客形，即是氣在變化中的兩種形體，兩種形體使氣變成兩種，性質不同。張載講動靜，也講剛柔；陽便是動，是剛；陰便是靜，是柔。

陰陽相聚而成物，散復歸於太虛。「陰性凝聚，陽性散發。」（正蒙 參兩）

(C) 聚散

聚散爲氣化的必然動作，氣不能不聚，不能不散。聚則成物，散則物化而歸於太虛。

「太虛不能無氣，氣不能不聚而為萬物，萬物不能不散而為太虛。循是出入，是皆不得已而然也。」（正蒙 太和）

「氣聚，則離明得施而有形；氣不聚，則離明不得施而無形。方其聚也，安得不謂之客？方其散也，安得遽謂之無？」（同上）

朱熹注解「離明」說：「此說似難曉！有作日光說，有作目說。看來只是氣聚則目得而見，不聚則不得而見。易所謂離爲目是也。」

太虛一氣，既成形爲陰陽，則不能不有聚散。氣聚則成物，氣散則物化。氣的聚散，是陰陽兩氣的聚散。但是張子說：「陰性凝聚，陽性散發。陰聚之，陽必散之。」（正蒙 參兩）他舉例說：「陽爲陰累，則相持爲雨而降；陰爲陽得，則飄揚爲雲而升。……凡陰氣凝聚，陽在內者不得出，則奮擊而爲雷霆。陽在外者不得入，則週旋不舍而爲風。」（同上）這樣解釋氣的聚散，含有許多矛盾。第一，萬物都由陰氣凝聚而成，然而他又說：「地純陰，凝聚於中；天浮陽，運旋於外。」（正蒙 參兩）天便是純陽。第二，如果「陰聚之，陽必散之」。

則宇宙間祇有陰陽之相仇，而不見陰陽之和解；然而他卻說：「反斯有仇，仇必和而解。」（正蒙 太和）第三，陰聚陽散，應解釋爲太虛所涵的兩種性理，太虛一氣因陰而聚，因陽而散，然而他卻說：「氣有陰陽。」（正蒙 神化）陰陽爲氣的兩體。

因此，我們想聚散的意義可以是這樣：太虛一氣因動靜升降的性理，形成陰陽兩義，陰陽互相感應，乃相結合而成物，這稱爲氣之聚。然而陰陽兩氣之內，涵有太虛一氣的勝負相仇之理，又具有一氣循環之性，因此陰陽兩氣合後必分，氣復回太虛，這就是氣之散。至於說陰性凝聚和陽性散發，乃是兩氣在結合時的特性，結合有程度之高低；因此氣分清濁，清氣爲陽，濁氣爲陰；清氣散發，濁氣凝聚。冰的凝聚程度高，雲的凝聚程度低，然而雲仍舊是一物，由氣聚成，冰化爲水爲雲，尚是物，並沒有回到太虛。

陰陽兩氣，聚成萬物，因兩者具有相感之性「無所不感者，虛也；感卽合也，咸也。以萬物本一，故一能合異，以其能合異，故謂之感。……感者，性之神。性者，感之體。」（正蒙 乾稱）

(D) 回歸太虛

「氣不能不聚而為萬物，萬物不能不散而為太虛，循是出入，是皆不得已而然也。」（正蒙 太和）

老莊的思想，以萬物出於道而入於道，莊子且以爲道在萬物。因此，莊子以死生沒有另外的意義，祇是氣的聚散，人死後，氣復回歸宇宙大氣中。張載的回歸太虛和莊子的思想相近。

「海水凝則冰，浮則漚；然冰之才，漚之性，其存其亡，海不得而與焉，推是足以究死生之說。」（正蒙 動物）

「盡性然後知生無所得，則死無所喪。」（正蒙 誠明）

張載以人的死生在於氣的聚散；氣聚爲生，猶水結成冰；氣散爲死，氣復返於太虛，猶冰溶化爲水。生沒多，死沒有少，氣仍舊是一氣。

渡邊秀方講張載的氣聚散論，說他不採取易經生生的過程，而以宇宙爲太虛一元氣，「他蓋以爲太虛這一元氣裏，含有陰陽二氣，這二氣浮沉升降，相感應時，即成物象。所以關於萬物的過程，他一不取易的兩儀四象八卦說，二不取陰陽五行說，專取太虛一元氣的集散離合以爲說明的，這當是他的最大特色。」（註一六）張載不贊成老子的有生於無，也不贊成佛教以萬物爲幽明幻化；然而他主張萬物之生滅爲氣之聚散，氣散歸於太虛。

由氣散歸於太虛，發生兩個問題：一，萬物爲太虛之客形；二，太虛究竟是什麼？

佛教曾以金和金獅作譬喻，以金爲實有，金獅子的獅子形狀爲金的形狀，形狀可有可無，也可繼續有多種形狀，形狀便是虛幻。莊子也曾以萬物的本體同爲道，萬物祇是道的形狀。因此兩家都主張齊物論。

張載主張「太虛無形，氣之本體。其聚其散，變化之客形爾。」（正蒙 太和）所謂客形，是指着聚散的變化呢？或是指着氣聚所成之物呢？從文句上看來，所謂客形，當然是聚散的變化動作，但同時也以氣聚所成之物爲客形。然而這並不一定要肯定氣聚之物爲虛幻。因爲氣是實有的，氣的形象也是實有的，風雨霜雪，山川草木都是實有之物；不過若從太虛一氣去看，常聚常散，萬物雖爲實有物，也不過是多種客形了。客形爲外在的形，不是本體所必須有的形，萬物對於太虛一氣，不屬太虛一氣的本體，也不是太虛一氣的本形；因爲「太虛無形」。

然則「萬物不能不散爲太虛」，這所謂太虛是什麼呢？是不是無形的太虛？吳康教授說：「所謂氣聚散於太虛，太虛卽氣，蓋卽今之所謂空氣或大氣也。」（註一七）這是哲學混於物理學，不是張載的思想，卽使張載以空氣或大氣爲太虛，他用空氣或大氣的意氣，必和普通所用的意義不同，如同五行的金木水火土在漢朝和宋朝的哲學裏所有的意義也和普通的意義不一樣。莊子曾經主張人死和物化時，復歸於道，但並不是復歸於稱爲無之道，乃是復歸於稱爲有之道。稱爲有之道，是道生一之氣，爲天地之大氣。莊子的大氣乃是不分陰陽之氣，充塞天地，週遊萬物之中，爲構成宇宙的元素。張載的思想和莊子的思想相近。萬物不能不散爲太虛，所謂太虛，不是無形的太虛，因爲太虛一氣既已有了形，形由陰陽相感應而成，不能又變爲無形之氣，不再分陰陽，祇能由一形而化爲另一形。因此，一物散爲太虛，太虛爲已分爲陰陽之氣，這種氣充塞天地。

渡邊秀方說張載以宇宙爲太虛一元氣，應該說張載以宇宙爲陰陽太虛之氣。至於渡邊秀方說張載不主張生化有縱的程序，而是一切都在太虛之中。所謂太虛，也不應該是無形的太虛，而是陰陽之氣的太虛。這種太虛爲實有，也可以代表無形的太虛。張載用太虛名詞時，常不加分別。

陰陽之氣所構成的太虛，中間有聚散的變化。因此，萬物散而爲太虛，萬物之氣復歸太虛之中，循環不已。

「以是知萬物雖多，其實一物無無陰陽者，以是知天地變化，二端而

已。」（正蒙 太和）

萬物衆多，沒有兩物相肖的。但是一切物沒有沒有陰陽的，天地間的變化，都有陰陽而成。

「陰陽之氣，散則萬殊，人莫知其一也。合則混然，人不見其殊也。形聚為物，形潰反原。反原者，其游魂為變歟？所謂變者，對聚散存亡為文，非如螢雀之化，指前後身而為說也。」（正蒙 乾稱）

「形潰反原」，反於陰陽氣太虛。所說的變化，不是由卵而生螢雀的蛻化，而是聚散存亡的變。氣不能不聚散，物滅後氣散了，成爲游魂般的游氣，然而不能不聚，再成爲物，循環不已。

「游氣紛擾，合而成質者，生人物之萬殊。其陰陽兩端，循環不已者，立天地之大義。」（正蒙 太和）

陰陽兩氣，聚散循環，爲天地的大義，卽爲天地萬物的最大原則。因此物散爲太虛，不是無形的太虛，乃是陰陽兩氣的太虛。故說：「氣之聚散於太虛，猶氷凝釋於水。知太虛卽氣。則無無。」（正蒙 太和）太虛不是無。

（乙）氣

(A) 氣的性質

研究了張載所講的太虛太和，現在先來研究張載所講的氣。張載以氣之本體爲太虛，本體乃根源的主體；這個根源主體爲無形之氣，屬於形而上。太虛無形之氣涵有浮沉升降動靜相感之性，乃常有變化；變化之道，稱爲太和。

太虛一氣因動靜相感之性而有陰陽。分陰陽之氣，爲宇宙萬物的原素，含有聚散之德能，這種德能可稱爲神化。

陰陽之氣爲有形之氣，屬形而下。然所謂形，祇是陰陽之形，而不是萬物之形。陰陽之氣合爲宇宙，也稱太虛。在太虛之中，自相聚散。

「氣坱然太虛，升降飛揚，未嘗止息，易所謂『絪縕』，莊生所謂『生物以息相吹』、『野馬』者歟！此虛實動靜之機，陰陽剛柔之始，浮而上者陽之清，降而下者陰之濁，其感遇聚散，為風雨、為霜雪，萬品之流形，山川之融結，糟粕煨燼，無非教也。」（正蒙　太和）

陰陽氣之太虛，有似一大洪爐，爐中蒸水沸騰，形態萬殊。

「由太虛，有天之名；由氣化有道之名。」（正蒙　太和）

萬物所有之氣，卽陰陽之氣，又稱爲清濁之氣。陽爲清，陰爲濁。但是清濁的程度並不相等。

「凡氣清則通，昏則壅，清極則神。故聚而有間，則風行，而聲聞具達，清之驗與，不行而至，通之極與！」（正蒙　太和）

氣清則通，通爲通達，能週遊無礙。張載舉兩個實例，如風行和傳聲。若說人心的靈妙，則是「清極則神」，清而神的氣，是否就是精神體？吳康教授分張載所講的氣爲兩類，即物質之氣和精神之氣，凡宇宙萬物之氣都是物質之氣，精神之氣指人的志氣，「謂人心衡動之行爲，道德上精神上之勇氣也。」(註一八)對於這種解釋，我們應加以改正。

張載主張氣分物質之氣和精神之氣，他說：

「所謂氣也者，非待其蒸鬱凝聚，接於目而後知之；苟健順動止，浩然湛然之得言，皆可名之象耳。然則象若非氣，指何爲象？」(正蒙 神化)

「接於耳目而後知之」，乃是物質之氣，「浩然湛然之得言」則爲精神之氣。物質之氣爲物質的原素，精神之氣爲精神體的原素。天地間有形色之物都是物質物；然而天地間又有沒有形色之物，如鬼神，如人魂，如人心，這一切都是精神之物。形色之物爲精神的糟粕。

「萬物形色，神之糟粕。」(正蒙 太和)

「鬼神往來屈伸之義，故天曰神，地曰示，人曰鬼。」(正蒙 神化)

「鬼神常不死，故誠不可揜。人有是心在隱微必乘間而見，故君子雖處幽獨，防亦不懈。」（正蒙 神化）

清濁的程度不等，清極爲神；然而清不到極點而清的程度已高，張載也稱之爲神，視爲精神體。實際的例卽是天地，天爲氣之清，地爲氣之濁，天乃稱爲神。物質之氣和精神之氣，同來自陰陽氣之太虛，更源於無形的太虛一元氣；而且物質之氣和精神之氣的分別，也不是截然兩段，祇是以清濁程度而分；這和西洋哲學不同。

(B) 萬 物

張載以萬物由氣而成；陰陽兩氣互相感應，乃聚而成物。「非同異相感，則不見其成。不見其成，則雖物非物。」（正蒙 動物）萬物因氣而相連，「物無孤立之理。」（同上）然雖不孤立，卻各自爲一實體，「造化所成，無一物相肖者。」（正蒙 太和）

萬物有氣，氣中有理，天地有天地之理，也稱爲天地之道，卽天地運行之理。萬物有萬物之理，亦每一物生存之理。「萬物皆有理。若不知窮理，如夢過一生。」（張子全書，頁二六五，張子語錄抄）

(a) 天 地

在儒家的傳統思想中，天地代表萬物中最先和最大的存在。這所謂天地，就是上面蒼蒼的形天和下面原原的大地。天地之成由氣的蒸發凝聚，清散者爲天，重濁者爲地；天爲陽，地爲陰。張載說：

「地純陰，凝聚於中；天浮陽，運旋於外，此天地之常體也。」（正蒙 參兩）

當時的天文智識，以地居在中央，天包着地；因爲地氣濁，凝聚在中央。天包着地旋轉，地也隨着天轉。天體的旋轉由於自動，「凡圜轉之物，動必有機，既謂之機，則動非自外也。」（正蒙 參兩）

「地，物也；天，神也。物無踰神之理。顧有地斯有天，若其配然爾。」（同上）

天地相配而不相對，在易經裡已很明顯。易經和中庸都常講天地。中庸說至誠者參天地化育（第二十二章）又說：「博厚所以載物也，高明所以覆物也，悠久所以成物。博厚配地，高明配天，悠久無疆。……今夫天，斯昭昭之多，及其無窮也，日月星辰繫焉，萬物覆焉。今夫地，一撮土之多，及其廣厚，載華嶽而不重，振河海而不洩，萬物載焉。」（第二十六章）這裡思想成爲後代儒家的傳統思想，張載也受這種思想的影響。

張載又有和邵雍相同的思想，以陰陽配天，以剛柔配地。天地生萬物，即是萬物由陰陽剛柔而生。他說：

「地所以兩分剛柔，男女而效之法也。天所以參一太極，兩儀而象之性也。」（正蒙 參兩）

剛柔配男女，陰陽配兩儀，以陰陽爲性，以剛柔爲法；所以張載並沒有和邵雍一樣，主張陰陽剛柔爲萬物生化的四種元素。張載說：「陰陽者，天之氣也；剛柔緩速，人之氣也。生成覆幬，天之道也；仁義理智，人之道也。損益盈虛，天之理也；壽夭貧賤，人之理也。」（張子全書，頁二六七，張子語錄抄）

(b) 日月雨露

在天的代表物中，以日月星辰風霜雨雪等物爲主。日屬陽，月屬陰，星辰也屬於陽，風霜雨雪爲陰陽的聚散現象。日月星辰運轉不息。古代傳說天左旋而日月五星右轉，張載則主張地隨天左轉，日和五星雖看來是逆天右轉，實則隨天而轉，轉得稍慢。月則屬陰，反乎陽，右轉最快。這一切祇是古代粗淺的天文學識，摻入了哲學的理論。

「恒星不動，純繫乎天，與浮陽運旋而不窮者也。日月五星，逆天而行，幷包乎地者也。地在氣中，雖順天左旋，其所繫辰象，隨之稍遲，則反移徙而右爾。間有緩速不齊者，七政之性殊也。月陰精，反乎陽者也，故其右行最速。日為陽精，然其質本陰，故其右行雖緩，亦不純繫乎天，如恒星不動」（正蒙 參兩）

以陰陽講明日月星辰的轉運，乃哲學和科學沒有分野，科學以哲學爲基礎。但是這種基礎很軟弱，建立的科學智識便都錯誤了。然而張載已經知道月亮沒有光，乃受日之光，「虧盈法月，於人爲近。日遠在外，故月受日光，常在於外，人視其終初，如鈎之曲，乃其中天也，如半璧然。此虧盈之驗也。」（正蒙 參兩）

(c) 生物

以陰陽解釋天文學，爲理學家的普通態度；以陰陽解釋生物學，也是理學家的通病。邵雍的生物論，非常特別，張載的生物論稍近常識。

「動物本諸天，以呼吸為聚散之漸；植物本諸地，以陰陽升降為聚散之漸。物之初生，氣日至而滋息，物生既盈，氣日反而游散。至之為神，以其伸也；反之為鬼，以其歸也。」（正蒙 動物）

動物爲陽，屬天，以呼吸爲聚散。植物爲陰，屬地，以氣之增減爲聚散。易經乾卦「文言」說：「本乎天者親上，本乎地者親下。」動物本乎天，因有呼吸，呼吸爲動。植物屬靜，不能動。

「有息者，根於天。不息者，根於地。根於天者不滯於用，根於地者滯於方，此動植之分也。」（正蒙 動物）

有方是有方位，有地域的空間，空間以地爲根基。植物生在地面，佔有方位，乃靜。動物有呼吸，又能行動，不拘於一定空間之內。陽爲動，陰爲靜；陽散發，陰凝聚；於是動物屬陽，植物屬陰。呼吸和氣的增減，似乎來自道教。道教爲講長生，謂人生時所受元氣，繼續增加，到成年以後，繼續遞減，乃用呼吸以增補元氣。這些思想都是以哲學混入生物學。

3. 天

(甲) 上天

講了張載的天地思想，我們還要研究張載對於「天」的思想。「天」爲上天，爲書經詩經中的皇天上帝。宋朝理學家常以自然解釋「天」，邵雍更一切都以數理之推論，視萬物都由天地而化生。可是理學家都具有皇天上帝的信仰之哲學家，在自己的哲學思想中表現自己的信仰。張載在正蒙和其他著作裏，表現出對「天」的信仰。

「天不言而信，神不怒而威，誠故信，無私故威。」(正蒙 天道)

這個「天」字，和中庸所講「誠者，天道也。」相同。從字面上看，「天」字和「自然」相同；但究其實，天爲上天；誠爲上天所給天地運行的規律。否則儒家和老莊沒有分別。

「天之不測謂神，神而有常謂之天。」（正蒙　天道）

這兩句的天字和上面的天字，意義相同。字面是代表自然，又代表天道，實際上則是自然的來源，卽是上天。

「天之知物，不以耳目心思，然知之之理，過於耳目心思，天視聽以民，明威以民。故詩書所謂帝天之命，立於民心而已焉。」（同上）

「天無心，心都在人之心。一人私見，固不足盡。至於衆人之心同一，則卻是義理。總之則卻是天，故曰天曰帝者，皆民情之然也。」（張子全書　卷之四，理窟詩書）

這兩段都是講書經詩經所謂天心由民心而現。天心乃是上天之命。語錄則說「天無心」：「天本無心，及其生成萬物，則須歸功於天，曰：此天地之仁也。」（語錄抄，頁九九）所謂「天本無心」，可以解釋爲「自然」本無心，順性而行。然更好解釋爲上天的心不可見，本來也不和我們的人心一樣。祇是人心出自天心，人心乃代表天心。天心所在，即義理所在。

「上天之載，無聲無臭，可象正性惟儀刑文王，當冥契天德，而萬邦信悅。故易曰：神而明之。……默順帝則，而天下自歸者，其惟文王乎！」（正蒙作者）

「神而明之，存乎其人。不知上天之載，當存文王，默而成之，存乎德行。」（正蒙 天道）

這兩段所說，都明明承認經書中的上帝。上帝無形，不能爲人所知，惟聖人能默契天德。張載也以爲人勉力所體證，也能達這境地。「學者常存乎德性，則自然默成而信矣。」（正蒙 天道）

張載多次講到天德：

「有天德，然後天地之道可一言而盡。」（正蒙 天道）

天德爲仁，仁爲生生之道。上天造化萬物，顯明生生的天德，天德乃上天愛惜萬物之心。張載也說到造化，造化不是天地，造化乃是造物主，是上天。

「造化所成，無一物相肖者。以是知萬物雖多，其實一物，無無陰陽者。以是知天地，變化二端而已。」（正蒙 太和）

天地祇是陰陽兩端的變化，造化使萬物化生，則是上天；因爲上天造化萬物。張載固然常講到神，然而神字在張載的書裏，意義常不一定，故不能以神字去證明對上天的信仰。

上天的信仰，在張載的思想中，非常重要；因爲他的思想中心在於天人合一。天人合一的精神生活若不以天爲皇天上帝，則流爲與自然界的物象相合，完全失去儒家的精神神秘性了。

（乙）天理

理學爲講性理之學，性理出自天理。張載對於理，不像朱熹一樣，以理和氣爲可分而不可離的兩種元素，他主張物由氣而成，然氣中有理。理雖不是氣，然涵在氣中。張載以氣之運行，按理而行，理在氣內。

「天地之氣，雖聚散，攻取百塗，然其為理也，順而不妄。」（正蒙 太和）

「若陰陽之氣，則循環迭至，……運行不息，莫或使之，不曰性命之理，謂之何哉！」（正蒙 參兩）

性與命，不同指一實；但性與命則同有一理，這種理，稱爲天理。

「上達反天理，下達徇人欲者與！」（正蒙 誠明）

「所謂天理也者，能悅諸心，能通天下之志之理也。……舜禹有天下而不能與焉者，正謂天理馴致，非氣稟當然，非志意所與也。」（同上）

「順性命之理，則得性命之正。」（同上）

「天命之謂性」，爲中庸的原則，性與命從天方面說是一樣；因都是天意而非人意所能左右。這種天字應歸到上天之天。程顥的氣說，和張載的思想很相近，程顥以理在氣中，又以天爲理。

張載主張太虛一氣，中涵浮沈動靜之性，性則理。太虛一氣因着性理而化，化而有陰陽之氣，陰陽之氣也涵有變化感應之理，乃聚而成物。物由氣而成；然也分有陰陽之氣的變化之理；這種理卽是物性。張載講「理」時，沒有講天地同一理；或理一而殊；但常講順理性之自然。

「天地之氣，雖聚散攻取百塗；然其為理也，順而不妄。」（正蒙 太和）

「天理一貫……」（正蒙 中正）

順理性之自然，乃是中庸之誠。正蒙有「誠明」一篇。張載在篇中說：「自明誠，由窮理而盡性也；自誠明，由盡性而窮理也。」性和理的關係，理在性先，理爲性的根基；在實際上，理是性，性是理。

四、人的精神生命

中國哲學家的目標，常在發揚人的生命；人的生命的眞正意義則在於精神，發揚人的精神生命，爲中國哲學家一貫的理想。這種理想在宋明理學家中很爲明顯，他們講學旣然較比前人更有系統，他們表現自己的理想也更鮮明，而且說明達到理想的步驟。因此，在宋明理學家的思想裡，修養自己的品行，成了一個重要的部份。

1. 人性

(甲) 性的意義

人性的問題自孟荀以後，在儒家中沒有人正式提出研究，到了宋朝理學家纔深入這個問題的中心，而張載又是宋朝理學家第一位提出氣質之性，開朱熹性說的道途，因此人性論也算張載哲學思想的特點。朱熹說：「氣質之說，起於張程，極有功於聖門；前此未有人說

到。……」（正蒙 誠明 朱註）

「性，其總也。性者，萬物之一源，非有我之得私也。」（正蒙 誠明）

「天下同謂之性者：牛之性，馬之性……」（性理大全，性理拾遺）

張載以性爲一共名，性所代表的理，不是一物所私有，而是多數物所共有。所謂性爲萬物之一源，並不是說萬物之性相同，而是說萬物之所以爲物，都因有物性，若一物無物性，則這物沒有。所以說萬物都源自性。

性是什麼呢？

「合虛與氣有性之名。」（正蒙 太和）

「性其總合兩也。」（正蒙 誠明）

「未嘗無之謂體，體之謂性。」（正蒙 誠明）

「天所性者通極於道。」（正蒙 誠明）

性是天生的，是天所爲的。由天所生之性，在道中完成。在道中所成的性，不是虛無，而是物之本體。本體之性，總合兩者，爲虛與氣。

虛是什麼呢？

原文的全段是這樣：「由太虛有天之名，由氣化有道之名，合虛與氣，有性之名。合性與知覺，有心之名。」原文開端講太虛，太虛爲太極，爲無形之氣，爲形而上，含有變化的德能，又涵有動靜相感之理，自然而化，稱爲神化，稱爲天然。張載所說：「合虛與氣」，虛字是指着太虛呢？或是另有所指？依照我們去看，虛字指着天字，卽「由太虛有天之名」的天字。這種天字代表天然，代表自然，代表生來就有，也就代表天生。氣由天生而有之道，卽是性，也就是中庸所說：「天命之謂性。」（第一章）

張載對於性的主張和朱熹的主張不同，張載以性爲氣，氣中含有道，朱熹以性爲理，理和氣相分。這種差別來自兩者的哲學本體論，朱熹以理和氣爲物的兩元素，張載以氣爲物的唯一原素，但主張氣中含有理，氣中之理就是性。張載說：「天所性者，通極於道。」

朱熹注解這一段話說：「本只是一個太虛，漸細分得密爾。且太虛便是四者之總體，而不離乎四者，而言由氣化有道之名。氣化是陰陽造化，寒暑晝夜，雨露霜雪，山川木石，金水火土皆是，只此便是太虛，但雜用氣化說，而實不離乎太虛，未說到人物各具當然之理處。合虛與氣，有性之名，有這氣，道理便隨在裏面。無此氣，則道理無安頓處。如水中月，須是有此水，方映得月。心之知覺，又是那氣之虛靈底。聰明視聽，作爲運用，皆是有這知覺，方運用得這道理。」

王船山注解說：「……此二句（上二句）兼人物言之，下言性心，則專言人矣。太虛者，陰陽之藏，健順之德存焉。化者，一陰一陽動靜之幾，品彙之節具矣。秉太虛和氣健順相涵之實，而合五行之秀以成乎人之秉彝，此人之所以有性也。」（註一九）

人之性，爲清氣而有天生之人理。張載說：「莫不性諸道，命諸天。」（正蒙　誠明）

（乙）性的性質

張載解釋人性的性質，他說：

「有無、虛實，通爲一物者，性也。」（正蒙　乾稱）

「氣之性，本虛而神。」（同上）

「性者，感之體；感者，性之神。」（同上）

「天地生萬物，所受雖不同，皆無須臾之不感，所謂性卽天道。」（同上）

「不能無感者，謂之性。」（正蒙 誠明）

張載對於性所加的解釋，注意在兩點：『虛』和『感』。性爲虛，並不是虛無，而是虛靈。虛靈來自氣之清，「氣之性，本虛而神。」氣虛而神，是有形而無形，是虛又是實。因着虛神之氣，性乃有感，感爲反應。性的感應爲一切天能的動作因由，感覺官能，情慾天能，心思天能都因受對象的感而起應，於是有行。行則不成於性，而成於心。實際上張載所解釋的性乃是心。但是因爲張載以性由氣而成，便不能不說明人性的氣爲虛而神；若是在朱熹的理性互相分別的主張裏，就必定不能有這種解釋了。朱熹以性爲理，情爲氣。心則包有理和氣，感便不屬於性而屬於心。然而張載所講虛和感，也祇是在理論方面講，講虛和感之理，實際上的虛和感則是在心內而實現。

唐君毅教授論張載所講的性：「張橫渠之論人性，其始乃自人之爲萬物之一，而依其氣中之清通，以能體萬物而謂之性。依氣之清通，而內無質礙，故感物而能應；中無所阻，其應亦無方之謂神。其應物而生變化，亦外無所滯，此之謂化。」（註二〇）

唐先生沒有分虛與感之道和虛與感之行，性爲虛與感之道，心則爲虛與感之神。若用傳統的名詞，則說性爲虛與感之體，心爲虛與感之用。張載說：「性者，感之體。」牟宗三教授雖以性爲體，然所說之體則不明。他說：「道雖爲綜合詞，然可偏重氣化之行程言。而性則必超越分解地偏就虛體而言。作爲體之神德太虛對應個體，或總對天地萬物而爲其體言，則曰性。」（註二一）

(丙) 氣質之性

張載分性爲天地之性和氣質之性：

「形而後有氣質之性，善者反之，則天地之性存焉。故氣質之性，君子有弗性者焉。」（正蒙 誠明）

朱熹解釋說：「天地之性，則太極本然之妙，萬殊之一本也。氣質之性，則二氣交運而生，一本而萬殊也。」朱熹又說：「天地之性，是理也。纔到有陰陽五行處，便有氣質之性，于此便有昏明厚薄之殊。」

朱熹的解釋是按照他自己的學說去解釋，以理和氣相分別，他的解釋很通。但是張載則是以理在氣中，天地之性也是氣，氣質之性也是氣；因此朱熹的解釋，不足以解釋張載的思想。

王船山解釋張載的天地之性和氣質之性，由「性者，生之理也。」出發，以天地之性爲仁義禮知之理，氣質之性爲聲色臭味之欲，兩者都是天生的，故可稱爲性。這一點來自孟子。「蓋性者，生之理也，均是人也，則此與生俱有之理，未嘗或異。故仁義禮知之理，下愚所不能滅；而聲色臭味之欲，上智所不能廢，俱可謂之性。而或受于形而上或受于形而下。」（註二二）孟子在「盡心章上」說：目鼻口身之欲雖是性，然更好稱爲命；仁義理智之德根於心，雖稱爲命，然更好稱爲性。（註二三）王船山採取孟子的思想去解釋張載的天地之性和氣質之性，但並不清楚。

現代學者的解釋不出於朱熹和王船山的解釋以外。牟宗三教授說：「言天地之性者，承『性者，萬物之一源，非有我之得私。』而言，是極言其超越的普遍性。後來程朱亦名爲『義理之性』。此後學者大抵沿用之，而『天地之性』之名遂不被常用。……氣之性質，依橫渠說此詞之意，是就人的氣質之偏或雜，卽氣之特殊性，而說一種性。」（註二四）

我們若願意簡單明瞭解釋張載的主張，就可以說人性因清氣涵有爲人之理而成，這種人性爲一切人所共有，清明無染，稱爲天地之性，卽是本然之性。但是這種人性之氣進而凝聚，成爲一個一個的人，凝聚的程度不同，乃有每個人不相同的個性。這樣因氣凝聚之性，稱爲氣質之性，也卽是每個人的個性。個性包含命和才。命，指情慾的強弱。才，指智慧的高低。孟子不贊成把命和才混在性以內，張載也說：

「氣質猶人言性氣，氣有剛柔緩速清濁之氣也。質，才也。氣質是一物。若草木之生，亦可言氣質。」（理窟 學大原上）

但是問題則在於人性之氣爲何能再凝聚？張載說：「形而後有氣質之性」，性爲形而上，氣凝聚而成形，氣所以能凝聚，乃是張載所說：「氣不能不凝聚」，凝聚爲氣的本能，來自性的感應。氣爲何凝聚而成這麼一個單體，卽是爲什麼一個人的個性好，另一個人的個性不好？這裏面的原因在於天。張載說：「天能爲性，人謀爲能。」（正蒙 誠明）

(丁) 命與才

儒家常講命，命不是性，但包涵在氣質之性以內。張載說：

「性，其總合兩也；命，其受有則也，不極總之要，則不至受之分。盡性

> 窮理，而不可變，乃吾則也。天所自不能已者，謂命；不能無感者，謂性。」（正蒙 誠明）

命，為天所命，人不能抗；而且天也不能改。天所不能改者，第一是生命的長短。張載說：「性，天德，命，天理。氣之不可變者，獨死生修夭而已。故論死生，則曰有命，以言其氣也。語富貴，則曰在天，以言其理也。」（正蒙 誠明）在儒家傳統裏，常以富貴壽夭為命，當然俗語也常說：「富貴在天」，然而所謂「在天」是說由天所定奪。壽夭則說是氣數，氣數為氣對於凝聚所有時間數，到了數盡，氣便消散，因此說：「氣所不能改者」可是氣數由誰而定？由天而定！富貴壽夭既都由天而定，便都稱為命。張載說：「天所自不能為己者，謂命。」

人生來因氣所有的，不僅是氣數所成的壽夭，還有由氣而有的情慾和才能。一個人的品質好壞，即是慾情輕或重和理智力的強弱，也由氣的清濁程度而成。

> 「剛柔緩急，有才與不才，氣之偏也。」（正蒙 誠明）

氣之偏，因清濁的程度不同，故每人的氣質不同，這就是氣之偏，因不是性之氣的本然狀況。性之氣的本然狀況是正，一個人若能矯反自己的偏氣而反到本然狀況，則回到氣之正。張載接着上面所引的一段話，就說：

「天本參和不偏，養其氣，反之本而不偏，則盡矣而天矣。」（同上）

所謂天，即是天然之性，也即是天地之性。

「人之質美，惡，……皆是所受定分。」（理窟　氣質）

所受定分，即是命。

（戊）性之善惡

張載沒有明白地討論性的善惡問題，然而他為發展人的精神生活，便不能不談到性的善惡。我們從他的正蒙裏，可以看到他的主張。張載主張天地之性為善，氣質之性為偏，人可以矯正氣質之性以歸於正。

「天所性者，通極於道。」（正蒙 誠明）

天地之性，在人的所以爲人的理（道）中完成。人之理爲道，道是正。

「湛一氣之本，攻取氣之欲。口腹於飲食，鼻舌於臭味，皆攻取之性也。知德者，屬厭而已，不以嗜欲累其心，不以小害大，末喪本焉爾。」（正蒙 誠明）

「湛一氣之本」，這一句指的天地之性，爲湛一，湛一卽光明純一。「攻取氣之欲」，則指氣質之性，攻取外物的享受，能累人心。知德的人能够謹愼，不以嗜欲累人，不以小害大。

「性於人無不善，繫其善反與不善反而已。」（正蒙 誠明）

凡是人都具有天然之性，天然之性爲善；氣質之性雖偏，人若能矯正氣質之偏，即是改正人的氣質，便能返回天地之性；否則天地之性被氣質之性所掩蔽。

「德不勝氣，性命於氣；德勝其氣，性命於德。」（正蒙 誠明）

人的善德，若不能勝過氣質，性便聽氣的命，便是一個受慾情支配的人。善德若勝過氣質，性則聽命於德，便是一個以善德而矯正慾情的人。因爲氣質是可以變的，只有死生壽夭不能改變。

「莫非天也！陽明勝，則德性用；陰濁勝，則物欲行。」（正蒙 誠明）

「莫非命也，順受其正，順性命之理，則得性命之正。滅天理窮欲，人為之招也。」（同上）

天地之性和氣質之性都來自天，天地之性屬陽，爲光明，氣質之性屬陰，爲昏暗。如天地之性作主，則德性用；如氣質之性作主，則物欲行。人須順乎自然，顯明性命之理，便有天地之性，便得性命之正。

「性未成，則善惡混。故亹亹而繼善者，斯為善矣。惡盡去，則善因以亡。故舍曰善，而曰成之者性。」（同上）

這一話本是接着「才與不才，氣之偏也」一段。才與不才，由氣凝聚而生，氣凝聚而生，氣凝聚前，才與不才尚未定，凝聚以後纔定。因此說「性未成，則善惡混。」爲修德，若把氣質之性所成的氣質都以爲惡，盡予除去，則把爲善的才質也除去了。張載乃說易經不用善字而用成字，說「繼之者善也，成之者性也。」

2. 心

(甲) 心

張載雖沒有把性和心分得淸楚，對於性的解釋，本可用之於心。在朱熹的張子全集註裏，對於「不能無感者謂之心」，門生問朱熹：「性只是理，安能感？恐此語只可名心否？曰：橫渠此言，雖未親切，然感固是心，所以感者，亦是此心中有此理方能感。」但是張載對於心，也有他的主張，而且也是爲朱熹鋪路。張載說：

「合性與知覺，有心之名。」(正蒙 誠明)

「心統性情者也。」(張子全書 卷十四，性理拾遺)

張載雖沒有明明說性是理，可是他講性時雖講氣，然注重道，道是理。因此，性是清氣合有人之理。把這種性和知覺相結合，便是心。知覺爲認識，爲情感的感受，爲行。借用傳統的哲學術語，可以說性爲體，知覺爲用；合體與用，乃有心；心含性和知覺。朱熹後來主張「心統性情」。朱熹的主張和張載的主張所不同之處，張載注意在知覺，朱熹注重在情。但是荀子曾經主張心能知。

心能知覺，因爲氣清而虛靈。心虛則不實，不實便不是物質物。心因爲虛，乃能靈，靈然後能知覺。禽獸雖也有感覺，但沒有知識，因爲禽獸的心不虛靈。這一點朱熹當然承認。然而他舉出情爲代表個人的特點，這是因爲朱熹的性善，情則有善惡。又以中庸所說情未發稱爲中，發而中節稱爲和，情爲善惡的樞紐，朱熹乃喜歡用「心統性情」，也爲接受荀子的另一主張，即心能主宰。

張載以心爲神，因此常講存神。

「無我然後得正己之盡，存神然後妙應萬物之感。」（正蒙 神化）

「利者為神，滯者為物；是故風雷有象，不速於心，心禦見聞，不弘於性。」（正蒙 誠明）

心無象，較比風雷更靈速；但因有見聞的感覺，不能和性的廣大相比。心既無象，便可稱爲神。

「虛明照鑑，神之明也；無遠近幽深，利用出入，神之充塞無閒也。」（正蒙 神化）

心能虛明照鑑，也是荀子的主張；心的知覺，則是孟子所說心思之官的知識，不是感官耳目的感覺。但是感覺也要通過心纔能完成；若是心不在，則雖張着眼睛也看不見物。

(乙) 情

張載對於情所說不多，但是情在他的人生哲學思想中，所佔的地位相當重要。張載常講無我，常講徇象，我和象就代表情慾。

「無我而後大，大成性而後聖，聖位天德，不可致知謂神。」（正蒙 神化）

「徇物喪心，人化物而滅天理者乎。存神過化，忘物累而順性命者乎。」（正蒙 神化）

「無我然後得正己之盡，存神然後妙應萬物之感。」（同上）

「湛一氣之本，攻取氣之欲，口腹於飲食，鼻舌於臭味，皆攻取之性也。」（正蒙 誠明）

「由象識心，徇象喪心，知象者心，存象之心，亦象而已，謂之心可乎？」（正蒙 大心）

張載以情慾屬於氣質之性，爲有形象的物質，常和感官相接。外物引起感官的感覺，心中乃有感應之情。這種情不能稱爲心。氣質之性爲一個人的個性，代表「我」，情既屬於氣質之性，便也代表「我」。張載主張爲發展精神生活要忘掉「我」，而以心之道去接萬物。

「以我視物，則我大；以道體物我，則道大。故君子之大也，大於道；大於我者，容不免狂而已。」（正蒙 大心）

不要以「我」去迎接萬物，而要以道去迎接；否則自大而狂。

（丙）心體萬物

張載主張「民吾同胞，物吾與也。」（西銘）人忘一己的私我，而以宇宙爲大我，自己和天相合。爲達到這個境界，在以自己的心去體萬物。

「大其心，則能體天下之物。物有未體，則心為有外。世人之心止于聞見之

狹。聖人盡性，不以見聞梏其心。」（正蒙 大心）

人爲能達到天人合一的境界，在於以心體萬物。這一點表示張載所主張的天人合一，並不是在本體方面實現，而是在心內實現。本體方面人和萬物同一氣，祇是天人合一的基礎。人和宇宙萬物相合爲一，乃是一個人在心內體驗到自己和萬物相通，自己的心愛萬物。心所以能體驗到自己和萬物相通，是因爲心是虛，也是靈。因着虛靈的本質，心乃能包括萬物在自己以內。

若是一個人不以心的虛靈去體物，而用自己的情慾去接物，情慾由耳目感官去感覺，耳目感官的範圍很狹；於是這個人的心被感官的情慾所限制，便不能體萬物了，「世人之心止于見聞之狹。」

不單不能止于「見聞之狹」，而且也不能有「成心」。

「成心忘，然後可與進于道。」（正蒙 大心）

「化則無成心矣；成心者，意之謂與。」（同上）

「無成心者，時中而已矣。」（同上）

「成心」是什麼？張載對於性也講成性，對於心也講成性。所謂成性，以人性爲氣清而含有人道，含有人道之氣，本爲虛靜，要把人道表現於仁義中，性纔能够完成自己的實現。心則是氣已成形，若是心不化而祇靜凝不動，則將塊然不靈。因此「化則無成心」，心不動。然而心之動，應以道爲準則，「然後可與進於道」心動之道，在於時中，得其時，得其位。「無成心者，時中而已矣。」時中的觀念，來自易經。

3. 精神生命的發育

研究了張載對於「人」所有的哲學思想，知道了他對於人性和人心的主張，我們便進而研究他對於發育精神生命的思想。

(甲) 精神生命

甚麼是精神生命呢？孟子曾講小體和大體，小體爲耳目之官，大體爲心思之官。耳目之官和禽獸相同，大體心思之官纔是人的特點。發育大體的生命，則爲大人；發育小體生命而害大體生命則爲小人。在孟子看來，心思之官的生命爲人的本有的生命，心思之官的生命不是物質，而是精神。因此精神生命就是心的生命，孟子主張存心養氣。但是易經和中庸大學則不講心，而講性，以盡性爲人的精神生命。宋朝理學家講學的目標，在於發育人的精神生命，因此便常在這兩方面發揮，看來似乎不大融洽，實際上兩者相通。

張載主張人的精神生命，在於「窮理盡性」，而「心能盡性」，因此精神生命是心的生命，唯因性和心都由氣而成，精神生命也就是氣的生命；但這種氣爲人的清氣。孟子也曾說精神生命爲養浩然之氣。

「心能盡性，人能弘道。性不知檢其心，非道弘人也。」（正蒙 誠明）

這一段可以代表張載對於精神生命的主要觀念。精神生命是心能宏道的生命；道在性內，性因具有道而作心的規律。性能作心的規律，在於心能够知道性中之道；因此應「窮理盡性」。精神生命的發育在於心能宏揚性中之道，於是有「存神知化」。這兩句話雖不是張載所造的，卻能代表他對於發育精神生命的思想。

（乙）窮理盡性

「自明，誠，由窮理而盡性也；自誠，明，由盡性而窮理也。」（正蒙　誠明）

窮理盡性包括兩層意義：第一層爲窮理，第二層爲盡性。窮理爲知，盡性爲成。張載雖沒有標明對於格物致知的解釋，但他很看重「知」。精神生活既爲心的生活，心的生活又是弘道的生活，便應認識性內之道。張載擧出兩條路：「自明，誠」自己明瞭道理，然後誠於所知的道理；「自誠，明」自己誠於自己的心，則心中之性理乃明白顯露，自己知道性理。兩條路都可以走。

所謂知，張載解釋爲知性、知天、知幾、知神、知化。

「知性知天，則陰陽鬼神，皆吾分內爾。」（正蒙　誠明）

「不誠不莊，可謂之盡性窮理乎？性之德也，未嘗僞且慢。故知不免乎僞慢者，未嘗知其性也。」（同上）

「燭天理如向明，萬象無所隱；窮人欲如專顧影間，區區於一物之中爾。」（正蒙　大心）

「知化，則善述其事；窮神，則善繼其志。」（西銘）

「故聖人仰觀俯察，但云知幽明之故，不云知有無之故。」（正蒙 太和）
「知幾其神，由經正以貫之，則寧用終日，斷可識矣。幾者，象見而未形也。形則涉乎明，不待神而後知也。」（正蒙 神化）
「神化者，天之良能，非人能。故大而位天德，然後能窮神知化。」（正蒙 神化）

性受自天，也稱爲天，也稱爲天理。性爲清氣，清氣變化神妙，也稱爲神。神妙的變化稱爲神化；神化的最妙點，在於幾。神化知幾，本屬於心，張載以屬於清氣，故也屬於性。人爲發育精神生命，應當認識自己的人性，這種認識不僅是一種學識，也是一種實行。張載稱這種實行爲順受。

「順性命之理，則得性命之正。」（正蒙 誠明）

順受爲不違背性命之理，順理而行。這一點似乎老莊順乎自然的意思。但是儒家的傳統也主張順受性命之理。孔子自己也說：「天何言哉！」中庸也說「率性之謂道。」張載說：

「不識不知，順帝之則。有思慮知識，則喪其天矣。君子所性，與天地同流異行而已焉。」（正蒙 誠明）

張載所主張的順受性命之理，要人不自作聰明，避免不守天則，即不守天理的冒失。因爲人的性理和天地之理同流，雖在實行上有異，但人應常有知天理而順守的意志。「志道，則進據者不止矣。依仁，則小者可游而不失和矣。」（正蒙 中正）

至於盡性的盡字，張載常以成字代替，常講成性。中庸講盡性，將人性和物性之道，發育無遺。所講發育即將生生之仁發揚光大，贊助天地以化育萬物。張載講盡性也是將人性之道，在實踐上切實遵行，使人性完滿地顯明出來，以至於聖者的境地。

「無我而後大，大成性而後聖。」（正蒙 神化）

「纖惡必除，善斯成性矣。」（正蒙 誠明）

「君子之道成身成性以為功者也未至于聖，皆行而未成之地爾。」（同上）

「大達于天，則成性成身矣。」（正蒙 至當）

「九五，大人化矣，天德位矣，成性，聖矣。」（正蒙 大易）

「成性，則躋聖而位天德。」（同上）

成性，來自「易傳」。「易傳」以陰陽爲變化之道，這種變化的繼續稱爲善，這種變化的成就稱爲性。張載以變化之道爲人性之道，繼續人性變化之道卽爲善，人性變化之道所有成就卽稱爲性。成性不是造成人性，因人性在本體上已經存在，在行上則尚未完成，須人努力以行，使人性之道完全顯露於人。

(丙) 存神過化

精神生命爲神，張載屢次稱性和心爲神，心的生活便爲神妙的，屬於精神。爲發育精神生活，便要保存這種精神的成份，使不爲物質所喪。「徇象喪心」，卽是不能存神。這與孟子勿以小體害大體相同，人該當養心以克慾。張載說：

「神不可致思，存焉可也。化不可助長，順焉可也。存虛明，久至德；順變化，達時中，仁之至，義之盡也。知微知彰，不舍而繼其善，然後可以

成之性矣。」（正蒙 神化）

「徇物喪心，人化物而滅天理者乎！存神過化，忘物累而順性命者乎！」（同上）

「惟神為能變化。」（同上）

張載發育自己的精神，不為物慾所累。精神順性而行，以仁愛體愛萬物，則滂沱之神，充塞天地。

「敦厚而不化，有體而無用也，化而自失焉，徇物而喪己也。大德敦化，然後仁智合一，而聖人之事備。性性為能存神，物物為能過化。」（同上）

人心之仁，敦厚而能有化，具仁具智，使性能成性，使物能成物。神化之力，推及於天下，凡過之處，莫不引起向善的變化。沒有時間的限制，沒有地域的限制。「義入神，仁敦化，靜一動也。則無體；義入神，則無方。」（正蒙 神化）

(丁) 改變氣質

「存神過化」的第一種成效，應爲改變氣質。然從反面說，應先改變氣質，然後纔能存神過化。但在實踐上須兩者同時並行。

氣質是人由氣凝聚而有的才質，才爲才能，質爲情慾；由才能和情慾結成一個人的特質或性格，這種特質性格爲氣所凝聚之形象，常有所偏，而且在每個人身上都不同。氣質雖有所偏，但本性之善則常留在心中；人若能改變氣質之偏，反回本性之正，人就向善而可成聖。

> 「變化氣質。孟子曰：『居移氣，養移體。』況居天下之廣居者乎？居仁由義，自然心和而體正。更要約時，但拂去舊日所為，使動作皆中禮，則氣質自然全好。」(理窟　氣質)

荀子講性惡，然而主張以禮可以矯正性之惡，善所以爲人所爲，稱爲僞。張子雖不主張性惡，但主張氣質之性常有所偏，宜加矯正；便和荀子的主張，有些相似。

氣質爲什麼可以變呢？所變的當然不是人之本性（天地之性），而是氣質之性。氣質是人所有的附加物，由氣凝聚而成之形。這種形質不是一成不變，而能繼續改變。例如人的才能，適當地使用則才能加高；不用或用不得當，就減退或被摧毀。又如人的脾氣由情慾造成，脾氣可以改，所謂改變氣質，就是改變這些才質。中西哲學家和宗教家都有這種主張。

張載教人改變氣質，實行的途徑有二：一是學問，一是守禮。學問卽是求學，以達曉天理，而又學習改變氣質的工夫。

「爲學大益，在自能變化氣質，不爾皆爲人之弊，卒無所發明，不得見聖人之奧。」（理窟 義理）

「氣質惡者，學卽能移。」（理窟 氣質）

「天資美不足爲功，惟矯惡爲善，矯惰爲勤，方是爲功。」（同上）

學習的功夫，要在正心。正心使自己的心正於天理。這種功夫當嚴苛進行。「正心之始，當以己心爲嚴師，凡所動作，則知所懼，如此一二年間守得牢固，則自然心正矣。」（經學理窟 學大原上）每天實習，特別在早晨要努力，所謂「平旦之氣」予以保全。「人早起未

嘗交物，須意銳精健平正，故要得整頓一早晨。及接物，日中須汨沒。到夜，則自求息反靜。」（同上）

人求學要心虛，心中沒有雜物雜念，又要虛心受教。莫要以見聞之知桎梏自己的心；要以禮義之知以達天理。

守禮，爲實踐的重要功夫，禮可以範圍人的行爲，正人的心，克制情慾。張載和荀子一樣很看重禮，而且主張恢復古禮。例如三年之喪，應當恢復。

「禮所以持性，蓋本出於性。持性，反本也。凡未成性，須禮以持之，能守禮已，不畔道矣。」（理窟　禮樂）

「禮卽天地之德也，如顏子者，方勉勉於非禮勿言，非禮勿動。勉勉者，勉勉以成性也。」（同上）

「禮非止著見於外，亦有無體之禮。蓋禮之原在心。禮者，聖人之成法也。除了禮，天下更無道矣。」（同上）

禮爲天理的成文，源之於心；禮便使人成性。成性，是一個人還沒有能夠圓滿地把人性之理顯之於行，應努力守禮，使人性之理在行上表露出來。性，雖在人生時已成，然衹是性之理，性理顯之於行，則待人努力去實行。聖人則已成性。王船山主張「命日降而性日生」，採自張載的成性。性既每天由人去完成，即是每天實行性之理；性便是每日新生，不是一成不變，於是便能日新又日新。

理學家都很注重實踐工夫，張載便注重改變氣質。

4. 進德修業

改變氣質不是消極的工夫，乃是積極的功夫，因爲不在於除去惡氣質，而是在於引導人的氣質向善；既向善，惡氣質便可矯正。向善是進德修業。

「至當之謂德。百順之謂福。德者，福之基；福者，德之致。」（正蒙 至當）

「得天下之理之謂德。」（同上）

「未能如玉，不足以成德。」（同上）

德，爲按天理而行，有得於心，而積成善習。德不是一兩次善行，也不是偶然的善行，而是按天理而行，已經有所得了。有所得不是因善行而得福，乃是有得於天理，天理已成爲我行事的規律了。這一點不是容易做到，必經過許多努力，磨鍊自己，有如磨玉石把玉石磨得光亮。

「日新之謂盛德。」（正蒙 至當）

盛德爲德行很高，很高也爲漸漸積蓄而來。然而積蓄不是堆舊賬，而是積新德，是日新。所以談修德不是容易的事，「知德之難言，知之至也。孟子謂我於辭令則不能，又謂浩然之氣難言。易謂不言而信，存乎德行；又以尚辭爲聖人之道；非知德，達乎是哉！」（正蒙 至當）

（甲）中 正

張載以「至當之謂德」至當是恰得其當，恰合乎理。中庸所講的中庸，有至當的意思；然而易經所講的「中正」，更可以代表中正。

「聖人用中之極，不勉而中；有大人之極，不為其大。」（正蒙 大易）

「中正然後貫天下之道，此君子之所以大居正也。蓋得正，則得所止；得所止，則可以弘而致於大。」（正蒙 中正）

「學者中道而立，則有位以弘之。無中道而弘，則窮大而失其居。」（同上）

「大中至正之極，文必能致其用，約必能感而通。」（同上）

中正來自易經，易經的卦爻有適當之位。中，代表上下卦之中位，卽下卦之二和上卦之五，而上卦之五更爲重要。正，代表陽爻或陰爻，各在應處的爻位。爻的中正使所卜有吉。把這種卦爻的中正用於道德，則爲一樁行爲，按照天理，適合時候，也適合地位。因此，時間和地位，對於人的行爲，關係很大。這並不是說儒家的倫理爲相對的倫理，隨着時間和地方而變，而是儒家主張中庸的中道，一項天理的規律，不能呆板執行，而不問對於時間地方適合不適合。

中正當然不能指着隨俗合污，因爲中代表天理的恰到好處，正則代表把執着中，不偏不倚。天理的規律在這時候和地方，應當這樣執行，則必定勉力實行。中正，所以代表操守和志氣。「知德以大，中爲極，可謂知至矣。擇中庸而固執之，乃至之之漸也。惟知學然後能勉，能勉然後日進，而不息可期矣。」（正蒙　中正）張載有時說中正爲自然流行，不勉而中，這是指着人修德已經達到純熟地步，能够「不思而行，不勉而中。」這樣地步當然很可貴。「勉蓋未能安也，思蓋未能有也。」（正蒙　中正）

（乙）誠

誠在理學家中爲一很重要的觀念，張載雖不像周敦頤把誠講成神秘的觀念，但以誠爲道德中很重要的一德。誠不是修德的一種方法，而是一種善德；否則中正也是修德的方法，連仁也成爲修德的條件了。

張載在正蒙裏寫有「誠明」一篇，把誠和明連在一起。誠是誠於天理。天理本然昭明，既誠於天理，天理遂明。大學講明明德，中庸講誠，明德爲人性的天理，誠於天理，便能明明德。張載說：

> 「誠明所知，乃天德良知，非聞見小知而已。」（正蒙　誠明）

明明德，為天德良知，因為天理的昭明，是在人心中昭明，人心昭明天理即是良知。這種思想源自孟子，到了明朝王陽明乃得完成。王陽明的致良知，就是「誠明所知」，也即是明明德。

「性與天道合一，存乎誠。」（同上）

在誠裏有性，有天道，實際上就是性中的天理，也即是人性之理。誠就是率性，使人性的天理彰明昭著，這乃是張載所謂「成性」，所謂「順性」。

為能誠，先該知道天理。張載說：「須知自誠明與自明誠者有異。自誠明者，先盡性以至於窮理也，謂先自其性理會出來，以至行理。自明誠者，先窮理以至於盡性也，謂先從學問理，以推達於天性也。某自是以仲尼為學而知者，某今亦竊希於明誠，所以勉勉安於不退。」（張子語錄）為求學問以窮天理，張載主張研究事物，和朱熹所講格物致知相同。他說：「窮理亦當有漸，見物多，窮理多，從此就約盡人之性，盡物之性。天下之理無窮，立天理，乃各有區處。窮盡性，言性，已是近人言也。」（易說下 全集卷十一）

(丙)仁

理學家論仁，以程顥爲先，程頤爲次，朱熹集大成，王陽明則予以發揮。張載雖沒有標出仁道，然他講「民吾同胞，物吾與也」即是仁道，祇是沒有予以說明。在正蒙和其他的著作裏，他常提到仁德。

「天體物不遺，猶仁體事無不在也，禮儀三百，威儀三千，無一物而非仁也。昊天曰明，及爾出王，昊天曰旦，及爾游衍，無一物之不體也。」

（正蒙 天道）

以仁比天心，也以仁合天心。朱熹注釋說：「此數句，從赤心片片說出來，荀揚豈能到！體物，猶言爲物之體也。蓋物物有個天理。體事，謂事事是仁做出來，如禮儀三百，威儀三千，須得仁以爲骨子。」

「仁通極其性，故能致養而靜以安。義致行其知，故能盡文而動以變。」

（正蒙 至當）

「義，仁之動也；流於義者，於仁或傷。仁，體之常也；過於仁者，於義或害。」（同上）

仁，源自人性。順性，則仁使人靜且安。義，爲仁在外面的行動。仁義相合纔能互相成全，偏，則互有傷害。

「仁道有本，近譬諸身，推以及人。乃其方也，必欲博施濟衆，擴之天下，施之無窮。必有聖人之才，能弘其道。」（同上）

在實行仁道上，張載追隨孟子的推己及人，以至於泛愛天下之人。在泛愛中，應守推及的原則，否則便不是仁。「道遠人，則不仁。」（同上）同時，德不孤立，仁須有義禮智信以相合。「仁不得義則不行，不得禮則不立，不得智則不知，不得信則不能守，此致一之道也。」（理窟 義理）

張載的仁論，在「西銘」一文裏表現極深的深度和極大的廣度。以乾坤天地爲父母，以民爲同胞，物爲親黨，人心乃能體萬物而無遺。人的精神生命，在仁道裏知變化之道，善述天地仁心的工程；在仁道裏繼承天地仁心的大志，「知化則善述其事，窮神則善繼其志。」二程都很推崇「西銘」一文，給開始來學的門生講解，「謂其爲仁之體，極純無雜，秦漢以來學者所未到。」（二程語錄）

在易經裏，張載以生爲仁，乾卦的生氣，統被六十四卦，「仁統天下之善。」（易說　乾卦）

5. 聖　人

「雲行雨施，散而無不之也。言乾發揮，偏被於六十四卦，各使成象。變言其著，化言其漸，萬物皆始。故性命之各正，惟君子為能與時消息，順性命，躬天德，而誠之行也。精義時措，故能保合太和，健利且正。孟子所謂終始條理，集大成於聖者歟。易曰：大明終始，六位時成，時乘六龍以御天。乾道變化，各正性命，保合太和乃利貞，其此之謂乎。」（易說上乾卦）

在這一段文章裏面，張載解釋乾卦九五，將人的精神生命，和宇宙變化相配合，使精神生命更見偉大，更見長久。「與時消息，順性命，躬天德，……保合太和，健利且正。」人的精神生命和天地的變化之氣相合，隨着時間空間而變化，常常中正，順着性命之理，修行天心之仁的仁德。達到這種境界的人稱爲聖人。

聖人爲儒家的理想人格，爲儒家精神生命的目標。

張載的理想人格之聖人，爲至誠於人性天理之人，他的生活既是善，又是美，又有和樂。

聖人的精神充塞天地，大而無限。張載常稱讚「大」，大不是物質生活的大而是精神生活的大。

「塞乎天地之謂大。」（正蒙 中正）

精神生活之大，是人心之仁和天心之仁相合。

「大德敦化，然後仁智一，而聖人之事備矣。」（正蒙 神化）

聖人大德敦化，徧及萬物。他的行動，純粹順乎天性，不加勉強。太和的變化爲神化，聖人的生活也是神妙，不拘骸跡。

「神不可致思，存焉可也，化不可助長，順焉可也。」（正蒙 神化）

這種順性的生活，爲一種和樂的生活；和樂生活可與天地長久。

「和樂，道之端乎？和則可大，樂則可久。天地之性，久大而已矣。」（正蒙 誠明）

這種和樂生活，爲善的生活，也爲美的生活：

「可欲之謂善，志仁則無惡也。誠善於心之謂信，充內形外之謂美，塞乎天地之謂大，大能成性之謂聖。天地同流，陰陽不測之謂神。」（正蒙 中正）

這種理想人格，是否天生或由人爲呢？張載說：「所謂聖者，不勉不思而至焉者也。」（正蒙 中正）聖人的精神生命的發育，不必勉力，不必思慮。但這祇代表聖人已達到的境界，並不是主張聖人是天生。人人可做堯舜，乃是儒家的傳統思想。祇是聖人的人格，不易達到，孔子自己都說不敢。寧可退而爲君子。然孔子卻是聖之時者。「樂正子顏淵，知欲仁矣。樂正子不致其學，足以爲善人信人，志於仁無惡而已矣。顏子好學不倦，合仁與知，具體聖人，猶未至聖人之止爾。」（正蒙 中正）則聖人可以學而至。

五、結論

張載的思想，具有宋明理學的各種重要觀念。在形上學方面，以氣爲基本，上有太和至虛之氣。太和有動靜之理，乃有陰陽之氣。陰陽具有感應之性，自然聚而爲物，散而返太虛。氣在宇宙之間，按照張載的話說：

「陰陽者，天之氣也；剛柔緩速，人之氣也。生成覆幬，天之道也；仁義禮智，人之道也。損益盈虛，天之理也，壽夭貧賤，人之理也。天授於人則為命，人受於天則為性。形得之備，氣得之偏；道得之同，理得之異，此非學造至約，不能區別，故互相發明，貴不碌碌也。」（張子語錄抄，全書、卷十二）

在人生哲學方面，以氣質性爲偏，應加改正；以聖人爲理想，力圖修德。

「三十器於禮，非強立之謂也。四十精義致用，時措而不疑。五十窮理盡性，至天之命，然不可自謂之至，故曰知。六十盡人物之性，聲入心通。七十與天同德。不思不勉，從容中道。」（正蒙 三十）

注解孔子的話，說明他自己的抱負。精神生命發育的頂點，以乾坤爲父母，以人爲同胞，萬物爲親屬。與天心相合，同天地永久。

註

註 一：朱軾 張子全書序。（康熙五十八年本）國學基本叢書 商務印書館

註 二：同上

註 三：見宋元學案 橫渠學案，頁六

註 四：王船山 張子正蒙註 卷九，頁一。船山道書全集第十七册

註 五：張伯行 近思錄集解

註 六：王船山 張子正蒙註 卷三

註 七：見張子全書卷之一，頁四

註 八：王船山 張子正蒙註 卷四

註 九：同上，卷一

註一〇：吳康 宋明理學，頁一一八。華國出版社，民國四十四年版

註一一：渡邊秀方 中國哲學史概論，劉侃之譯。臺灣商務印書館，五十六年版。中古哲學第二編，頁二十

註一二：王船山 張子正蒙註 卷一

註一三：吳康 宋明理學，頁一一八

註一四：唐君毅 中國哲學原論、原性篇，頁四一九。民五五年版

註一五：牟宗三 心體與性體 第一册，頁四三七

註一六：渡邊秀方 中國哲學概論、中古哲學第一編，頁二十

註一七：吳康　宋明理學，頁一二二
註一八：同上，頁一二二
註一九：王船山　張子正蒙註　卷一
註二〇：唐君毅　中國哲學原論、原性篇，頁三三一
註二一：牟宗三　心體與性體第一冊，頁四八九
註二二：王船山　張子正蒙註　卷三
註二三：羅　光　中國哲學思想史　先秦篇，四三二頁
註二四：牟宗三　心體與性體　第一冊，頁五〇六—五〇八

第四章 邵雍的哲學思想

一、緒論

宋朝理學家以邵雍的生平最早，他比周敦頤大六歲，比司馬光大八歲。然而學者都認周敦頤爲宋朝理學的開山人，朱熹更以周子繼承孟子，延續了儒家的道統，把邵雍擠在儒家正統以外。原因在於邵雍和司馬光都注重易卦的象數，爲漢朝易緯的支流。陳忠肅「答楊游二公書」曰：「司馬文正最與康節善，然未嘗及先天學，蓋其學同而不同。」(註一)

邵雍，字堯夫，謚康節，生於宋眞宗大中祥符四年(公元一〇一一年)世爲燕人，曾祖和祖父先後遷徙，雍幼年從父徙共城，晚年定居河南。平生好學，不作官。家境貧寒，常怡然自樂。喜歡和人交往，不分賢不肖，當時名士如富弼、司馬光、周敦頤、張載和二程都和他是至交。

邵雍，逝世於宋神宗熙寧十年(公元一〇七七年)年六十七歲。百源學案說：「疾革，謂司馬公曰：誠與觀化一遭。公曰：未應至此。先生笑曰：死生亦常事爾。橫渠問疾論命。先生曰：天命則已知之，世俗所謂命，則不知也。伊川曰：先生至此，他人無以爲力，願自主張。先生曰：平生學道，豈不知此，然亦無可主張。伊川問從此永訣，更有見告乎！先生擧兩手示之。伊川曰：何謂也？曰：面前路徑須令寬，路窄則自無著身處，況能使人行也。」（註二）

邵雍的思想，爲儒家的思想，他的人生哲學，重誠重道，順理順性。他的形上學，太極、陰陽來自易經，性和心源自孟子。天人合一的理想，則出於中庸。

但是他的哲學思想雜有佛教和道教的許多成份。在象數學方面，他師法道士。他的兒子邵伯溫所著經世辯惑說：「先君子易學，微妙玄深，其傳授本末，則受學於李之才挺之之師穆修伯長，伯長師陳摶圖南」。……宋史「道學傳」說：「北海李之才，攝共城令，聞雍好學，嘗造其廬，謂曰：子亦聞物理性命之學乎？雍曰：幸受教。乃事之才，受河圖、洛書，宓義八卦，六十四卦圖象。之才之傳，遠有端緒。」所說端緒，當是陳摶。陳摶爲道士，傳魏伯陽參同契之學。

不僅是象數之學，來自道敎，更上溯到漢朝之易緯。邵雍在認識論主張以物觀物，以靜明心，也可謂來自莊子。

邵雍講以物觀物，講心法，旣採有莊子的思想，又採有佛教的思想。這種現象，爲宋明理學家的一般現象，也是學術史上的自然趨勢，經過唐朝佛道思想的倡盛，宋朝儒家從兩家的思想中，採取部份以成新的儒學。

邵雍的著作，有皇極經世、伊川擊壤集和漁樵問答。皇極經世在邵雍的企圖裏，要包括宇宙的變化和人類歷史的演變，應該是一部宇宙大全。全書本分六十二卷，今道藏本合爲十二卷。十二卷都以觀物名篇，有「觀物外」篇和「觀物內」篇，內篇爲邵雍所作，外篇爲門生所記。伊川擊壤集爲邵雍定居伊川後所收詩集，共二十卷，收詩兩千多篇。

二、認識論

邵雍的最重要著作，爲「觀物」篇，篇分內外。外篇多爲圖表，加有說明，說明爲弟子所記。內篇則爲邵雍的著作，發表他的哲學思想。

我們研究「觀物」篇，先研究邵雍對於認識論的思想；因爲觀物，就是認識外面的對象。

在中國古代的哲學裏，在認識論方面有莊子和荀子的認識論思想，莊子的認識論思想，傾於直觀，傾於唯心；但不是唯心論。荀子的認識論爲名學；但對於感官和心的認識能力和過程，也有簡單的說明。

邵雍的認識論，頗與莊子的認識論相接近，但不相同；也受了佛教心法的影響。

1. 感覺認識

「觀物」篇說：

「人之所以能靈於萬物者，謂其目能收萬物之色，耳能收萬物之聲，鼻能收萬物之氣，口能收萬物之味。聲色氣味者，萬物之體也，目耳鼻口者，萬人之用也。體無定用，惟變是用；用無定體，惟化是體。體用交而人物之道於是乎備矣。」（觀物　五十二—觀物內篇之二）

在這一段話裏，我們所應注意研究的觀念有幾個：人爲萬物之靈；感官收物的聲色，爲人之用；聲色爲物之體；體用不定，相交乃定。這幾點代表邵雍的認識論所有的特點，祇是在解釋上，很費周旋。

（甲）人爲萬物之靈

儒家傳統的思想，都以人較比萬物爲最靈。禮記「禮運」篇以人得天地的秀氣，故有靈有神。孟子和荀子，以人的心，虛靈有知，超出萬物以上。周敦頤在太極圖說也說：「惟人也，得其秀而最靈。」

但是從上面所引邵雍的話裏，並不能證明人較禽獸爲最靈；因爲他說人所以較萬物爲最靈，因人的耳目口鼻，可以接收外物的聲色味氣。然而禽獸也有耳目口鼻，也能接收外物的聲色味氣。孟子曾以人有小體和大體，小體爲感覺之官，大體爲心思之官；人的小體，和禽獸相同；大體則爲人超出禽獸之點。

邵雍說：

「夫人也者，暑寒晝夜無不變，雨風露雷無不化，性情形體無不感，飛走草木無不應。所以目善萬物之色，耳善萬物之聲，鼻善萬物之氣，口善萬物之味，靈於萬物，不亦宜乎！」（觀物　五十一—觀物內篇之一）

僅就字面去看，這一段話和上段話一樣，沒有說出人所以靈於萬物的理由，因為在感官的認識上，人和禽獸相同。

但是我們應從邵雍的哲學系統上去研究，找到他所認為人之所以靈於萬物的理由，也是在感官的認識上。

邵雍舉出人的變化感應，所舉的變化感應在他的哲學系統裏，暑寒晝夜代表天，雨風露雷代表地，性情形體代表物的變化，走飛草木代表物的化生。因此在人的身體裏具有天地物的變化和生長，如孟子所說：「萬物皆備於我。」理學家常說：「萬物得其偏，人得其全。」宋朝祝泌解釋說：「人為萬物之靈，所以異於動植之物者，以得天地之全用也。暑寒晝夜，天之用也，而人無不承，是氣之變。雨風露雷，地之用也，而人無不受，是氣之化。所以皆有性情形體以感於天，皆有走飛草木以應於地，而耳目鼻口在物之善夫色聲氣味者，各一而已，而人則無不該焉。」（註三）

邵雍所說的感覺認識，不是普通所說的感官認識，而是能夠表現得有天地之全用的感覺認識。邵雍所以說：

「有一物之物，……有萬物之物，有億物之物，有兆物之物；生二之物當兆物之物者，豈非人乎？有一人之人，……有兆人之人，生二之人當兆人之人者，豈非聖乎？…何哉？謂其能以一心觀萬心，一身觀萬身，一物觀萬物，一世觀萬世者焉。」（觀物 五十二—觀物內篇之二）

人的感覺認識，不是像禽獸一樣，祇能認識所感覺的物；而是能由於對一物的感覺而認識億兆之物。「爲兆物之物，豈非人乎？」聖人的感覺認識，更靈於凡人的認識；聖人的感覺認識，能够較比億兆人所有的感覺認識更高更全。「爲兆人之人，豈非聖人乎？」人所以能够以一種感覺的認識，通於億兆的感覺認識，在於有心，心使人的感覺靈於禽獸的感覺。

邵雍以人心爲神，神能通於萬物。因此人的感覺認識藉着心而完成。

（乙）感官收取對象

孟子講感覺認識時，說「物交物，則引之而矣。」（告子上）感覺爲物質物，感覺的對象也爲物質物，物質物和感官相交接，遂引起感官的感覺。孟子可以說是從對象方面去談感覺，以感官爲被動，受外物的吸引，如同人的情慾，因着外物的吸引而動。邵雍說：「目能收萬物之色，耳能收萬物之聲……」從感官方面去談感覺，以感官爲主動，感官收取外物的聲色氣味。在認識論上說，感官爲主動較比爲被動更好。

佛敎唯識論常講八識，八識中的感覺認識爲前五識；眼耳鼻舌身。爲能有感覺認識，應有「能緣」、「所緣」、「相分」、「見分」，又要有『根、境、塵』。能緣爲官能，所緣爲物；相分爲物相，見分爲分別官能和物象；根爲感官，境爲對象，塵爲媒介物，即是空間和光。佛敎的感覺論，分析非常清楚。

理學家都沒有接受佛敎的感覺論，但是邵子的「收」字，頗有佛敎感覺論的影響；因爲「收」，是接收物體的印象。邵雍又用「善」字，「善」字普通用爲好，又用爲友善相好。「耳善萬物之聲」即是說耳和聲音相友善，也就是說同類相求。五官則有各的對象，每一感官遇到自己的對象，就相結合，在另一方面，也可以說五官善於運用自己的對象，由一物的聲音，可以推知億兆物的聲音。這已經不是感官的作用，而是心的作用了。

(丙) 體　用

體用的名稱，在中國哲學裏，佔有重要的位置，以至於在現代的流行語中，有「中學爲體，西學爲用」的語調。但是這兩個名詞的意義，則很混雜不清。在先秦的思想裏沒有這兩個對稱的名詞，易「繫辭上」有：「故神無方而易無體」。這個體字爲形狀或形質。在論語「學而」：有「體之用，和爲貴。」集註乃有體用的名詞，「蓋禮之體雖嚴，而皆生於自然之理，故其爲用，必從容而不迫，乃爲可貴。」這個體，指着本體，或物的自體，或物的天然。

邵雍說：「聲色氣味者，萬物之體也。」體字在邵雍的宇宙論，和性情形相配，性爲太陽，情爲太陰，形爲少陽，體爲少陰。四者都屬於天。有性然後有情，有形然後有體。體便是形而下，爲器，有形跡。體和西洋哲學的本體意義不大相同，西洋哲學的本體爲自立存在的體，包括性和存有，並不包括形跡，形跡乃是附加體，附在自立的本體上面。邵雍所說的體，爲聲色氣味。這些都是附加體，而不是本體。在西洋哲學裏有實證主義，由英國哲學家洛克、休謨和貝克萊等人所創，實證主義否定物的自立本體，卻以聲色氣味等形色附加體爲物的本體，因爲他們認爲人的理智，不能認識物的內在本體。物的內在自立本體究竟是有或不有，我們不能知道；我們祇能用感官，認識物的形色。物理學家也以爲除聲色氣味的形色外，卽是除有量的元素外，沒有內在的本體。邵雍以聲色氣味爲萬物的本體，似乎和實證主義的思想相同。然而在內容上兩者相差很遠。邵雍以萬物由氣而成，氣成形乃有形跡，形跡爲體，而形跡的表現卽是聲色氣味，因此聲色氣味乃爲萬物之體。這種體乃是萬物的形體。

「目耳鼻口者，萬人之用也。」用為運用，為活動。目耳鼻口為人之用，在哲學上說來是說得不正確，應該是說視聽嗅食為人之用。目耳鼻口為器官，視聽嗅食纔是器官之用。邵雍的思想，從體用方面說，聲色氣味為物之形體，目耳鼻口不是人的形體，而是為感覺之用。

更不好解釋，且很不好懂的一點，則在於「體無定用，惟變是用；用無定體，惟體是化。體用交而人物之道備矣。」難道是說感官和對象，沒有一定的關係，目不一定看色，耳不一定聽聲音，色可以和耳相交，聲可以和目相交嗎？那麼，感覺已經不是感覺，而是一種幻覺或冥想了，豈不是絕對的唯心論嗎？我想邵雍必定不是這樣荒謬！邵雍的意思是說物的聲色氣味之體，不一定要和那個人的耳目鼻口相合，祇是在物體和人之用相交時，體和用的關係纔決定了。眼睛隨便可以看一物之色，一物之色也隨便由一雙眼睛去看，「體無定用，惟變是用；用無定體，惟體是化；體用交而人物之道備矣。」

祝泌解釋說：「曰體無定用者，色聲氣味皆變於飛走草木之物，故曰惟變是用也。曰用無定體者，耳目鼻口皆化於性情形體之質，故曰惟化是體也。曰用與體，曰變與化，所以交天地而備人物。」（註四）

宋張行成解釋說：「陽之用，故天之暑寒晝夜之變，為物之性情形變；陰主體，故地之雨風露雷之化，爲物之走飛草木。……自動植物觀之，動爲天而植爲地；自人物觀之，人爲天而物爲地；自聖凡觀之，聖爲天而凡爲地。是故以人對物，則人主用物主體；以聖對民，則聖主用而民主體。」（註五）

張行成解釋體和用，以用爲動，屬陽、屬天；以體爲靜，屬陰、屬地。體用的關係乃是動靜的關係，也是人和物的關係，因此「體無定用。用無定體。」要體用相交時關係纔確定。

祝泌以聲色氣味，在飛走草木之物都有，當然都不是相同，所以說「體無定用惟變是用。」這種體用的關係，不是人和物的關係，而是聲色氣味和物的關係。祝泌又以耳目鼻口和性情形體相聯繫，隨着性情形體而變化自己的質，即是物因着性情形體而有的耳目鼻口在質方面並不相同，狗的耳目鼻口的本質，和人的耳目鼻口的本質，各有不同。所以說：「用無定體，惟體是化。」

張行成和祝泌所解釋的體用，不是認識論的體用，而是本體論的體用。在邵雍的原書裏，本體論的思想和認識論的思想，常相混雜。因此，我以爲由這兩方面去解釋邵雍的話，都可以通。

2. 以物觀物

邵雍的認識論，稱爲觀物；觀物的思想和莊子的心知和氣知，又和佛教的心法，都有相同之點。邵雍說：

「以物觀物，性也；以我觀物，情也。性公而明，情偏而暗。」（觀物外篇下之中）

上面的觀法，出自佛教的止觀；公明情昏，出於荀子。莊子曾經說過：「若一志，無聽之以耳，而聽之以心；無聽之以心，而聽之以氣。……氣也者，虛而待物者也。」（莊子 人間世）邵雍也說：

「謂其能以一心觀萬心，一身觀萬身，一物觀萬物，一世觀萬世者焉。又謂其能以心代天意，口代天言，手代天工，身代天事者焉。」（觀物 五十二—觀物內篇之二）

邵雍主張人能以一物而觀萬物，以一世而觀萬世。這種觀法，在於忘記主觀之我，以心的神明，順乎物之理，直接由一物之理而通於萬物之理。

(甲) 心

心，在邵雍的認識論，佔着中心的位置。人以感覺而靈於萬物，卽是因爲人有心靈；人能以物觀物，也因爲有心靈。

「心爲太極，又曰道爲太極。」(觀物外篇上)

「人居天地之中，心居人之中。」(同上)

「身生天地后，心在天地前，天地自我出，其餘何足言？」(擊壤集　卷一九，自餘吟)

「神統于心，氣統于腎，形統于首，形氣交而神主乎其中，三才之道也。」(觀物外篇上)

從上面所引的幾段話，我們可以看到邵雍以心居人之中。他曾說：「先天之學，心也；後天之學，迹也。」（觀物外篇下之下）邵雍以發明先天之學而自豪，故他的學乃是心學。

心爲神，神在邵雍的思想裏有多種意義：神爲上天尊神，神爲鬼神，神爲靈妙之性。質心爲神，即心有靈妙的特性。心的靈妙特性來自神，神不是鬼神，而是人的靈妙之體。人有神，有靈妙之體，如同西洋哲學所說的靈魂，靈魂爲人生命的根由和中心，爲精神體，在人體的各肢體內。邵雍以「人之神則存於心。」（觀物外篇下之中）又以「人之神寤則棲於心，寐則棲腎，所以像天也，晝夜之道也。」（同上）

人心既有神，乃靈妙明朗，爲人的主。故曰「心爲太極。」太極爲極至，心爲人的太極，即是人的最高點。

人以心觀物。人的智識來自感覺，由感覺而集於心。心爲一，不可分，「心一而不可分。」（觀物外篇下之中）所有感覺由心而集於一。所集之一，由理而集。康德曾創先天範疇，以集合感官認識。邵雍以理或道而集一。集一的工作由心而成。因此，一切的智識，都由心而生，捨心則沒有萬物的智識。邵雍乃說：「身生天地后，心在天地前，天地自我生，其餘何足言。」王陽明曾以山中茶花若不由我心予以認識，茶花等之於沒有。這種思想很有點像唯心論。邵雍和王陽明並不是否認天地萬物的存在，但他們以爲物和我的關係，都由心而起，沒有心卽沒有物；雖然物可以脫離心而存在，但對於我則等於不存在。因此，我觀物，卽認識物，是以心觀物。

心觀物，就能以一心而觀萬心。人心相通，由我心而達他心。

（乙）以物觀物

但是以心觀物，人保留自己的主體，以我的心而觀物。這種認識雖然可以直通天下的人心，然而尚不能通達天下之物。莊子曾主張「無聽以心，而聽以氣。」佛教天台宗曾以「止觀」教人，人能以人心的覺性，觀心的本體，乃能自證眞如。邵雍的認識論主張放棄主體的我，不用我的主觀去觀物，而以物的本性去觀物。

「不我物，則能物物。」（觀物外篇下）

張行成解釋說：「天之所以大者，以其體物而無私。人若有我，則我一物爾，安能物物？是故有我者，不能我我，無我，則我自我矣。敵物者，不能物物，體物，則物自物矣。無我而體物，則萬物皆備於我矣。」

張行成的解釋，由精神生活方面出發，以孟子的萬物皆備於我的浩然之氣，包容天地萬物，絕對不以自己的喜怒私情而在物中有所取捨。然而邵雍的無我，應由認識論方面去講，不以自己主觀的認識去分別萬物，因為主觀的認識常有所偏。人若能不以主觀的認識去觀物，而以物之性理去觀物，則能『物物』，明達萬物之理。

邵雍常說「順理」，順理即是「以物觀物，性也。」按照物性去觀物，便是順理。然而「順理」若祇是按照物性去觀物，豈不是古代儒家和墨家的共同意見？荀子墨子都主張名有實，認識應符合客觀的事物。可是邵雍的意見都不在於這一點，他所主張的順理，乃是主張「直觀物性」。

直觀物性，為主張體驗物性之理，不勉強去求智識。人心和物，自然貫通。人若能自誠於心，無為而靜，心就能「順理」。

「順理則無為，强則有為也。」（觀物外篇下）

「為學養心，患在不由直道。去利欲，由直道，任至誠，則無所不通。」（同上）

「至理之學，非至誠則不至。物理之學或有所不通，不可以强通。强通則

有我；有我則失理而入於術矣。」(同上)

所謂直觀，在於人有至誠，反觀自己的心，由心之理，直接貫通萬物之理。這種觀物既是反觀自心，又是直觀萬物。

「夫所以謂之觀物者，非以目觀之也，非觀之以目而觀之以心也，非觀之以心，而觀之以理也。天下之物莫不有理焉，莫不有性焉……聖人之所以能一萬物之情者，謂其聖人之能反觀也。所以謂之反觀者，不以我觀物也：不以我觀物者，以物觀物之謂也。」(觀物內篇六十二)

邵雍謂人的至誠，在於從性而不縱情。性是明，情是昏。人若從自己的性理去觀物，便是物觀物；若以情觀物，則是以我觀物；因爲性是公，情是私。「以物觀物，性也。以我觀物，情也。性公而明，情偏而暗。」邵雍又說：

「任我則情，情則蔽，蔽則昏矣。因物則性，性則神，神則明矣。潛天潛

地，不行而至，不為陰陽所攝者，神也。」（觀物外篇下之中）

人心能反觀，能直觀，能觀物，全在人心有神。神則靈，不行而至，不爲而爲。然而神不能爲私情所蔽。

邵雍的觀物論，攝取了佛教的止觀，開啓了陸象山的「萬理皆在吾心。」人心反觀自心，在心中見自己性理，因着自心的性理直接觀到萬物的性理。邵雍沒有明白把這段道理講出來，實際上這段道理已經包括在他的思想中。這種性理是主觀的又是客觀的理。邵雍便不是普通所說的唯心派。

三、宇宙論

研究了易經和道德經，我們就知道中國哲學的形上學就是宇宙論，西洋的形上學爲本體論，研究「存有」，有已經存在了，就存在的「有」去研究「有」的性質。西洋的宇宙論則假定宇宙爲物質物，祇就物質而研究物質物。中國的形上學，則從「存有」的化生而研究「存有」。因此中國哲學的宇宙論，爲中國的形上學。

邵雍在宇宙論方面，企圖非常大；他想超過易經去找易經卦圖的來源，又願在易卦以外去尋天地萬物化生的歷程，更幻想以數字構成人類歷史的整體圖表。他的思想在哲學上的價值很淺，然而他的思想的體系則很龐大。以動靜剛柔四象爲根據，第一，他本着「易傳」的話，作先天易圖，以四象解釋宇宙萬物的化生。第二，根據四象的原則，創作元會運世的天地萬物數字，以推算宇宙演進的歲數。第三，以子午卯酉配春夏秋冬，作卦氣圖。第四，以平上去入配日月星辰作聲音律呂圖。

1. 先天圖

（甲）先天四圖

邵雍倡先天易學，以別於後天易學；先天易爲伏羲的易，後天易爲文王的易；邵雍自謂繼承伏羲的圖象和數字。邵雍所畫先天圖，今已多有遺失。現所存留者有性理大全和宋元學案所收各圖，現舉其重要而簡單者列圖於後。

朱熹周易本義說：「繫辭傳曰：易有太極，是生兩儀，兩儀生四象，四象生八卦。邵子曰：一分爲二，二分爲四，四分爲八。說卦傳曰：易，逆數也。邵子曰：乾一，兌二，離三，震四，巽五，坎六，艮七，坤八。自乾至坤，皆得未生之卦，若逆推四時之比也。後六

第一圖爲伏羲八卦次序圖

一	二	三	四	五	六	七	八
乾	兌	離	震	巽	坎	艮	坤
太陽		少陰		少陽		太陰	
陽				陰			
太極							

十四卦次序倣此。」

這幅八卦次序圖，按照數學原則排列，簡而易見，而且合符易「繫辭」的思想。這種次序是八卦的自然次序，表明八卦的構成歷程；然而說這圖是伏羲所作，則沒有根據。

朱熹周易本義解釋先天八卦方位，引「說卦傳」曰：「天地定位，雷風相薄，水火不相射，八卦相錯，知來者逆。邵子曰：乾南、坤北、離東、坎西、震東北、兌東南、巽西南、艮西北。自震至乾爲順，自巽至坤爲逆。後六十四卦倣此。」邵雍的八卦方位圖，跟他的八卦次序圖互相連貫，把八卦次序圖裁成兩半，以乾坤對排，乾向下，坤向上，便成邵雍的八卦方位圖。這種排法非常簡單，也頗合符「說卦」的詞句。至於說乾南坤北，這種位置，在漢朝學者講易，以五行八卦配合四方和四季時，已經就有這種位置；但同時乾鑿度以離爲火居南，坎爲水居北，乃有邵雍所說的後天卦位圖，後天卦位圖也以「說卦」爲根據。

第二圖為伏羲八卦方位圖

伏羲八卦方位圖

(一)乾　(二)兌　(三)離　(四)震　(五)巽　(六)坎　(七)艮　(八)坤

文王八卦方位圖

爲解釋先天和後天卦位圖的差異，以卦位有一年的南北，有一日的南北。一日的南北，子北在夜，午南爲晝，午南而子北，離是午，坎是子，這是後天卦位。一年的南北，冬寒夏暑；夏暑爲南，冬寒爲北；暑爲乾，寒爲坤；這是先天卦位。

在先天和後天卦位圖的比較上看來，邵雍的先天圖成乎自然。後天圖則根據漢朝的卦氣說，以易緯乾鑿度爲本。周易「說卦」乃漢人的思想，「帝出乎震，齊乎巽……」沒有理由可說，以乾位在西北，「戰乎乾，……合陰陽相薄也。」在哲理上講不通。

第三圖爲伏羲六十四卦次序圖，第四圖爲伏羲六十四卦方位圖。這兩圖都是由八卦次序圖和八卦方位圖發展出來的。把八卦次序圖按照數學的方法，照樣往上面畫成十六卦、三十二卦、六十四卦，便有六十四卦的次序圖。這種次序的理由，在於按數學畫圖所得的次序。再把六十四卦次序圖截成兩半，作一圓周形，乾和坤相對，乾居上，坤居下，便成六十四卦方位圖。

邵雍的先天圖，爲一種自然而成之圖，對於漢朝的卦氣圖，予以改革，本爲進步的思想；惟假託伏羲而談先天後天，則在學術史上，就缺乏根據了。

但是不能據着先天圖以講哲理，因爲本來沒有哲理，祇是數學的順序。若據圖以加上哲理，那就荒謬不通了。黃宗羲的易學象數論從哲理去批評先天圖，以先天圖不合易經的思想，批評的方法就錯了。

當然邵雍爲解釋八卦方位，引用「說卦」所說：「天地定位，山澤通氣，……」朱熹爲解釋六十四卦方位，也加上「乾盡午中，坤盡子中，……」這些解釋都是一些附會的話。黃宗羲駁辯這些話是對的，然也是白費精力。

（乙）先天圖的解釋

胡渭的易圖明辨把先天八卦方位圖和邵雍的哲學思想相配。邵雍說：「神統於心，氣統於腎，形統於首，形氣交而神主乎其中，此三才之道也。」（觀物外篇下之中）

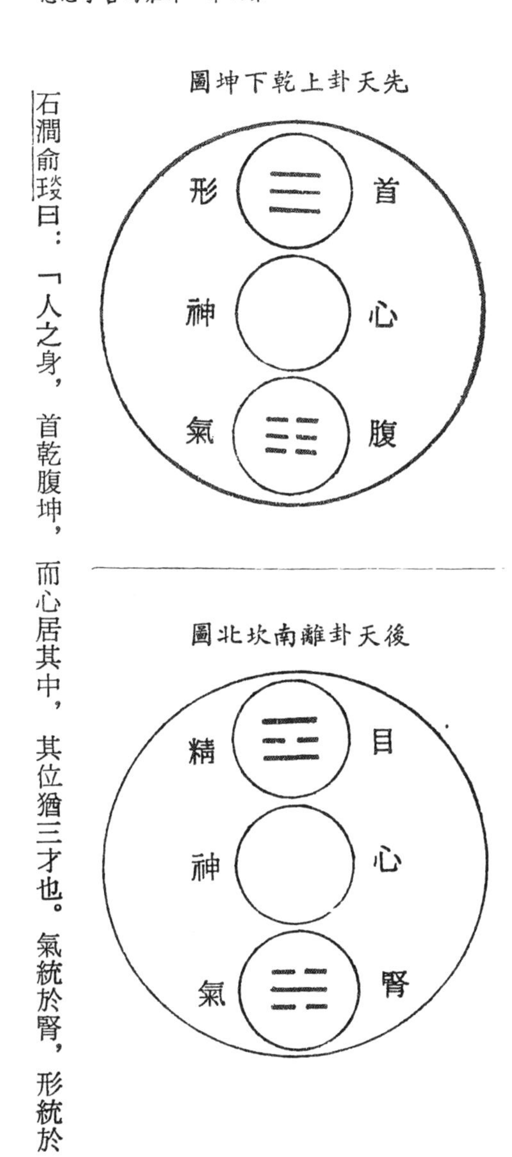

先天卦上乾下坤圖

後天卦離南坎北圖

石澗俞琰曰：「人之身，首乾腹坤，而心居其中，其位猶三才也。氣統於腎，形統於

首，一上一下，本不相交，所以使之交者，神也。神運乎中，則上下渾融，與天地同運，此三才之道歟！」（註七）

這種思想和邵雍的思想頗相符合，然邵雍的神統心和氣統腎的思想，難免附會漢朝緯書和卦氣之說，在哲學上難於成立。

至於俞氏所說：「目之所至，心亦至焉。故內煉之法，以目視鼻，以鼻對臍，降心火入於氣海，蓋不過片餉工夫而已。」（同上）更是附會道家內煉長生之術，更不合哲學的理論了。

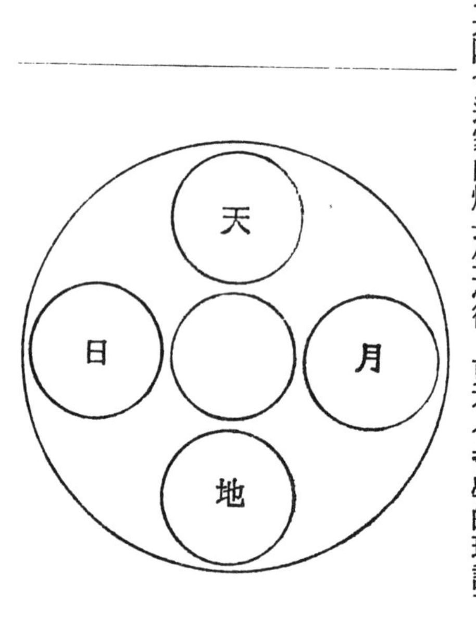

若以乾坤坎離配天地月日，解釋先天卦位圖，也是漢朝易學的餘流。易「說卦」可作這種解釋的根據，「說卦」曰：「乾爲天，坤爲地，離爲日，坎爲月。」又說：「乾爲首，坤爲腹。」然而這些比譬，也不過是比喻，沒有學理的根據。後代易經學者卻奉之爲天經地義！

在道教魏伯陽的參同契中，有七返八歸六居的論調，又說「金水合處，木火爲侶，四要渾沌，列爲龍虎。」故有人把上面的圖，配合這種論調：

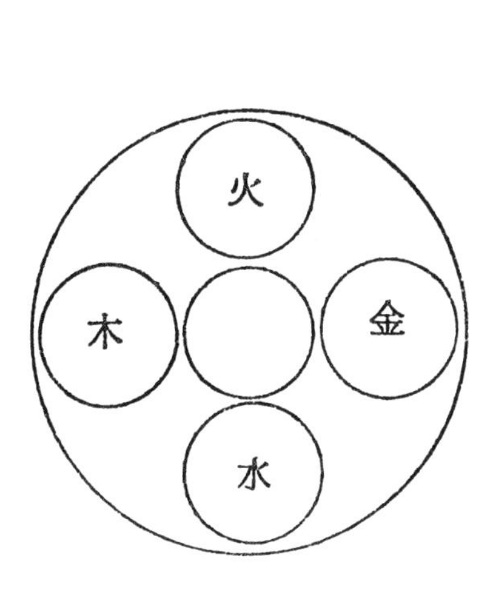

俞琰說：「木數八，屬東；火數七，屬南；木自東而升，則與火爲侶於南矣。金數九，屬西；水數六，屬北；金自西而降，則與水和處於北矣。丹家有所謂赤龍黑虎者，東蒼龍，七宿運而之南，則爲赤龍，西方白虎，七宿運而之北，則爲黑虎。無非譬喻身中之呼吸；究而言之，何龍虎之有？何金水木火之有？何七八九六之有？皆譬喻耳。」（註八）

從上面的話，我們可以看出邵雍先天圖雖爲自然的結構，但和道教還脫離不了關係。因爲他的先天圖，據說傳自李挺之，李挺之則繼承道士陳摶的傳授。

朱熹在周易本義的卷首，刊載邵雍的先天圖，以解釋周易的六十四卦。實際上，邵雍並沒有以先天圖解釋周易，他是用先天圖以建立他的宇宙論。先天六十四卦圓周方位圖，雖能配合一年的節氣，和漢朝卦氣的十二辟卦次序相同，但是邵雍並不是爲着卦氣而作圖。邵雍對於卦氣，曾作卦氣圖。圖爲圓周形。圓周以乾南坤北離東坎西分爲四區。以六十四卦分配二十四節氣，每月二氣。然因卦數和節氣之數不相合，於是有二分之半之說，即一節氣當兩卦又半卦。然而在這種卦氣圖方面，邵雍也不比漢朝易學者高明，也沒有哲學理論爲根據。

宋元學案的案語說：「先天卦圖，傳自方壺，謂創自伏皇，此即雲笈七籤中云某經創自玉皇，某符傳自九天玄女，固道家術士假託以高其說之常也。先生得之而不改其名，亦無足異；顧可自成一說，聽其或存或沒於天地之間。乃朱子過于篤信，謂程演周易，邵傳犧畫，

掇入本義中，竟壓置於文彖周爻孔翼之首，則未免奉螟蛉爲最曾矣。」（註九）

邵雍創先天圖，祇作圖，不作說明，學禪家不立文字之風，讓人觀圖去體會圖中的蘊妙。

2. 數

研究周易的學者，都把象和數分開。在易經裏無所謂象數，祇有卦爻。在「繫辭」裏，纔有象和數，漢朝易學家乃根據「易傳」成立了象數學。但是在漢朝的易學裏雖常講象數，實際上則都在研究六十四卦的次序和位置，以卦氣說作爲經緯，所以都是研究卦象；對於數，並沒有創立系統的學說。後來經過道敎煉丹的企圖，以「易傳」的象數作附會的根據，宋朝儒家對於易經乃有易圖和易數的學說。邵雍可以說是集易象和易數的大成。

（甲）數的意義

卦爲象，蓍爲數，兩者在古代都是爲卜筮之用。後來學者乃以爲象和數都代表宇宙的變化，而是宇宙變化的符號。數目在原始民族的生活中，爲最基本的觀念；因爲原始人在每天的生活裏，不能不計算一些簡單的數字。簡單的數字，都是一至十，這或者由於原始人爲計算東西，如同現在的小孩一樣，屈着手指去計算。手指爲十，故簡單數字爲十。過了十則由十和簡單數字相結合成一複數，因此，數字也就在原始人的心目裏代表變化。數字既代表變化，簡單的數目便代表變化的原素，一代表奇，二代表偶，奇偶相合乃起變化。

中國易學者，常說數在象之先。原始的人，首先以數字去代表宇宙的變化，然後纔有卦象代表宇宙的變化。而且在占卜時，以策數而得卦形。

可是，象數的起源，乃是爲卜筮，卦爲卜，數爲占。卜卦以卦象爲主，占蓍則以數爲主。並不能說數在卦象以先。

當然，在創造卦象的人，從兩儀到四象，從四象到八卦，再重八卦爲六十四卦，他心目中必定要有基本的數字觀念；卦和數便不能分。可是決不能像後代象數學者講數字變化時所有的那般複雜。

在「易傳」裏，有天地之數，有萬物之數。大衍之數出自天地之數，萬物之數爲揲蓍策數的總和，天地之數則是自然的簡單數字，大衍之數乃是揲蓍求卦的方法。

邵雍對於數，有自己的主張，他說：

「象起於形，數起于質，名起于言，意起於用。天下之數出于理；違乎理，則入于術。世人以數而入于術，故失于理也。」（觀物外篇上）

數起於質，乃起於物質，沒有物質卽沒有數。然而數的變化之理，而不是術數。術數起於漢緯，後來成爲方士的法術。邵雍的兒子邵伯溫，述皇極經世書論說：「皇極經世書凡十二卷。其一之二，則總元會運世之數，易所謂天地之數也。三之四，以會經運，列世數與歲甲子，下紀帝堯至於五代歷年表……五之六，以運經世，列世數與歲甲子，下紀帝堯至五代，書傳所載興廢治亂……自七之十，則以陰陽剛柔之數，窮律呂聲音之數，以律呂聲音之數，窮動植飛走之數，易所謂萬物之數也，其十之十二，則論皇極經世之所以爲書……。」

(乙) 天地之數

易「繫辭」有天地之數，「天一、地二；天三、地四；天五、地六；天七、地八；天九、地十。天數五，地數五，五位相得而各有合。天數二十有五，地數三十。凡天地之數五十有五，此所以成變化而行鬼神也。」（繫辭上　第九章）

所謂天地之數：天地代表宇宙的兩大成素，易經常說：「天地合而萬物化生。」天地因此不代表神靈，不代表整個自然界，而是代表兩個基本成素，卽易經所說『乾坤』和『陰陽』。這兩個基本成素用兩種數字作代表：奇數爲天，偶數爲地。基本數字爲十個數字，在十個基本數字裏一半屬奇數，一半屬偶數。「易傳」乃說一三五七九屬天，二四六八十屬地。這十個數字的第一種變化，在於相加，便有「五位相得而各有合，天數二十有五，地數三十。」第二種變化在於這兩個加起來的合數再相加，便有「凡天地之數五十有五」。第三種變化，則是奇偶相配：一和六，二和七，三和八，四和九，五和十，也可以說是「五位相得」。

這種變化，乃是基本數字的基本變化，代表兩個基本成素的互相結合，並不是神奇鬼怪的變戲法。「易傳」雖說：「此所以成變化而行鬼神也。」鬼神在宇宙間變化最迅速而且奇妙莫測；但是鬼神也是天地結合所生，因此鬼神也包括在天地兩成素的變化之中。

朱熹在周易本義裏，對「繫辭」的這一段話加以註釋，卻把河圖拉進去：「此言天地之數，陽奇陰偶，卽所謂河圖者也。其位一六居下，二七居上，三八居左，四九居右，五十居中。」邵雍也看重河圖。

但是邵雍有自己的天地之數，他說：

「天數五，地數五，合而為十，數之全也。天以一而變四，地以一而變四。四者，有體也；一者，無體也。是謂有無之極也。天之體數四，而用者三，不用者一也；地之體數四、而用者三，不用者一也。是故，以況自然也；不用之一，以況道也；用之者三，以況天人也。」（觀物外篇上）

邵雍的天地數，較比「易傳」的天地數就複雜了。邵雍取易經的天數五和地數五，合而爲十。「天一以變四」，一爲氣，變而爲太陽、太陰、少陽、少陰。「地以一而變四」，一爲氣，變而爲太剛、太柔、少剛、少柔。「四者，有體也」，四者爲陽、陰、剛、柔，爲有體之物。一爲氣，氣無體，「一者，無體也。」或以一爲太極；太極卽虛無之氣。天地的體數都是四，而用數則都是三，這又回到易經的卦，八卦的每一卦有三爻，爻爲陰爻或陽爻；因此天地的體數雖是四，但爲變或卦象則祇用三，卽是三爻。易「繫辭」卽以三爻配天地人，邵雍也說：「用之者三，以況天地人也。」

天數地數本都是五，爲什麼祇用三呢？在變化時，要除去不變之一，又要除去不用之一，餘下則是三。

「體者八變，用者六變，是以八卦之象，不易者四，反易者二，以六卦變而成八也。」（同上）

天地的體數各爲四，所以有八卦。然而在八卦中，爻的變祇有六變，因爲乾坤兩卦不變。所以說：「用者六變」。

在天地之數中，邵雍設有體數和用數，又有變數和化數。他使用天地的數，以構成他的元會運世表。

日經天之數爲元，月經天之數爲會，星經天之數爲運，辰經天之數爲世，一元有十二會，一會有三十運，一運有十二世，一世有三十年。這樣一元有十二會，有三百六十運，有四千三百二十世，有十二萬九千六百年。這種變化都是以十二和三十相乘。十二代表月數，三十代表日數，日爲天，月爲地，所以元會運世的數字爲天地之數。

（丙）大衍之數

「易傳」：云「大衍之數五十，其用四十有九。分而爲二以象兩，掛一以象三，揲之以四以象四時，歸奇於扐以象閏。五歲再閏，故再扐而後掛。」（繫辭上 第九章）

大衍之數，爲揲蓍求卦的方法，朱熹在周易本義附有筮儀，按照「易傳」的大衍之數行卜筮。

邵雍解釋「易傳」說：

「蓍數不以六而以七，何也？並其餘分也。去其餘分則六，故策數三十六也。是以五十者，六十四卦閏歲之策也。其用四十有九者，六十四卦一歲之策也。歸奇掛一猶一歲之閏也。卦直去四者何也？天變而地效之，是以蓍去一則卦去四也。……」（觀物外篇上）

「易之大衍何數也？聖人之倚數也。天數二十五合之為五十，地數三十合之為六十。故曰：五位相得而各有合也。五十者，蓍之數也；六十者，卦數也。五者，蓍之小衍也，故五十為大衍也。八者，卦之小成，則六十四為大成也。」（同上）

邵雍以卜用卦，占用蓍。卦爲方，蓍爲圓。卦之數爲六十，蓍之數爲五十。卦數爲體數，蓍數爲用數。

「蓍德圓以況天之數，故七七四十九，五十者存一而言之也。卦德方以況地之數，故八八六十四也，六十者去四而言之也。蓍者用數也，卦者體數也。用以體為基故存一也，體以用為本，故去四也。」(同上)

「蓍之用數，掛一以象三，其餘四十八，則一卦之策也。四其十二為四十八也。十二去三而用九，四三十二，所去之策也。四九三十六，所用之策也。以當乾之三十六，陽爻也。……」(同上)

「大衍之數，其算法之源乎？是以算數之起，不過乎方圓曲直也，陰無一，陽無平。乘數生數也，除數消數也，算法雖多，不出乎此矣。」(同上)

皇極經世幾乎全書都是講「數」，但總離不了天地之數和先天圖的卦數。數中變化很多，也很複雜。邵雍認爲大衍之數爲數學的起源，以乘數爲生數，除數爲消數。在天地之數中，祇有基本數的相加；在大衍的數裏，則加減乘除各法都有了。再一點，邵雍以大衍之數配合曆數，按照卦氣圖以卦的數和節氣的數相配。至於從大衍之數以求哲學上的理論，則免不了牽強。

(丁) 萬物之數

「易傳」以六十四卦以象萬物，又以乾之策，「萬有一千五百二十，當萬物之數也。」(繫辭上 第九章)「易傳」以一年代表宇宙，乾坤的策數在一年內的變化代表宇宙內所化生的萬物。朱熹在周易本義的註釋裏，說「易傳」的萬有一千五百二十，來自六十四卦的陽爻和陰爻所有策數之總和，陽爻一百九十二，乘以三十六，得六千九百一十二策；陰爻一百九十二，乘以二十四，得四千六百零八策；兩篇策數加起來，乃得一萬一千五百二十。

我曾解釋大衍的萬物之數，以陽策和陰策在一年內的變化而有這個數字。邵雍在「觀物內」篇之十一，講述萬物化生之數。萬物的化生，按照他的思想，以陰陽剛柔爲基本，然後化生日月星辰水火土石，再化生暑寒晝夜雨風露雷，最後化生性情形體走飛草木，卽是動物植物。爲代表這種化生，邵雍創設陰陽剛柔的體數和用數。

「太陽之體數十，太陰之體數十二；少陽之體數十，少陰之體數十二；少剛之體數十，少柔之體數十二；太剛之體數十，太柔之體數十二。」

「進太陽少陽太剛少剛之體數，退太陰少陰太柔少柔之體數，是謂太陽少陽太剛少剛之用數。進太陰少陰太柔少柔之體數，退太陽少陽太剛少剛之體數，是謂太陰少陰太柔少柔之用數。太陽少陽太剛少剛之體數一百六十，太陰少陰太柔少柔之體數一百九十二。太陽少陽太剛少剛之用數一百一十二，太陰少陰太柔少柔之用數一百五十二。」

「以太陽少陽太剛少剛之用數，唱太陰少陰太柔少柔之用數，是日月星辰之變數。以太陰少陰太柔少柔之用數，和太陽少陽太剛少剛之用數，是謂水火土石之化數。日月星辰之變數一萬七千二十四，謂之動數；水火土石之化數一萬七千二十四，謂之植數。再唱和日月星辰水火土石之變化通數，二萬八千九百八十一萬六千五百七十六，謂之動植通數。」

太陽少陽太剛少剛的體數：$10+10+10+10=40$

$40\times 4=160$

太陰少陰太柔少柔的體數：$12+12+12+12=48$

$48\times 4=192$

太陽少陽太剛少剛的用數：$4\times 40=160$

160－48＝112

太陰少陰太柔少柔的用數：4×48＝192

192－40＝152

日月星辰的變數：112×152＝17024（動數）

水火土石的化數：152×112＝17024（植數）

動植通數：17024×17024＝289816576

這些數目，有什麼意義？意義在於代表陰陽剛柔的變化。若問爲什麼要這樣結合呢？作註釋的學者從卦氣方面去找理由，也都是牽強附會。宋祝泌說：

「康節用河圖之十，取五為陽中，六為陰中，由是推四象之變，再加三倍而得動植通数九位。以此九位之數，取二百五十六卦，推運行卦氣，天下事無以踰於此。而以先天圓圖，為乾坤用六之祖數，始終於三百六十。以先天方圖，為坎離用四之祖數，始終于三百八十四。去閏者，以推天地陰陽之變，包閏者，以推動植泰否之運。……如此學皇極者，須擺落周易大衍之說，專以所註皇極之義求之。如乾之數不為六，而為一，乾之性不為

金，而為火，乾之象不為天，而為日之類。」（註一〇）

祝泌指出邵雍的萬物數字，和「易傳」大衍數字不同；因爲邵雍講宇宙萬物的化生，和周易所講的不一樣。

邵雍除動植通數外，創有「經世聲音機要圖」。在「觀物」篇的第七、八、九、十等四卷，把天聲一百六十，地聲一百九十二，互相變化，合成三千八百四十圖。實際上，聲字代表括韻的平、上、去、入，音字代表括唇舌牙齒喉的開發收閉。用爲切音。邵雍的兒子邵伯溫作聲音論說：「物有聲色氣味可考而見，唯聲爲甚。有一物則有一聲，有聲則有音，有律則有呂。故窮聲音律呂，故窮萬物之數。數亦以四象爲本，本乎四象故也。」

3. 宇宙年表

（甲）皇極經世年表

邵雍既以數字代表宇宙的變化和萬物的化生，他更進而以數字製造宇宙的年表。他的年表稱爲元會運世。元爲日經天之數，會爲月經天之數，運爲星經天之數，世爲辰經天之數。

一元有十二會，一會有三十運，一運有十二世，一世有三十年。以年去計算，日經天一周爲一元，共十二萬九千六百年。邵雍的皇極經世一書中，列有宇宙年表圖，稱爲經世圖。以元統會，以會統運，以運統世。再按先天六十四卦圓圖，以乾坤離坎四正卦的二十四爻爲閏卦，每二爻變兩卦，分主一會，二十四爻分主十二會。其餘六十卦，按照圓圖由左往右，從復卦起，經過頤屯等卦而到剝卦。元經會爲六十四卦，會經運之卦爲三百六十卦，運經世爲兩千一百六十卦，世經年爲一萬二千九百六十卦。以年統十二月，再配卦，則爲一十五萬五千五百二十卦。

這種配算法非常繁雜，沒有哲學的理論，現舉邵伯溫的「一元消長圖」以作例證。（性理大全引）

日甲	月子一	星三十	辰三百六十	年一萬八百	復	䷗	
	月丑二	星六十	辰七百二十	年二萬一千六百	臨	䷒	
	月寅三	星九十	辰一千八百	年三萬二千四百	泰	䷊	開物星之己七十六

月卯四	星一百二十	辰一千四百四十	年三萬四千二百	大壯	䷡	
月辰五	星一百五十	辰一千八百	年五萬四千	夬	䷪	
月巳六	星一百八十	辰二千一百六十	年六萬四千八百	乾	䷀	唐堯始星之癸一百八十辰二千一百五十七
月午七	星二百一十	辰二千五百二十	年七萬五千六百	姤	䷫	夏殷周秦兩漢兩晉三國南北朝隋唐五代宋
月未八	星二百四十	辰二千八百八十	年八萬六千四百	遯	䷠	
月申九	星二百七十	辰三千二百四十	年九萬七千二百	否	䷋	
月酉十	星三百	辰三千六百	年一十萬八千	觀	䷓	
月戌十一	星三百三十	辰三千九百六十	年十一萬八千八百	剝	䷖	閉物星之戌三百一十五
月亥十二	星三百六十	辰四千三百二十	年十二萬九千六百	坤	䷁	

元以甲、乙、丙、丁等天干計算，爲日經天之數，會以子、丑、寅、卯等地支計算爲月經天之數。辰又以甲、乙、丙、丁計算，爲星經天之數。

上圖爲一元消長圖，即是太陽經天之一週，爲宇宙開闢毀滅的一段時間。以一元之甲，在宇宙開端之時，天開於甲，地闢於丑，人生於寅，這是邵雍的原則。天開於甲時，爲復卦，一陽初生，爲月之子。過了一萬八百年，即是過了三十運，過了三百六十辰，到了月之丑，地始開闢出現。這一會爲臨卦，爲二陽漸升。再過了一會，即是過了六十會，過了七百二十辰，過了二萬一千六百年，到了月之寅，有泰卦之象，三陽開泰，天地間乃有萬物發生。到了第六會，從開始已經過了一百八十運，二千一百六十世，六萬四千八百年，月之巳，有乾卦之象，這時正是中國歷史上興盛的時代，即是唐堯舜禹的皇朝。到了第七會，有姤卦之象，一陰始生，陽漸衰，中國歷史由夏商到了宋朝。以後每一會都是陰長陽消，及到第十一會，有剝卦之象，祇有一陽，萬物將閉絕。第十二會爲坤之象，天地都陰，歸於毀滅。但十二會以後，元又開始元之乙。重又繼續十二會之生滅開閉，循環不息。

天地不窮，天地生滅的計算法，常以十二和三十，重複加乘。

（乙）經世天地始終之數

邵雍把他的四象和六十四卦相配，以計算天地始終之數。四象的排列如下．

元　日　乾　一

會　月　兌　二

運　星　離　三
世　辰　震　四
歲　石　巽　五
月　土　坎　六
日　火　艮　七
辰　水　坤　八

把先天六十四卦次序橫圖，分爲四節，每節分上下兩列，以配上面的四象。然後即第二卦夬以十二乘乾之一得十二，爲夬卦的本數，然後又以大有之三十乘夬之十二得三百六十，爲大有卦的本數。再又以大壯之十二乘大有之三百六十，得四千三百二十，爲大壯卦的本數。再又以小畜之三十乘大壯卦之本數，得一十二萬九千六百，爲小畜卦之本數。這樣次序以十二和十三乘前一卦的本數，由乾到坤，六十四卦的本數都得到，乾爲一，坤爲三十一萬三千四百五十六萬六千五百六十三萬八千四百萬（313,456,656,384,000,000）這個數目代表天地始終(註一二)。

邵雍另有經世掛一圖，以元會運世互相結合，有如八卦互相而成六十四卦。元與元相結，元與會與運與世相結。邵雍不用六而用四。例如：以元爲首

(1) 元元元元
元元元元
元元元元
元會運世

(2) 元元元元
元元元元
會會會會
元會運世

(3) 元元元元
元元元元
運運運運
元會運世

(4) 元元元元
元元元元
世世世世
元會運世

(5) 元元元元
會會會會
元元元元
元會運世

其餘類推，元爲首，而和元會運世的變法爲十六乘四，共得六十四，餘似於六十四卦。

然後本會爲首，照樣去結合也得六十四種方式。例如：以會爲首

(1) 會會會會
元元元元
元元元元
元會運世

(2) 會會會會
元元元元
會會會會
元會運世

(3) 會會會會
元元元元
運運運運
元會運世

其餘類推，以運爲首，以世爲首。共得二百五十六式。以一式配一卦，共二百五十六

卦，邵雍又將這種結合的方式配上數字，以代表宇宙始終之數。

世之數爲三十。運的數爲三百六十。會的數爲一萬八百。元的數爲十二萬九千六百。元會運世相結合，即以若有的本數相乘。例如世與世相結合，爲數九百，即三十乘三十之合。例如元與元之相結合之數，爲十二萬九千六百自乘，得一百六十七億九千六百十六萬(16,796,160,000)。

例如：世世世世互相結合之數爲 $900 \times 900 = 810{,}000$

世世世運結合之數爲 $900 \times 10{,}800 = 9{,}720{,}000$

元元元元之數 $16{,}796{,}160{,}000 \times 16{,}796{,}160{,}000 = 2{,}821{,}199{,}745{,}600{,}000{,}000$

數字龐大無比，圖表也複雜無比，然都以數學方法計算。若使天地開閉一次爲十二萬九千六百年，按天地始終的數字去計算，天地始終循環的次數眞是非常之多。不知現代天文家和地質學家的計算是否可以和邵雍的數字相合。

4. 宇宙論哲學

邵雍用先天易圖和數，講述他的宇宙論，對於圖和數的解釋，應從「觀物內」篇去研究。「觀物外」篇爲他的門生所記，也保存許多研究的材料。從他的詩文裏也能找到關於宇宙論的哲理。

(甲) 宇宙的變化

(A) 天地之生

邵雍的宇宙論，以易經爲本，旁加發揮，易經的宇宙論爲變易的宇宙論，不是從靜的方面去研究宇宙物質的成素，而是從動的方面去研究宇宙的成因。因此，邵雍的宇宙論爲一種變化的宇宙論，研究宇宙變化的歷程。

「道生一，一為太極。一生二，二為兩儀。二生四，四為四象。四生八，八為八卦。八生六十四，六十四具，而後天地萬物之道備矣。天地萬物，莫不以一為本，原於一而衍之以為萬，窮天下之數而復歸於一。一者何也？天地之心也，造化之原也。」（宋元學案　百源學案語錄）

「天生於動者也，地生於靜者也，一動一靜交，而天地之道盡之矣。」

(觀物內篇之一)

天地之生，由動靜而生，動靜爲兩儀；兩儀生於太極。這種思想爲易經的思想。太極生於道，則在易經上沒有。是否邵雍以老子的「道」，加在易經的思想裏呢？周敦頤的太極圖，講無極而太極，陸象山曾批評這是以老子的「無」加在易經的太極之上。朱熹則解釋無極爲太極的解釋，不是以太極出自無極。邵雍的「道生一」是否以老子的「道生一」（道德經第四十二章）爲根據呢？驟然看來，似乎和老子的話完全相同。但是『道』字在邵雍的「觀物」篇裏雖然用得很多，卻都沒有和老子的道相同者；若說相同，則是在以道爲理，而不是以道爲實體。我以爲邵雍所說「道生一」和「易傳」所說「易有太極」（繫辭上 第十章）相同。古今的學者中，也有人以「易」爲實體者，究其實「易有太極」乃是說在天地生化的原理中，先有太極，太極生兩儀。邵雍的「道生一」應解釋爲在宇宙變化的道理中，先有一，一爲太極。

邵雍以「道」爲理，在「觀物」篇裏常有。如：

「易曰窮理盡性以至於命，所以謂之理者，物之理也。所以謂之性者，天之性也。所以謂之命者，處理性者也。所以能處理性者，非道而何？是知道為天地之本，天地為萬物之本。」（觀物內篇之三）

「然則聖人與昊天為一道；聖人與昊天為一道，則萬民與萬物亦可以為一道也，一世之萬民與一世之萬物既可以為一道，則萬世之萬民與萬世之萬物，亦可以為一道也，明矣！」（同上）

邵雍以道爲天地之本，又以萬世的萬民萬物都同爲一道；他說的道，乃是理性之道，就是安心立命之道，又是他在同一篇所說的天道地道人道。天地人之道在「易傳」裏也有。（繫辭下　第十章）。「易傳」的道，爲變易之理，爲天地人相通之道。

「夫道也者，道也。道無形，行之則見於事矣。如道路之道，坦然使千億萬年行之人，知其歸者也。」（觀物內篇之九）

一爲太極，二爲兩儀；兩儀爲動靜，爲陰陽。邵雍的思想和易經相同。動而生陽，靜而生陰。邵雍常分體用，對於動靜陰陽，以天地爲體，動靜爲天地之道，陰陽爲天地之用。四象爲太陽少陽太陰少陰，乃八卦的成因。邵雍的宇宙論以四作綱領，因而在數上，也以四作基礎。四爲四象，易經說得很明顯，邵雍接易經的四象，然後又加配了四象，作成經世衍易圖：

太陽	太陰	少陽	少陰	少剛	少柔	太剛	太柔
動		靜		剛		柔	
動				靜			
動靜之間							

衍易，表示演化易經，把「易傳」的四象演化爲八，便成八卦；然而邵雍所注重的點不在於八，而在於四，以動靜剛柔爲主。「易傳」所注重點在於陰陽，由陰陽生太陽少陽太陰少陰之四象，由四象而生八卦。邵雍則以動靜剛柔爲四象，而以太陽少陽太陰少陰太剛少剛太柔少柔爲八卦。實際上所謂八，即是兩個四相配而成。

在漢朝時，儒家以五行配宇宙萬象，一切都用五。周敦頤的太極圖也用五行，別的理學家都也以五行爲重。唯獨邵雍以四象爲基本，以講天地萬物之變和天地萬物之數。

太陽	太剛	動	剛
少陽	少剛		
太陰	太柔	靜	柔
少陰	少柔		

陽陰屬於天，剛柔屬於地；天爲動，地爲靜。天地的變化，以動靜爲生。動靜的意義在易經裏爲進退，在邵子的書裏沒有說明。

(B) 萬物化生

「易傳」以六十四卦代表萬物，邵雍也說：「六十四具，而後天地萬物之道備矣。」一方面承繼「易傳」的思想：

「太極旣分，兩儀立矣。陽下交於陰，陰上交於陽，四象生矣。陽交於陰，陰交於陽，而生天之四象；剛交於柔，柔交於剛，而生地之四象，於是八卦成矣。八卦相錯，然後萬物生焉。」（觀物外篇上）

然而另一方面，他有他自己的主張。他以天的四象相交，成日月星辰，爲天之體；地的四象相交，成水火土石，爲地之體。由體而有變化，乃有暑寒晝夜雨風露雷。由天地之變化，產生性情形體動植走飛；萬物化生。

「太陽為日，太陰為月，少陽為星，少陰為辰。日月星辰交而天之體盡之矣。太柔為水，太剛為火，少柔為土，少剛為石，水火土石交而地之體盡之矣。日為暑，月為寒，星為晝，辰為夜，暑寒晝夜交而天之變盡之矣。水為雨，火為風，土為露，石為雷，雨風露雷交而地之化盡之矣。暑變物之性，寒變物之情，晝變物之形，夜變物之體，性情形體交而動植之感盡之矣。雨化物之走，風化物之飛，露化物之草，雷化物之木，走飛草木交而動植之應盡之矣。」（觀物內篇之一）

把這幾種平列起來，就可見四象化配合

太陽 日 暑 性

太陰 月 寒 情

天	少陽	星	晝	形
	少陰	辰	夜	體
	太柔	水	雨	走
地	太剛	火	風	飛
	少柔	土	露	草
	少剛	石	雷	木

由天地而到動植，乃有萬物，動植具有性情形體，分爲走飛草木。漢朝儒家的五行所有的關係以相生相尅爲基礎。邵雍的四象所有關係在於相交，相交的意義也和五行相結合的意義一樣，都是代表陰陽的結合；一切萬物，由陰陽相結合而成。

「陽交於陰而生蹄角之類也，剛交於柔而生根核之類也。陰交於陽而生羽翼之類也，柔交於剛而生枝幹之類也。天交於地，地交於天，故有羽而走者，足而騰者，草中有木，木中有草也。各以類而推之，則生物之類不逃數矣。」（觀物外篇上）

從生物學去看，這一段生物化生論，實在近於荒唐。但若以陰陽剛柔爲元素，生物由元素而結成，也可以言之成理也。邵雍的生物化生論，和莊子的萬物化生論不同。莊子的生物化生論爲當時的生物學說，邵雍的生物化生論乃是數理哲學。

邵雍講天地的變化，除相交的原則外，還有感應的原則，有變則有感應。感爲主動，應爲受動；感爲動力，應爲結果。在天地的變化和日月星辰的變化，都有這種關係。邵雍說：

「有變則必有應也。故變於內者應於外，變於外者應於內。變於下者應於上，變於上者應於下也。天變而日應之，故變者從天，而應者法日也。是以日紀乎星，月會於辰，水生於土，火潛於石，飛者棲木，走者依草，心肺之相聯，肝膽之相屬，無他，變應之道也。」（觀物外篇上）

在邵雍的宇宙論裏，有兩個重要的觀念，需要深入研究，以明瞭整個的系統，這兩個觀念是太極和氣。雖然邵雍的宇宙論以四象爲根基，但四象衹爲作數理的系統；在哲理方面，他的宇宙哲學系統，則是以太極和氣作根基。

(A) 太　極

「易傳」創作了哲學上的『太極』一詞，然而卻說了一次就不講了，沒有解釋。漢朝儒者對於太極加有解釋，但都流於易緯的道話，以太極爲太一元神。董仲舒則注意『一』字，以太極爲一。邵雍雖沒有明白講述太極的意義，然在「觀物」篇的多數篇裏，講到太極，以太極爲道，以太極爲一，以太極爲心，以太極爲氣。

「心為太極，又曰：道為太極。」（觀物外篇上）

「太極不動性也。發則神，神則數，數則象，象則器，器之變復歸於神。」（觀物外篇下）

「太極，道之極也；太玄，道之玄也；太素，色之本也；太一，數之始也；太初，事之初也；其成功則一也。」（皇極經世 卷十二）

「無極之前，陰合陽也；有象之後，陽分陰也。」（觀物外篇上）

綜合以上所引的文句，邵雍對於太極的解釋，離開了漢朝易學，開啓了宋朝理學。他的解釋又和周敦頤不同，和朱熹的解釋則很相近。朱熹看來雖不大佩服邵雍，但他卻採用了邵雍的幾點思想，如先天易圖和太極的解釋。朱熹以太極爲理之極至，每物各有一太極，這種思想來自邵雍。

邵雍以太極爲道，道爲理，理以中爲極至；邵雍很注意『中』。由中而到心，心爲人之中；邵雍又以太極爲心。太極在邵雍的宇宙論裏，雖然是宇宙變化的始點，並不是第一實體，更不是宇宙萬有根源；因爲邵雍常說：「道先天地」或說：「道生天，天生地。」太極代表天地變化的始點，或多說代表天地變化的因由：即是天地因道而變化。天地因道而變，萬物也因道而變，所以說萬物各有一太極：

「萬物各有太極，兩儀，四象，八卦之次，亦有古今之象。」（觀物外篇上）

「太極，道之極至也。」邵雍沒有把道和氣相對，以道爲氣變化之理。太極若從實體方面去說，則爲氣之虛，虛還沒有形，沒有分陰陽。邵雍有一次提出了無極，「無極之前，陰合陽也。」這所說無極，就是沒有分陰陽以前，便是虛，無極便是太極。這一點，和周敦頤的「無極而太極」相同；至於以太極爲氣之虛，則是張載的思想。所以理學的一些觀念，在邵雍的思想裏，都有了端緒；但因他注意數字，沒有能够把那些哲學觀念予以發揮。爲能明瞭邵雍的太極，我們要簡要地講一講下面的幾個觀念：道、一、中、氣。

(B) 道

邵雍的宇宙觀，爲一數理的機械論。以天地之數爲基礎，構成了一個數理系統，按照這個系統，推算天地萬物的變化過程，也推算天地的始終年數和歷史事件的生發。一切都依照一定之理而變：這種稱爲道。道是必然性的，宇宙的變化所以是必然的，就如數字的變化得必然的結果。因爲是必然的，便不是偶然的，而且在事前可以推知。歷史的變遷，也是順着必然的途徑。

道爲道理，爲道路，道路「使千億萬年行之人，知其歸者也。」道理，爲天地萬物變化之途徑，一切由着道而生。沒有道，便沒有物。然而道不是實有體，不是天地萬物的創造者或根源，而是天地萬物化生的理由。道在陰陽之中，陰陽爲天地萬物的成素，道便在成素之中，使陰陽化成天地萬物。陰爲靜，道以陰爲體；陽爲動，道以陽爲用：

「陽者，道之用，陰者，道之體。陽用陰，陰用陽。以陽爲用則尊陰，以陰爲用則尊陽。」（觀物外篇上）

陰爲道之體；因陰爲靜，寂然不動，虛氣之本色。一年四時之開始時，由復卦之一陽而始，根基則是陰。邵雍說：「陰幾於道，故以況道也。」（觀物外篇上）張行成註說：「既曰陽者道之用，陰者道之體矣，又曰陰幾於道，故以況道也。太極見乎陰陽未動之初，至靜而虛，當以陰名。靜爲體而動爲用，體近本，用近末，故陰幾於道也。且太極在一年則純坤用事，一陽將復之時；在聖人之心，則退藏於密，寂然不動之際。自始終而言，退藏於密者爲萬動之終；自終始而言，寂然不動者，爲萬物之始。蓋寂然不動，衆體具全，感而遂通，羣用俱應。正如六陰方純，一陽已復，一靜一動，間不容髮。」（註一三）

虛靜在動以先，爲動的起點；乃是老子的思想。「易傳」雖也雜有這種思想，然隱而不顯。宋朝理學家則很明顯地提出這種主張；因爲宋朝周敦頤和邵雍的易學，都是由道家的傳授而來。

「道生天，天生地。」（觀物外篇上）

「是知道爲天地之本，天地爲萬物之本。」（觀物內篇之三）

「天下之事，皆以道致之，則休戚不能至矣。」（觀物外篇上）

從易經去講，天地爲陽陰的代表，也爲陽陰的第一結合，由天地的結合而後生萬物。天地在邵雍的思想裏也代表萬物之首領，「物之大者，無若天地。然而亦有所盡也。天之大，陰陽盡之矣；地之大，剛柔盡之矣。陰陽盡而四時成焉，剛柔盡而四維成焉。夫四時四維者，天地至大之謂也。凡言大者，無得而過之也。」（觀物內篇之一）四時代表時間，四維代表空間；時間爲天，空間爲地；時空由道而生，萬物都在時空以內。而且萬事也因道而成；聖人以道去處理萬事，安身立命，沒有休戚的感想了。

(C) 一

「太一，數之始也。」邵雍說出了他所以重『一』的理由；因爲他專門講數理，便不能不注重『一』。還有另外一種理由，講數理的人，對於一切事都講系統，在系統裏「一貫之」是很自然的趨勢和方法。

邵雍以「一」爲「天地之心，造化之原也。」（邵伯溫經世四象體用之數圖說）天地萬物爲數不論幾千百萬，爲年不論幾千百億，但追其究必起於「一」。故以「一」爲太極，爲道，爲心。

一爲太極，則太極爲一，沒有多的太極；一爲道，則道爲一，沒有多種道；一爲心，則心爲一，不可分。這種思想在邵雍的思想裏，多從數理方面去講；後來到了朱子，則從形上學方面去講，天下祇有一太極，天下祇有一理；天下的人心也爲一。

邵雍說：

「至人與他心通者，以其本於一也。道與一，神之强名也。以神為神者，至言也。」（觀物外篇下）

「太極，一也。不動生二，二則神也。神生數，數生象，象生器。」（同上）

「心一而不分，則能應萬變。」（同上）

「聖人與昊天為一道，則萬民與萬物亦可以為一道也。一世之萬民與一世之萬物，既可以為一道，則萬世之萬民與萬世之萬物，亦可以為一道也，明矣。」（觀物內篇之三）

邵雍以萬物同一道，卽同一理；因此以一心可以觀萬心。而且以天地萬物同一氣。

「氣，一而已。主之者，乾也。神亦一而已。乘氣而變化，能出入於有無

死生之間。無方而不測者也。」（觀物外篇上）

(D) 中

研究易經的人不能不注意「中」，易經以「中」爲卦位的吉道，爲人事的綱要。邵雍以太極爲中，以道爲中。中庸說：「喜怒哀樂之未發，謂之中。」這種「中」爲人心的本然狀態，爲人性之理。

邵雍以太極爲中，太極爲氣爲道，氣之本然狀態爲理爲中。

「天地之本其起於中乎！是以乾坤交變而不離乎中。人居天地之中，心居人之中，日中則盛，月中則盈，故君子貴中也。」（觀物外篇上）

天地的變化，以乾坤兩卦爲代表，乾坤又以陰陽爲代表。陰陽之氣藏於中，然後按一年之卦氣，互有生發長消。陽盛爲一日之中，爲一年之中。陰盛爲一夜之中，爲一月之中。因此，中爲出發點，又爲極盛點。中便代表變化的起和盛。

再者，中在易經是從位的方位說，中爲中間的位置，爲主位。人在天地之間居中位，心在人身居中位；君子在社會間也應居中位。

從形上學去講，中爲物之理，理爲道，道之極至爲太極。因此，邵雍說：「太極爲中」。凡是物體都各有一太極，即各有自性之理；於是凡物都有中。所謂中不是折中之中，不是中間之中，而是「喜怒哀樂之未發，謂之中」。可是本然之自性之中，必定不偏不倚，不過也不及，也就是中道之中了。邵雍說：

「以物喜物，以物悲物，此發而中節者也。」(觀物外篇下)

所謂「以物喜物，以物悲物」，乃是按物之性理而動情，動乃中節。若不按物之性理而動，則按我之私情而動，私情蔽人的天理，便不爲中。

「任我則情，情則蔽，蔽則昏矣。因物則性，性則神，神則明矣。」(同上)

「不我物，則能物物。」(同上)

由形上之理而到倫理之理，由倫理之理再到修身之道，都是一個「中」字。

（丙）氣

(A) 氣

『氣』在先秦思想裏，從莊子和孟子開始，佔居重要的位置。到了漢代，陰陽五行的思想成立，氣的觀念在哲學思想裏便成爲一個基本的觀念。若是陰陽五行的觀念，在漢代時，進入了人生的各方面，氣的觀念更是進入了一切物的本體內，因一切由氣而成。因此，宋朝理學家便特別注重「氣」。周敦頤講陰陽五行，但少講氣，邵雍對於氣的觀念，多有發揮，張載則以氣爲自己思想的中心了。

邵雍講宇宙之變化，以太極生兩儀，兩儀爲陽陰，陽陰相交生天地的四象，成爲八卦。

「太極既分，兩儀立矣。陽下交於陰，陰上交於陽，四象生矣。陽交於陰，陰交於陽，而生天之四象。剛交於柔，柔交於剛，而生地之四象，於是八卦成矣。八卦相錯，然後萬物生焉。」（觀物外篇上）

什麼是太極呢？太極是道，道爲理；然而道何所在呢？道在氣中。太極爲無形象之氣。

氣分而成陽陰。張行成在皇極經世觀物外篇衍義解釋這段話說：「太極判而二氣分，陽浮動趨上天之儀也，陰沈靜就下地之儀也。」」（註一四）

氣本體爲一，一爲太極，分然後有陰陽。㈣

「本一氣也，生則爲陽，消則爲陰；故二者一而已矣。四者二而已矣，……」（觀物外篇下）

周敦頤以動靜解釋陰陽，邵雍以消長解釋陰陽；然而陰陽的根本爲同一之氣。

「氣，一而已。主之者乾也。神亦一而已，乘氣而變化。」（觀物外篇下）

張行成解釋說：「乾者天德，一氣之主也。分而禀之，有萬不同，皆原於一而返於一。」（註一五）乾坤爲天地之德；天德爲乾，乃是易經之思想。以乾主氣的變化，也可以說是易經的思想。因爲易經以乾爲主，坤爲從；乾主動，坤主順。但是邵雍以陰爲陽之根，則是道家的思想了，道家主靜，邵雍以陰爲靜。

普天下之氣爲一，普天下之物來自氣；然而一物和一物之氣則不同。神也是氣，物也是氣。神之氣，無形無象，變化莫測。物之氣則成形，因形而各物有別。

「氣形盛則魂魄盛，氣形衰則魂魄亦從而衰矣。魂隨氣而變，魄隨形而止。故形在則魄存，形化則魄散。」（觀物外篇下）

「氣變而形化。」（觀物外篇下之下）

魂魄爲人之魂魄，都來自氣，都隨氣而變化；然而魂魄的性質並不相同，由此可見魂魄之氣也不相同。然則氣爲一，應是本然之氣，道家稱爲元氣。由一氣而分陰陽，陰陽結合而有四象，氣便相分了。

邵雍對於氣，尚祇有幾點綱要，沒有予以發揮；而且綱要還頗粗淺。到了朱熹，纔把他的綱要詳加說明。

(B) 兩儀・四象

在邵雍的宇宙論裏，有一點與衆不同的，是他以陽陰剛柔並擧。太極生兩儀，兩儀爲動靜，兩儀生四象，四象爲陽陰剛柔。四象生八卦，八卦爲太陽太陰少陽少陰太剛太柔少剛少柔。又以陽陰屬於天，剛柔屬於地。

周敦頤的思想，則是「太極動而生陽，動極而靜，靜而生陰，靜極復動。一動一靜互爲其根。」（太極圖說）所動爲陽，靜爲陰，沒有說動爲陽陰，靜爲剛柔。易經有剛柔的觀念：「大哉乾乎，剛健中正，純粹精也。」（乾卦 文言）「坤至柔而動也剛，至靜而德方。」（坤卦 文言）「是故剛柔相摩，八卦相盪。」（繫辭上 第一章）易經的思想以乾爲剛，坤爲柔。乾爲天爲陽，坤爲地爲陰；剛柔和動靜乾坤天地陽陰相配，而不是以動配天配陽陰，靜配地配剛柔。因此就有一個問題：邵雍的陰陽和漢朝易學家以及宋朝理學家的陰陽有無分別呢？

在易經八卦裏，陽陰代表構成卦的兩種爻，在漢儒的陰陽五行說裏，陰陽代表兩種氣。宋朝理學家雖以陰陽爲二氣，但不甚注意氣的陰陽，而注重氣的淸濁，至於剛柔則更不受重視。

邵雍講陰陽，從性體方面去講：

「性，非體不成，體，非性不生。陽以陰為體，陰以陽為性。動者性也，靜者體也。在天則陽動而陰靜，在地則陽靜而陰動。」（觀物外篇下）

這種思想在哲理方面去講，實在是亂，是不通。然從四象八卦去講，每象每卦有陽也有陰；但象和八卦代表一個物的實體，在實體內有陰陽，以陰陽爲構成素。邵雍則以陰陽爲實體，互爲體性。體字有什麼意思呢？性字有什麼意思呢？張行成解釋說：「性者用也。……體者質也。」(註一六)宋朝理學家常用『體』『用』兩個觀念，意義不常相同。性爲用，說得不合理；因爲「體非性不生」，這個性字明明不是用，性乃是一物生成之理，卽物之理，不能以用爲性，祇能說一物之用，常要按照物性。體爲質則可以說，「性非體不成」，一物之性理，要有物體纔能成一實物之用，常要按照物性。人之性在人之體內，性因體而成。體爲質，或爲形，故有體質和形體的名詞。

旣是這樣，怎麼可以說「陽以陰爲體，陰以陽爲體」呢？若說陽爲動，陰爲靜；按照周敦頤所說：「動靜互爲其根」，根解體，則陰陽互爲其體。然而他又說：「動者性也，靜者體也。」動靜不是互爲其體，而是互爲性體。旣互爲其體，又互爲性體，那麼性和體的意義就混亂了！

「陽不能獨立必得陰而後立，故陽以陰爲基；陰不能自見必待陽而後見，

故陰以陽爲倡。陽知其始而享其成，陰效其法而終其勞。」（同上）

在這裏，又有另兩個觀念：立和見，基和唱。陽因陰而立，陰因陽而見；陽以陰爲基，陰以陽爲唱。唱和的觀念源自易經和詩經；然而邵雍的思想則源自道家。他以靜虛爲根基，動出自靜，有出自虛；陰爲靜爲虛，陽爲動爲有。因此陽以陰爲基，又因陰而立；陰因陽而見，又以陽爲唱。因此又以「陰幾於道，以況道也。」（觀物外篇上）陰配道，配太極，陰便在陽以先。

剛柔是否和陰陽相並行？陽陰剛柔既爲四象，四象並行並列，價值同等。但若以動而生陽，靜而生陰，則剛柔何自而來？若以動生陽和陰，靜生剛和柔，動靜的意義就亂了。四象代表天地之道，「四象生而後天地之道備焉。」（邵伯溫 經世四象體用之數圖說）陽陰代表天的變化，剛柔代表地的變化。實際上陽陰剛柔爲四個數字，代表四數，而不代表四個不同的元素。又可以說四數，代表動靜的四種變化，和普通解釋易經的人所講太陽少陽太陰少陰。邵雍則把太、少提到八數上：太陽太陰少陽少陰太剛太柔少剛少柔。在數字的排列上，剛柔和陽陰並列，而且相對；在哲理上則剛柔不是二氣，陽陰乃是二氣。

「天生於動者也，地生於靜者也。一動一靜交，而天地之道盡之矣。動之始則陽生焉，動之極則陰生焉。一陰一陽交，而天之用盡之矣。靜之始則柔生焉，靜之極則剛生焉，一剛一柔交，而地之用盡之矣。」（觀物內篇之一）

儒家的傳統以動極則靜，靜極則動；邵雍卻把動靜分開，以動爲天德，以靜爲地德。天的變化常是動，地的變化常是靜。然而動靜各有始有極：動之始，生陽；動之極，生陰。但卻不說：動極而靜故生陰。靜之始，生柔；靜之極，生剛。也不說：靜極而動故生剛。邵雍不以動靜相交，而以陰陽相交，剛柔相交。動爲動，靜爲靜，兩者不相交結。在易經的傳統裏動靜的意義已經不明顯，在邵雍的思想裏，動靜的意義更混亂了。

假使以陰陽剛柔並列，陰陽爲二氣，剛柔也爲二氣，便有陰陽剛柔四氣，這種思想和儒家的傳統不合，邵雍自己也沒有說明。可見兩儀四象和八卦，在邵雍的思想裏，以數字爲重：二、四、八，而以動靜代表二，陰陽剛柔代表四，四象加太和少代表八。這些名詞的哲學意義，對於邵雍則沒有價值；因爲邵雍在「觀物」篇所講的都爲解釋他的先天圖和宇宙的數。

四、人生哲學

宋元學案的「百源學案」卷首有「邵雍傳」，傳上述說邵雍的人格品德：「居蘇門山百源之上，布裘蔬食，躬爨養父之餘，刻苦自勵者有年。……蓬蓽甕牖，不蔽風雨，而怡然有以自樂，人莫能窺也。……遇人無貴賤賢不肖，一接以誠，羣居燕飲，笑語終日，不甚取異於人，樂道人之善，而未嘗及其惡。故賢者悅其德，不賢者喜其眞，久而益信服之。」

邵雍的人格爲一位標準儒者的人格，淡泊瀟灑，不求名利，刻苦自勵，正品敦行，有顏淵安居陋巷的遺風。

邵雍的人生哲學和宇宙哲學相連，如同易經的思想體系，以天地之道爲人生之道的基本，天人相合。他的兒子邵伯溫述說這種人生哲學。「備天地兼萬物而合德於太極者，其惟人乎！日用而不知者，百姓也；反身而誠之者，孔子也；因性而由之者，聖人也。故聖人以天地爲一體，萬物爲一身，善救而不棄，典成而不遺，以成能其中焉。天有至粹，地有至精，人類得之，則爲明哲；飛類得之，則爲鸞鳳；走類得之，則爲麒麟；介類得之，則爲龜龍；草類得之，則爲芝蘭；木類得之，則爲松柏；石類得之，則爲金玉；萬物莫不以類而有得者焉。……大哉時之與事乎！時者天也，事者人也，時動而事起，天運而人從，猶形行而影會，聲發而響應。與時行而不留，天運而不停，違之則害，逆之則凶。故聖人與天並行而不逆，與時俱逝而不違。時不能違天，物不能違時，聖人不能違物。惟不違物，則天亦不能違聖人。是故先天而天弗違，後天而奉天時，天之時，由人之事乎！人之事，由天之時乎！故天有是時，則人有是事，人有是事，則天有是時。與事而應時者，其推人乎！」（經世四象體用之數圖說）

1. 人

儒家的傳統，從禮記「禮運」開起，以人得天地之秀氣，爲萬物之靈。董仲舒以人爲一小宇宙，人身的結構和天地自然界的現象相配合。宋朝理學家，則以人具有天地萬物之理，且以人之氣淸，理的表現乃能是『中』又是『全』。

邵雍的人論，是宋朝理學家的人論，雖祇有大的綱目，然已表現宋朝理學的趨勢。

（甲）人備萬物

在邵雍的宇宙論裏有萬物化生的學說，有動植等物的化生，但沒有講人的化生。但他以人爲萬物之一，人的化生和萬物相同。萬物的化生，由陽陰剛柔的感應相交。人旣備有萬物之理，人便備有陽陰剛柔的變化。

「夫分陰，分陽，分柔，分剛者，天地萬物之謂也。備天地萬物者，人之謂也。」（觀物內篇之十一）

邵雍以萬物分爲走飛木草，每種物具有性情形體。「性情形體，本乎天者也；飛走草木，本乎地者，分柔分剛之謂也。夫分陰分陽……備天地萬物者，人之謂也。」人具有性情形體，也具有飛走草木之理。人便是天地萬物的代表，也是萬物中最優秀的物。

「夫人也者，暑寒晝夜無不變，雨風露雷無不化，性情形體無不感，走飛草木無不應。」（觀物內篇之一）

天地的變化感應，人都含有。這種含有，是人的人性上或是人的形體上，含有這些變化感應呢？或是人和天地萬物發生外在的關係，人可以吸收對天地萬物的智識呢？也就是說：

人備天地萬物爲內在的關係呢？或是外在的關係。

外在的關係當然有，邵雍以人爲靈，能有對萬物的智識，且能以物觀物。

「人之所以能靈於萬物者，謂其目能收萬物之色，耳能收萬物之聲，……然則人亦物也，聖亦人也。」（觀物內篇之二）

人雖然是物，然稱爲至物；聖雖然稱爲人，然稱爲至人。至人和常人不同，因爲他具常人所有的一切，而他所具有的較比常人所有的更高；同樣，人爲至物，因爲人具有物所有的一切，而人所具有的較比物所有的更高。這樣人和物的關係，乃是內在的關係。

「是知人也者，物之至者也。聖也者，人之至者也。物之至者，始得謂之物之物也。人之至者，始得謂之人之人也。」（觀物內篇之二）

人，備有萬物，又爲萬物之靈。人和天地萬物，合成一個宇宙，而宇宙中的領導，則爲天，爲人，人與天相合。

（乙）人之所以爲人

人雖備有萬物，然而人究竟怎樣成爲人呢？儒家的傳統以人有人性，有心，有情；而人之一生，且有命。孟子和荀子曾以人心爲虛靈，爲人的主宰。邵雍對於人在形上方面，沒有多少觀念，雖也講性、情、心、命，都不明瞭。

「天使我有是之謂命，命之在我之謂性，性之在物之謂理。」（觀物外篇下之下）

中庸曾說「天命之謂性」，邵雍接受這種思想，以性爲每一個人所受的天命。性在物謂之理，爲一物成一物的理由；人之所以爲人，也在於性理。邵雍以人備萬物，卽是人性備有萬物之性理：

「人之類，備乎萬物之性。」（觀物外篇下）

所謂萬物之性，卽是萬物之理。宋明理學家幾乎大家都說天地人物同一理。邵雍可以說是這種思想的先驅。人備有萬物之性理，不能是萬物各成一物之性理，而是彼此相同之理，在萬物裏表現的性質不同。萬物相同之理，在易經裏爲生生之理。邵雍的思想和易經相同，他也以萬物相同之理爲生生之理。

「生而成，成而生，易之道也。」（觀物外篇下）

「易之易者，生生之謂也。易之書者，生長之謂也。易之詩者，生收之謂也，易之春秋者，生藏之謂也。……」（觀物內篇之四）

邵雍在他的歷史哲學裏，以春夏秋冬代表生生之理，「春爲生物之府，夏爲長物之府，秋爲收物之府，冬爲藏物之府。」（觀物內篇之三）然後以四經配四時，「易爲生民之府，書爲長民之府，詩爲收民之府，春秋爲藏民之府。」（同上）然後再以意言象數，仁義禮智，性情形體，聖賢才術，三皇五帝三王五霸，以配春夏秋冬。一切都由生生之理作爲根據。因此，可見邵雍所說的萬物之性理，乃是生生之理。祇是他的講法，像漢儒以五行之五，排列萬物萬事，他以四象之四，排列萬物萬事，不免太呆板而機械化。

由性而到情，孟子以情發於心，中庸也以情爲心之動，邵子不講心動，祇說情發於性。

「發於性則見於情，發於情則見於色，以類而應也。」(觀物外篇下)

色和情相應，情和性相應；性動則有情，情動則有色。情便是性之動。

「有形則有體，有性則有情。」(同上)

形體相連，性情相連。形體在哲理上是相連的，因爲體有形有質。性和情相連，以情爲性之用，在哲理上很費周折，祇能以情以性爲根本，情爲性的表現，不能以情爲性之動。況且情能蔽性。

「任我則情，情則蔽，蔽則昏；因物則性，性則神，神則明矣。」(同上)

邵雍在人以內，認識有神。神在他的思想裏有幾個不相同的意義；有時指上帝，有時指鬼神，有時指人內的精神。情使性昏暗，神使性清明。因此，以情和性相連，在哲理上不易解釋。

人之所以貴於禽獸，乃在於心。心居人之中，中不是裏面，而是中央、中正、主位、主人。

「心處中，天上地下，而人位中。」（觀物外篇下）

心觀萬物，應變萬事，心乃能動。聖人則虛心而不動，以保持人心的中道。

「心一而不分，則能應萬物。此君子所以虛心而不動也。」（觀物外篇下）

心專於一，則不分心；心不分，一事來則應之以理。心應萬事，合於天時。

(丙) 人之神

「易傳」「繫辭」開始了精神之『神』，中庸也講這種精神，宋朝理學家都注意這個神字，幾乎把上天上帝都給掩蔽了。邵雍信上帝，信鬼神，卻也很看重精神之神。

「神無方而性有質。」（觀物外篇下）

神在人以內不佔位置，沒有物質，當然是精神。但是邵雍以神在人以內，以人體爲位所，神是在人體以內：

「氣者，神之宅也。體者，氣之宅也。」（觀物外篇上）

「神者，人之主。將寐，在脾；熟寐，在腎；將寤在肝；正寤，在心。」（觀物外篇下）

這個思想和上面所引「神無方」的思想有些相衝突。但是若不從純粹生理方面去看，而從生命方面去看，則也有他的理由，『神』代表人的生命。生命在整個的人體中，卻也有分別。普通時候生命在人心，所以說：「正寤，在人心。」有時在脾、在腎、在肝。然而祇有心爲虛靈，神在人心乃表現人的整個生命。『神』和「心」有分別，也和魂魄有分別。

「天地之大寤在夏，人之神則存於心。」（觀物外篇下）

「天之神，棲乎日。人之神發乎目。人之神，寤則棲心，寐則棲腎，所以象天也，晝夜之道也。」（觀物外篇上）

人心之神，爲人之主；『神』究竟是什麼存在？「觀物外」篇，邵雍講萬物得天氣者動，得地氣者靜，人以神而有生命之動，則神應屬於天之氣。張行成解釋說：「神者，陽氣之精魂，人之主也。人之有神，如天之有日。將寐在脾，日入地之初也。熟寐，在腎，日潛淵之時也。將寤，在膽，日出東之初也。正寤，在心，日當午之時也。邵子以心膽脾腎爲四臟，視肝爲有神。故太玄以膽爲甲，素問以膽爲清明之府，古人亦以膽爲肝之神。」（註一七）

用易圖解釋邵雍的思想，爲合理的解釋，解釋的根基則來自道家的經典。不過，通常，膽在人的人格中佔着重要的位置，因爲人的勇氣來自膽，勇氣不由心作主，而由膽作主，所以說膽有神。

（丁）聖人

聖人在邵雍的思想裏，佔有一個另外高的位置，被置在孔子以上。孔子努力修身，爲

「誠之」之人；聖人則是自然而善之人，與天合一。邵雍稱聖人爲至人，爲人中之至，爲生來的心神清明之人。

聖人在認識上的表現與衆不同，普通人的智識祇是一個人的智識，聖人的智識則是萬億人的智識。

「有一物之物，有十物之物，有百物之物，有千物之物，有萬物之物，有億物之物，有兆物之物；生一，一之物當兆物之物者，豈非人乎！有一人之人，有十人之人，有百人之人，有千人之人，有萬人之人，有兆人之人；生一，一之人當兆人之人者，豈非聖乎！是知人也者，物之至者也；聖也者，人之至者也。」（觀物內篇之二）

人備萬物，故稱爲兆物之物；聖人備衆人，故稱兆人之人。聖人具有一切人的長處，比一切的人高。邵伯溫說：「天有至粹，地有至精；人類得之，則爲明哲。」明哲卽是聖人，聖人生來得有天地之精氣，故清明在躬。邵雍在「觀物內」篇描寫了聖人的優點，幾乎可以和莊子的眞人或至人相比。

「至人則非聖而何？人謂之不聖，則吾不信也。何哉？謂其能以一心觀萬心，一身觀萬身，一物觀萬物，一世觀萬世焉。又謂其能以心代天意，口代天言，手代天工，身代天事者焉。又謂其能上識天時，下盡地理，中盡物情，通照人事者焉。又謂其能以彌綸天地，出入造化，進退今古，表裏人物者焉。噫聖人者，非世世而效聖焉，吾不得而目見之也。雖然，吾不得而目見之，察其心，觀其跡，探其體，潛其用，雖億萬千年亦可以理知之也。」（觀物內篇之二）

這樣的一位聖人，在「易傳」已有端倪，在乾卦的「文言」裏有描述大人的一段：「夫大人者，與天地合其德，與日月合其明，與四時合其序，與鬼神合其吉凶，先天而天不違，後天而奉天時。」這一段話，爲邵雍對聖人的觀念的根據，邵伯溫綜合父親的人生觀時，就引用「易傳」的這段話。「易傳」所講大人的特點，在於和天相合。在「繫辭上」的第四章，還有描述聖人功能的一段文章。「與天地相似，故不違；知週萬物而道濟天下，故不過；旁行而不流，樂天知命，故不憂；安土敦仁，故能愛。範圍天地之化而不過，曲成萬物而不遺，通乎晝夜之道而知。」朱熹註說：「此聖人至命之事也。」「易傳」的聖人，以自己的心，和天地之心相合；以自己的氣，和萬物之氣相通；以自己的功業，發揚生生之理。聖人的生活，和天地的運行相連接，不違天時，適合天理。

邵雍的理想人格，就是這種與天相合的聖人。

（戊）天人合一

「易傳」的大人，中庸的至誠之人，即是儒家傳統的理想人格。這種人格的特點，在於人的生活和天地運行相合爲道。漢朝董仲舒和易緯的學者，常以人爲小宇宙，和天地的大宇宙，在物理的構造上相同，而且相連，人生小宇宙的變動，反映到天地大宇宙，天地大宇宙的變動，反映到人生小宇宙。人的生命，在物理上，成了宇宙的一部份。

邵雍繼承了「易傳」、中庸和漢儒的思想，不僅以人的生活奉天爲法，遵行天命，尤其在以人事合於天事。

「雖曰天命，亦未始不由積功累行，聖君艱難以成之，庸君暴虐以壞之。是天與？是人與？是知人作之咎，固難逃已。」（觀物內篇之六）

此處的天命，不是天命之性，而是一個人或一個國家的遭遇。遭遇來自上天之命，人不能抵抗。然而遭遇的幸或不幸，仍舊看人自己行爲的善惡而定。

萬物和人的存在，都由天地現象的變化感應而成，在人和天地的現象中，在物理方面也互相連貫。所謂日月星辰風雨露雷，和人的性情形體相連繫。邵雍雖沒有和董仲舒一樣，以天的陰雨晴明和人的喜怒哀樂，互相感應；但是他承認天地的現象，影響人的生活。邵雍非常看重『時』，『時』在他的思想裏，代表易圖的構造，代表數的結合。先天易圖所列各卦的次序，以及皇極經世的元會運世，都以『時』爲經緯，在一種時間內，有某種卦或某種數的結成，卦或數代表事物，人事便在一定的天時以內成就。聖人的偉大，就在於識天時。

整個宇宙的運行，一切現象的意義，在於生生；聖人的功業，仿效天地的生生之德而愛民。

「然則聖人與昊天，為一道也。……夫昊天之盡物，與聖人之盡民，皆有四府焉。……昊天之四府者，時也；聖人之四府者，經也。昊天以時授人，聖人以經法天，天人之事，當如何哉！」（觀物內篇之三）

「移昊天生兆物之德而生兆民，則豈不謂之至神者乎？移昊天養兆物之功，而養兆民，則豈不謂之至聖者乎？」（觀物內篇之十二）

天地萬物同一生生之理，天地萬物又同一氣，在理氣上彼此相通。邵雍雖沒有把這端大道理講出來，但是他以『道一』『氣一』。既是一個道一個氣，天地萬物便同理同氣，互相貫通。唯人以情之蔽而不能與萬物通，聖人則與天地萬物相通了。

按照這種人生哲學，邵雍在修養方面主張順性去情，求其自然。

「天意無他，只自然，自然之外更無天。……」（伊川擊壤集 卷十，第五，天意吟）

他自己一生不求名利，不接受官爵，粗衣淡食，常自以爲樂。他一生以誠爲重，誠即順性；順性則不以我爲私而以物爲公。

「心安身自安，身安室自寬。心與身俱安，何事能相干？誰謂一身小？其安若泰山。誰謂一室小？寬如天地間。」（伊川擊壤集 卷十八，心安吟）

不我以到無我，爲邵雍修身的標語。他的認識論也主張不以我觀物，而以物觀物。在生活中，也不以我爲中心。漁樵問答中說：

「以我徇物，則我亦物也。以物徇我，則物亦我也。我物皆致意，由是明天地亦萬物也，萬物亦我也。何物不我？何我不物？如是可以宰天地，可以司鬼神，而況於人乎？而況於物乎？」

宋明理學家都有這種氣象，以天地萬物爲一體，我與萬物同一生存，在生存裏彼此相連，彼此相通。

2. 歷史

邵雍的皇極經世乃是一本歷史哲學書。邵伯溫說：「至大之謂皇，至中之謂極，至正之謂經，至變之謂世。大中至正應變無方之謂道。」（經世四象體用之數圖說）皇極經世講論整個宇宙變易的正道，在宇宙的變易中，構成人類的歷史。對於宇宙的變易，不是易經所說的變易以預卜人事吉凶，而是以卦氣的關係以知道人類歷史的盛衰，且以數理的方式，預算天地長消的歲數。

(甲) 天時和人事相關連

邵伯溫述皇極經世書論說：「皇極經世書凡十二卷：其一之二，則總元會運世之數，易所謂天地之數也。三之四，以會經世，列世數與歲，甲子下，紀帝堯至於五代歷年表，以見天下離合治亂之迹，以天時而驗人事者也。五之六，以運經世，列世數與歲，甲子下，紀自帝堯至於五代，書傳所載興廢治亂得失邪正之迹，以人事而驗天時者也。」上面所說的六卷都是數，爲「易傳」所謂天地之數。第七卷至第十卷，則講萬物之數。第十一卷和第十二卷，「盡天地萬物之理，述皇帝王霸之事，以明大中至正之道。」

邵雍把人事的歷史，列在天地變易的表格裏，到了一種天時，便有相應的人事。

在歷史哲學上便有一個問題，邵雍以人事與天時有必然的關係呢？或是有偶然的關係？人事的造成，是以自然界和社會的環境爲必然的原因呢？或是以人的自由爲主要的原因？從邵雍的天地變易的數理，是以自然界和社會的環境爲必然的原因呢？或是以人的自由爲主要的原因？從邵雍的天地變易的數理，應該承認天時爲人事的必然原因，到了一個時候，一定有相應的人事。人類歷史，以天時爲主，人的自由祇是爲答應天時的指示。不僅是人類的出現，要得到天地變易達到相當的歲數，天地間的環境纔可以適宜於人的生活，堯舜的爲王，也要是在天地變易的適當年數。

(乙) 以卦氣推算天時

邵雍計算天地的年歲，以元會運世的方程式去計算；但是在計算的方程式裏又套入六十四卦，六十四卦的配合，按照六十四卦圓周圖的公式。如廖應淮說：「大小運，邵子親傳於王豫，謂聲音律呂卦，以卦一爲序，二百五十六卦，起於泰，終於明夷，每卦六爻，共得一千五百三十六爻，爻以四爲用，凡一運一世一年一月一日一時，各得四爻，則三百六十數，得一千四百四十四爻，分爲二十四氣，每氣閏藏四爻，而一千五百三十六爻，二百五十六卦爲一周矣。卦之起例，運世歲起於泰，日月時則起於升，是天地人皆聽命於動植之交也。」(註一八)

在天地變化中，數和卦的關係，朱熹說：「天開於子，地闢於丑，人生於寅。」寅配泰卦，爲三陽開泰，有如一年的春季，人物乃能出生於天地間。唐堯和舜王禹王當元之第六會，配合乾卦，陽臻全盛，爲人類歷史最盛的時代。到了第七會，配合姤卦，已有一陰，陽氣漸衰，因此歷史由夏商周到了隋唐五代宋朝，歷史的盛勢呈衰象。歷史史事和卦氣相合，乃是一條必然的途徑。

邵雍的傳上說：「治平間，雍與客散步天津橋上，聞杜鵑聲，慘然不樂，客問其故。雍曰：洛陽舊無杜鵑，今始有之，不二年，上用南士爲相，多引南人，專務變更，天下自此多事矣。客曰：何以知之？雍曰：天下將治，地氣自北而南，將亂，自南而北，今南方地氣至矣。禽鳥飛類，得氣之先者也。」

以地氣推知時事，正是表現人事和天地的變化相連接。

(丙) 天地有終始

按照數理推算天地變易的年數，天地應該有始終；因爲數字有起點之一，也有終點之數。雖是在數理上有直線可延至無限的原則，但所謂無限，祇是想像中的無限。

「易之數窮，天地終始。或曰：天地亦有終始乎？曰：既有消長，豈無終始？天地雖大，是亦形器，乃二物也。」（觀物外篇下）

邵雍的元會運世推算天地成壞的年歲。若按邵伯溫的一元消長圖，則天地在一元之中，共十二萬九千六百年，有一次始終，然後又再開闢進入第二元。這也是易經的循環思想，也有佛經的成位壞空的觀念。至於說天地在坤卦時毀壞了以等待重新開闢，所謂毀壞，不是消滅，只是一種大變化。黎凱旋在所著易數淺說裏，有一篇談邵雍的地球週期論，認爲以一元的十二萬九千六百年作天地成毀的年歲不正確，應是十二萬九千六百元，地球的週期則是一百六十七億九千六百十六萬年。(註一九)無論那種推測爲正確，都不是以天文地質爲根據，而是任憑一種數理方程式去推算，不能推崇邵雍爲科學家。

(丁) 人類歷史已入衰期

邵雍按照卦氣去推算人類歷史的盛衰，一元十二卦，復臨泰大壯夬乾，由一陽而到六陽，到了泰的三陽時，人類出現人類文化由初民野蠻境遇漸漸進入文明，到了乾卦，乃有唐堯舜的盛況。從乾卦以後，有姤遯否觀剝坤，由一陰而到六陰，天地自然境遇轉壞，人類文化也漸漸衰頹。邵雍在歷史上用皇帝王霸，代表這種衰勢。

「用無爲，則皇也。用恩信，則帝也。用公正，則王也。用智力，則霸

也。霸以下，則夷狄，夷狄而下，是禽獸也。」（觀物外篇下）

盛世已經過去，後來的歷世，最高也不過於王，壞者則僅可比於霸。

「三皇，春也；五帝，夏也；三王，秋也；五伯，冬也；七國，冬之餘冽也。漢，王而不足，晉，伯而有餘。三國，伯之雄者也。十六國伯之叢者也。南五代，伯之借乘也。北五朝，伯之傳舍也。隋，晉之子也。唐，漢之弟也。隋季諸郡之伯，江漢之餘波也。唐季諸鎮之伯，日月之餘光也。後五代之伯，日未出之星也。」（觀物內篇之十）

當然，歷代的衰頹，並不是走一條直線形，乃是一條曲線，有對高，有對低，漢唐可稱爲王治，中間夾着許多好壞的霸治。但是歷史總不能再回來三皇五帝的盛況。因此，有人批評邵雍的歷史觀是一種退化的歷史觀。

邵雍的歷史觀，是一種循環歷史觀，一元十二會，配十二辟卦，由生到成，由成到壞。在每一會中，有一萬八百年，在這年數裏，人類歷史又有盛有衰；但在這會裏的盛，決定不能回到前一會的盛勢，在這一會裏的衰，也不能較後一會更衰；大循環裏有小循環。

（戊）神

(A) 歷史之道

在宇宙變易和人事變更的循環中，邵雍主張有不變者，卽是道和神。

「道」爲治國之道，也就是人生之道。邵雍以道爲一，道不僅是在空間內爲唯一，在時上也是唯一。因此皇帝王霸的治國之道，應是一種；而且歷史事蹟的評價也以「道」爲標準。

「所以自古當世之君天下者，其命有四焉：一曰正命，二曰受命，三曰改命，四曰攝命。正命者，因而因者也；受命者，因而革者也；改命者，革而因者也；攝命者，革而革者也。因而因者，長而長者也；因而革者，長而消者也；革而因者，消而長者也；革而革者，消而消者也。革而革者，一世之事業也；革而因者，十世之事業也；因而革者，百世之事業也；因而因者，千世之事業也；可以因則因，可以革則革，萬世之事業也。」（觀

物內篇之五）

邵雍以五伯之道爲一世之業；三王之道爲十世之業；五帝之道，爲百世之業；三皇之道，爲千世之業；萬世之業，則爲孔子之道。

「萬世之業者，非仲尼之道而何？是知皇帝王伯者，命世之謂也，仲尼者，不世之謂也。」（同上）

不世，不受時間的限制。孔子之道爲不世之道，永垂天地間。而孔子之道，卽是天地之道；天地之道，卽是動靜之道，天時與人事相應，人類的歷史受天地動靜之道所約束。

「如其必欲知仲尼之所以為仲尼，則捨天地將奚之焉？……如其必欲知天地之所以為天地，則捨動靜將奚之焉？夫一動一靜者，天地至妙者與！」（同上）

(B) 神

邵雍的思想，一切以數理推知，近乎機械論。可是常在中國思想史上找尋唯物論者的共產黨作者，卻不以邵雍爲唯物機械歷史論者，而以他爲信仰上帝尊神的唯心論者。(註二〇)可見邵雍的上天信仰一定很顯明，沒有方法可以掩蔽。

神字在「觀物」篇裏屢次見到，意義則不常是一樣，有時指人的精神之神，有時指鬼神之神，有時則指上天上帝。

邵雍信仰有上天上帝，並不足爲奇，而且是當然的事；因爲他是儒家，儒家的傳統信仰上帝。邵雍把這種信仰用之於哲學，並用之於歷史，所有的觀念卻不清楚。他以太極爲道爲神，神代表太極的特性，代表太極之用。

「道與一，神之強名也。以神爲神者，至言也。」(觀物外篇下)

張行成對這段的解釋則離原意，相差很遠。他說：「鬼者，死之別名也。神者，通乎生死之稱。」張行成以神爲鬼神，然而鬼神之神不能和「道」和「一」同爲一實，因「道」與「一」乃是太極。

「神無所在，無所不在，至人與他心通者，以其本于一也。」（同上）

「神無方而易無體。滯于一方則不能變化，非神也；有定體則不能變通，非易也。」（同上）

這些思想都來自「易傳」，「易傳」以太極的變易，神妙莫測。太極的變易有神妙的特性，神便是太極的特性，稱爲太極的妙用。

但是太極在邵雍的宇宙論裏，不確定是最高最先的實體，而是宇宙變易的至高之理。然而至高之理或至高之道，應有自己的實體，這個實體乃是絕對的精神。精神的表現靈妙莫測，故稱爲神。

「太極一也，不動；生二，二則神也。」（觀物外篇下）

「太極不動，性也；發則神，神則數，數則象，象則器，器之變復歸于神。」（同上）

「神生數，數生象，象生器。」（同上）

宇宙一切來自太極之動，太極之動爲神，宇宙一切來自神。人類的歷史爲宇宙變動的一部份，歷史便也來自神而復歸於神。

邵雍的神，在意義上不直接指着至高神靈上帝，所指的是太極之神妙特性，爲形上學的名詞。然而太極神妙特性的根源則是絕對精神體。

邵雍雖談天命，但不以天命爲歷史的絕對決定者，人的幸或不幸，由人的善惡去決定。然而他承認有上天之命。

「夫人不能自富，必待天與其富然後能富；人不能自貴，必待天與其貴然後能貴；若然，則富貴在天也，不在人也。有求而得之者，有求而不得者矣，是繫乎天者也。功德在人也，不在天也，可修而得之，不修則不得，是非繫乎天也，繫乎人者也。」（觀物內篇之六）

在宗教信仰上稱天，在形上學則稱神，究其實則一。否則，太極之神，不知根由，不能解釋。

(己) 時間

歷史在時間內進行，沒有時間則沒有歷史。時間有先後的順序，述說歷史以時間的順序爲線索。邵雍在「觀物」篇以數理推算宇宙變化的時間，這種時間，千萬億年，而且按照卦氣而推移。在這種龐大而且必然性的變化裏，時間的先後，失去了意義。僅祇講歷史的人，從自我方面去觀歷史，乃有時間的先後。

「夫古今者，在天地之間猶旦暮也。以今觀今，則謂之今矣；以後觀今，則今亦謂之古矣。以今觀古，則謂之古矣，以古自觀，則古亦謂之今矣。是知古亦未必為古，今亦未必為今，皆自我而觀之也。安知千古之前，萬古之後，其人不自我而觀之也。」（觀物內篇之五）

今古之分，按觀者而分，這是人的常識。但邵雍說今古在天地間猶旦暮，則表示他看人類的歷史，在天地的變化中，時間很短。他不是主張時間相對論，或者否認古今，祇是以古今的意義，並不重要。歷史的重要點，在於不變之道。

五、結論

邵雍的思想，在哲學方面所有的觀念，都沒有成熟。太極爲道，萬物各有太極。人心爲神，心觀萬物。這些觀念都要到了朱熹纔有詳細的說明。人和天地萬物爲一體，邵雍沒有說明這個觀念的理由和價值，到了張載和王陽明，民物同胞的觀念纔很鮮明。

邵雍思想的特點，在於以易經的六十四卦配在元會運世的方程式裏，以卦氣推算天地變化的實況和年歲。先天易圖和四象之四數，成了邵雍數理的基礎。皇極經世的數表，非常複雜，在哲理上也沒有儒家傳統的哲理；因此在宋朝理學家中，邵雍被視爲一匹野馬。

註：

註一：宋元學案 涑水學案下，頁八十五，商務，國學基本叢書、四庫珍本初集。

註二：同上，百源學案上，頁一百三。

註三：祝泌 觀物篇解（二）卷五，頁十四，商務，國學基本叢書、四庫珍本初集。

註四：同上，卷五，頁十五。

註五：張行成 皇極經世索隱 卷上，頁十三，商務，國學基本叢書、四庫本珍初集。
註六：張行成 皇極經世觀外篇行義 卷八，頁十一。
註七：見胡渭易圖明辨 卷三，頁九，廣文書局版。
註八：同上，頁十二。
註九：宋元學案四 百源學案下，頁二十五。
註一〇：祝泌 觀物篇解 卷五，頁一百〇七。
註一一：宋元學案 百源學案下，頁六十九。
註一二：黎凱旋 易數淺說第三編第十一，邵雍的地球週期論，以地球成壞的全部時間，為十二萬九千六百「元」為一「大元」，一大元統攝十二萬九千六百元；計一百六十七億九千六百十六萬年，分繫於六十四卦。
註一三：張行成 皇極經世觀物外篇行義 卷七，頁四。
註一四：張行成 皇極經世觀物外篇行義 卷四，頁五。
註一五：張行成 同上，卷八，頁四。
註一六：張行成 同上，卷七，頁十。
註一七：張行成 同上，六卷，頁十四。
註一八：皇極經世緒言，見於皇極經世書（四部備要，中華書局）。
註一九：黎凱旋 易數淺說，頁一三一。
註二〇：中國思想通史，第四卷上冊。

第五章　程顥的哲學思想

一、緒　論

程顥字伯淳，生於宋仁宗明道元年（公元一〇三二年），逝於哲宗元豐八年（公元一〇八五年）六月十五日。享年五十有四歲。

程氏世居中山博野，後來從開封遷到洛陽，世爲望族。高祖程羽，在宋太宗時官至三司使。父親程珦，官至太中大夫，與周敦頤爲友，命二子程顥程頤從他受教。

程顥二十歲時中進士第，授鄠縣主簿，遷上元縣，移官晉城縣令。熙寧初年，品公著薦爲太子中允，任監察御史中行。王安石變法，程顥不贊成，乃乞去言職，提點京西刑獄，顥固辭，改僉書寧軍判官，後遷太常丞，改知扶溝縣。哲宗立，召爲中正丞，未行而卒。

程顥生性溫和，聰慧過人。十五歲時曾作賦酌貪泉詩說：「中心如自固，外物豈能遷。」已經表現一生思想的綱要。少年時，從學周敦頤：「窮性命之理，率性會道，體道成德，出處孔孟，從容不勉。」(註一)常說在周敦頤的門下，有吟風弄月的快樂。繼忽轉入釋老，十餘年後再和張載論道，乃用心研究六經，遂建立了自己的學說。

程顥的思想，以大學中庸論語和孟子為依據，尤其景仰孟子「浩然之氣」的境界，養心主敬，修養自己的精神。和粹的氣象，表現於日常的生活中。事事求諸天性的自然流露，不主張急切以助長。心常體貼天地生物之心，以仁意而愛萬物。他的書窗前面，常多亂草，門生請予清除，他卻不許，以能觀造物的生意。他教訓學生以大學之致知格物和正心誠意為主，朱熹曾講二程之學：「誠能主敬，以立其本，窮理以進其知，使本立而知益明，知精而本益固，則日用之間，且將有以得乎。」

程顥的著作，有明道文集五卷，收在二程全書裏，又有二程遺書中的語錄，則為門生所記。

二、求　道

為研究程顥的哲學思想，我們更好根據程顥思想的系統而進。朱熹對於二程思想大綱所說的話，給我們指出二程思想系統的要點：「誠能主敬以立其本，窮理以進其知，使本立而知益明，知精而本益固。」前面兩句話指出二程求道講學的方法：主敬，致知；後面兩句指出二程思想的精神：知與行相合。我們爲研究程顥的哲學思想，先研究他求道的方法，次研究他所求之道，所求之道分形上形下兩部份，最後研究他的人生哲學。我們依序而進，以求構成程顥哲學思想的系統。

1. 致知格物

大學的修身之道，以致知格物爲基礎。致知格物在大學本書裏的說明一章，遺失不傳，朱熹註大學時，自己加了一章說明。陸象山不贊成朱熹的意見，遂起朱陸之爭。然而朱陸意見的分歧點，在二程的思想裏已見端緒。因此學者中常以陸象山繼承程顥的思想，朱熹繼承程頤的思想。

(甲) 致知

「致知在格物。格，至也，或以格爲止物，是二本矣。」（二程全書卅二，遺書十一，明道語錄一，頁九。四部備要本 中華書局，據江寧刻本校刊）

「致知在格物。格，至也。窮理而至於物，則物理盡。」（二程全書卅一，遺

書二上，二程語錄二，頁六。四部備要本）

程顥解釋格物致知，以格物至知同是一事。他解釋格爲至，至於物之理，便卽是至知。至知爲知物之理，格物爲至於物之理；格和至相同，物和知相同，格物就是至知。爲能格物而至物之理，應該窮理。窮理的窮字，不是研究透徹的意思，而是和盡性的盡字的意義相似。他說：

「理則須窮，性則須盡，命則不可言窮與盡，只是至於命也。橫渠昔嘗譬命是源，窮理與盡性如穿渠引源。然則渠與源是兩物，後來此議必改來。」（二程全書卅一，遺書二上，二程語錄二，頁十一）

程顥不贊成命和性與理分爲兩物，他主張命、性、理同爲一物。人爲窮理是在完全體驗到自性的天理，因爲天地人物祇是一個天理。

「知至便意誠，若有知而不誠者，皆知未至爾。」（二程全書卅二，遺書十一，

明道語錄一，頁十二）

程顥把誠意和知至合在一起，以至爲誠，至和窮的意義又相同，於是至知、格物、窮理、誠意，都同是一事。根本的理由在那裏呢？則是程顥以理與心爲一，而且道與物爲一。

「理與心一，而人不能會之為一。」（二程全書卅一，遺書五，二程語錄五，頁一）

「道之外無物，物之外無道。是天地之間，無適而非道也。」（二程全書卅一，遺書四，二程語錄四，頁四）

道和心爲一，道和物爲一，則心和物爲一。物之天理，即是人心的天理。窮理便是盡體人心的天理，盡體天理乃是誠意；誠於自心的天理，就等於至於物，至於物爲格物。格物至知便是盡體自心的天理。程顥沒有照這種推理程式去推，也沒有明白說出這種結論；但是他所說的話已經表明這種思想，難怪後來陸象山便提出心外無理的主張，又主張致知在反觀自心的天理。

程顥反對以格物的格字解爲止，止爲中庸所說止於至善之止，即是說爲父止於慈，爲子止於孝。程顥認爲止於至善，人與至善二；程顥則以人與物理爲一，格物爲至物，爲至於物之理，卽實行物之理。例如爲父之道，不僅止於慈，而是實踐慈道。

「窮理盡性以至於命，三事一時並了，元無次序，不可將窮理作知之事，若實窮得理，卽性命亦可了。」（二程全書卅一，遺書二上，二程語錄二上，頁二）

程顥將窮理盡性以至於命，三事同時實現，且不可以窮理爲求知識，而是實踐。知至爲實踐天理，也就是實際體驗了天理。程顥曾講眞知與常知，說：

「眞知與常知異。常見一田夫，曾被虎傷。有人說虎傷人，衆莫不驚，獨田夫色動異於衆。若虎能傷人，雖三尺童子，莫不知之，然未嘗眞知。眞知須如田夫乃是。故人知不善而猶為不善，是亦未嘗眞知，若真知，決不為矣。」（二程全書卅一，遺書二上，二程語錄二上，頁二）

田夫曾被虎所傷，乃眞知虎能傷人，遂談虎色變。普通人知道虎能傷人，然只是普通的知識，而不是實踐之眞知。

「學者全體此心，學雖未盡，若事物之來，不可不應，但隨分限應之，雖不中，不遠矣。」（二程全書卅一，遺書二上，二程語錄二上，頁二）

求學在體會自心之理，以理應物，雖有未合於中之處，然離道也不遠了。

（乙）誠

「伯淳先生曰：修辭立其誠，不可不仔細理會，言能修省言辭，便是要立誠。若只是修飾言辭為心，只是為偽也。若修其言辭，正為立己之誠意，却是體當自家敬以直內，義以方外之實事，道之浩浩何處下手，惟立誠才有可居之處。有可居之處，則可以修業也。終日乾乾，大小大事，却只是忠信。所以進德為實下手處，修辭立其誠為實修業處。」（二程全書一、遺書一、二程語錄一，頁一）

「誠者，合內外之道，不誠無物。」（二程全書一，遺書一，二程語錄一，頁七）

「智仁勇三者，天下之達德，所以行之者一，一則誠也。止是誠實此三者，三者之外，更別無誠。」（二程全書一，遺書二上，二程語錄二上，頁五）

程顥以誠爲進德修業的下手處：誠是「合內外之道」，使外面行爲之道和內面天理之道相合，不僅「立辭」說話時，要內外相合，在一切的言行中，都要誠於內心的天理。假使「若祇是修飾言辭爲心，只是爲僞也。」因爲乃是一種作僞之心，祇是爲人家看。「誠」是誠意，也是誠於行，知而不行便不是誠，然意和行所當「誠之」的對象爲天理：

「如天理底意思，誠只是誠此者也，敬只是敬此者也，非是別有一箇誠，更有一個敬也。」（二程全書一，遺書二上，二程語錄二上，頁十三）

誠，來自中庸。中庸以「誠」爲天道，「誠之」爲人道。程顥所講的誠，爲「誠之」，卽是誠於天理。這種誠也就是中庸所說的「率性之謂道」。誠，又是中庸所講的愼獨，無時無地都用敬，乃不愧於屋漏。自己在家常自持敬愼重，屋雖有漏洞，人從漏洞向室內窺看，自己絕沒有可愧的地方。

「要修持佗這天理則在德，須有不言而信者，言難為形狀，養之則須直不愧屋漏，與愼獨，這是箇持養的氣象也。」（二程全書一，遺書二上，二程語錄二上，頁十三）

程顥有一個特點，他把大學所講的次序取消了。大學講修身有個梯次，先格物而後致知，先致知而後誠意，先誠意而後正心；他則以格物、致知和誠意，是一個事，同時進行，同時實現。因爲內外祇是一個天理，格物致知，是對每一事物至於所有的天理，至於物的天理便是誠。他不講先對事物之理加以研究，知道了事物之理以後便按着理去行誠意的工夫；他的主張是誠於自心之天理，便是格物致知；這就開了陸象山和王陽明的路。

和誠相敵對的，是私意，因爲私意反對天理，循着自己的私意便不循着天理，是違道而行了。

「只着一箇私意，便是餒，便是缺了佗浩然之氣處。誠者，物之終始，不誠無物。這裏缺了佗，則便這裏沒這物。浩然之氣，又不待外至，是集義所生者。這一個道理，不為堯存，不為桀亡，只是人不到佗這裏，知此便是明善。」（二程全書一，遺書二上，二程語錄二上，頁十二）

人若誠於天理，則能格物致知，否則，和道相違，在物和我之間，有了隔離。「不誠無物」，所謂物乃是事物之理（事物之道）。我若不誠於天理，則不知物之理，物對於我便不存在。所謂不存在，並不是物的本體不存在，祇是不能受知於我，對於我，便等於「無物」。程顥講誠，不似張載，張載完全跟隨中庸，以誠為易。後人乃有以張載和中庸的誠，為本體論的第一原因，即絕對的實有，因為說「不誠無物，誠者物之終始」這兩句話驟然看來，是指宇宙萬物的第一原因。實際上中庸之誠是誠於性，為變易的原則。張載接受了這種思想，程顥對於誠則又有自己的主張。

2. 敬和義

二程有兩句話，作為自己學說的代表，即是「敬以直內，義以方外。」內外兩字的意義，程顥認為不是指的心內心外；因為他主張「心無內外」。程顥在答張載的一封信裏討論定性，以性無內外，然他所說的性即是心。

「所謂定者，動亦定，靜亦定，無將迎，無內外。苟以外物為外，牽己而從之，是以己性為有內外也。且以性為隨物於外，則當其在外時何者為在內？是有意於絶外誘，而不知性之無內外也。既以內外為二本，則又烏可遽語定哉。夫天地之常以其心普萬物而無心，聖人之常以其情順萬事而無情，故君子之學，莫若廓然而大公，物來而順應。……苟規規於外誘之除，將見滅於東而生於西也，非惟日之不足，顧其端無窮不可得而除也。」（二程全書五，明道文集三，頁一。答橫渠先生定性書）

性無內外，或心無內外，乃是程顥思想之特點。他以事物之理在我心中，我反而求諸自己的心，以心之理應接萬事，這樣心常是主人，自有主張，不會煩亂。不論事物多麼煩雜，心可以一一應付，這就是動中之靜，也是靜中之動。為應接事物，不必去求外面事物之理，也不要以事物為擾亂我心的原由。若能看清自心之理，以理去明鑑諸事，必能應接裕如。

為能達到這種動中有靜，靜中有動的境地，應該用敬去修養自己的心，或修養自己的性。

敬是什麼呢？通常以敬爲端莊穩重，擧止有規矩。這種敬是外面身體之敬，然對於內心之正，也有幫助。求學的第一步，就在於以外面身體之敬，去涵養自己的心。

「顧問：每常遇事，卽能知操存之意，無事時，如何存養得熟？曰：古之人，耳之於樂，目之於禮，左右起居，盤盂几杖，有銘有戒，動息皆有所養，今皆廢此，獨有理義之養心耳。但存此涵養意，久則自熟矣。敬以直內是涵養意。言不莊不敬，則鄙詐之心生矣，貌不莊不敬，則怠慢之心生矣。」（二程全書一，遺書一，頁五，端伯傳說）

「敬以直內是涵養意」，卽是以理義養心，心中常想理義，使心熟知理義，則自然在動時必合於理義。

「學者須敬守此心，不可急迫，當栽培深厚涵泳於其間，然後可以自得。但急迫求之，只是私己，終不足以達道。」（二程全書一，遺書二上，二程語錄二上，頁二）

敬以直內祇足以理義涵養自己的心，不能急迫修鍊，以求實效。但要誠於自心的天理，時常涵詠於天理中。

「學者不必遠求，近取諸身，只明人理，敬而已矣，便是約處。易之乾卦言聖人之學，坤卦言賢人之學，惟言敬以直內，義以方外，敬義立而德不孤。至於聖人亦止如是，更無別途。穿鑿繫累，自非道理。故有道有理，天人一也，更不分別。」（二程全書一，遺書二上，二程語錄二上，頁五）

程顥不重外面的形貌之敬，而重視內心之正，因爲心無內外，敬以直內，則誠而形於外。他又主張心卽理，誠於自心之理，卽能應接外面事物而成德。誠於自心之理，則是一心專於天理，而不能再求外面事物之理，因此，敬以直內便解釋爲「主一」。

「有言養氣可以爲養心之助。曰：敬則只是敬，敬字上更添不得。譬之敬父矣，又豈須得道更將敬兄助之，又如今端坐附火，是敬於向火矣，又豈須道更將敬於水以助之？猶之有人曾到東京，又曾到西京，又曾到長安。若一處上心來，則他處不容參。然則，人心裏着兩件物不得。」（二程全書一，遺書二上，二程語錄二上，頁十）

「敬於向火」，是專心於向火，「敬」便是專於一事。敬以直內，在於心專於天理；天理含有對每一事物之道，專於天理則能以應接每一事物之道而接物。程頤後來有「立一」的名詞。

人心有天理，爲什麼要用敬於涵養呢？那是因爲人有嗜欲，嗜欲常自私，使天理昏暗，應排除嗜欲之蔽。

「人於天理昏者，是只爲嗜欲亂著佗。莊子言其嗜欲深者，其天機淺，此言却最是。」（二程全書一，遺書二上，二程語錄二上，頁二十二）

有嗜欲，則天理不明；以天理涵養自己的心，則去嗜欲。這種涵養要憑人心之自然，不可自求克制這種嗜欲，克除那種嗜欲；否則心會亂，叫做「助長」。

「今志於義理，而心不安樂者何也？此則正是剩一箇助之長。雖則心操之則存，捨之則亡；然而持之太甚，便是必有事焉而正之也，亦須且恁去。如此者，只是德孤。德不孤必有鄰。到德盛後，自無窒礙，左右逢其原也。」（二程全書一，遺書二上，二程語錄二上，頁二十一）

孟子曾有「助長」的譬喻，越助越不成。然而不助長並不是任其自然，種稻不要助長，然也需蓄水拔草，這便是養心。敬就能誠。

「誠者，天之道；敬者，人事之本；敬則誠。」（二程全書二，遺書十一，明道語錄一，頁七）

「學要在敬也誠也，中間便有箇仁。博學而篤志，切問而近思，仁在其中矣之意。」（二程全書二，遺書十四，明道語錄四，頁一）

因誠而得守仁，仁爲人心的天德，敬以直內，效果在得仁，有仁則德有鄰。人心有仁，則能「義以方外」。義以方外，卽事事得其宜，卽心應萬物都能得其道。

「聖人致公心，盡天地萬物之理，各當其分。」（二程全書二，遺書十四，明道語錄四，頁二）

心應萬物，各得其分。內外之分不從人心去分，而從心內身外去分，心得其敬，外面行動則有義。

3. 循理

程顥有種特性，爲人溫和，不矯揉造作，天性流露，「而充養有道，和粹之氣，盎於面背。門人交友，從之數十年，未嘗見其忿厲之容。遇事優爲，雖當倉卒，不動聲色。」（註三）他教學生，祇教他們循理順性，不宜過於造作。

「執事須是敬，又不可矜持太過。」（註四）

「今學者，敬而不見得又不安者，只是心生，亦是太以敬來做事得重。此恭而無禮則勞也。恭者，私為恭之恭也。禮者，非禮之禮，是自然的道理也。只恭而不為自然的道理，故不自在也，須是恭而安。今容貌必端，言語必正吉，非是道，獨善其身。要人道如何？只是天理，只如此，本無私意，只是個循理而已。」(註五)

程顥教人求道，要循理而行。人心有天理，循理而順性，卽中庸所謂「率性之謂道」。率性爲順性，不矯揉，不勉強，不操之過急。

「天命之謂性，率性之謂道者，天降是於下，萬物流行，各正性命者，是所謂性也。循其性而不失，是所謂道也，此亦通人物而言。循性者，馬則為馬之性，又不做牛底性；牛則為牛之性，又不為馬底性；此所謂率性也。人在天地之間與萬物同流，天幾時分別出是人是物？修道之謂教，此則專在人事，以失其本性，故修而求復之。則入於學，若元不失，則何修之有？……成性存存，道義之門，亦是萬物各有成性，存存亦是生生不已

之意。天只是以生為道。」（二程全書一，遺書二上，二程語錄二上，頁十三）

循理順性，特別是老子莊子的思想。老莊主張一切順乎自然，撇棄一切人爲的制度和價值。每一物有『道』爲本體，『道』在萬物中自然運行，在人以內也該自然運行。人祇要順乎天性的要求，不會造出社會的罪惡。但是老莊的主張，假定人和畜生一樣，沒有自由，沒有慾好。實際上人有自由之心，又有慾望之情，人便不能和畜牲一樣，一切都祇任隨天性。荀子反對老莊，乃主張善爲人爲之僞。程顥以物各有性，物都順性而動，人也順性而行；而且說「天幾時分別出是人是物」，這不是老莊的思想嗎？然而程顥承認人可以遺失本來的性，「故修而復之」。按照儒家的傳統，祇有聖人能保全自己的人性，其他的人都常遺失自己的本性，都要修養以恢復本性。

人既遺失本性，乃有「修道之謂敎」，所謂敎，卽是修養。程顥主張修養也該是循理順性，不能勉強，不能拘謹，不能操之過急。他認爲心和理是一，不宜分爲二，不宜以心去求理，只宜存心之理。人心常想着理，涵養在理以內，自然而然會以理去應接事物。

「心所感通者，只是理也。知天下事，有卽有，無卽無，無古今前後。」

（二程全書一，遺書二下，二程語錄二下，頁六）

天下萬物只是理，心所有理，卽萬物之理，心在理中，也就是在天地之理中。人在天地之中，猶如魚在水中，內外都是水。

「萬物皆只是一個天理，己何與焉。」（二程全書一、遺書二上、二程語錄二上，頁十三）

「天地安有內外？言天地之外，便是不識天地也，人之在天地，如魚在水。」（二程全書，遺書二上，二程語錄二上，頁二十二）

「理與心一，而人不能會之爲一。」（二程全書一，遺書五，二程語錄五，頁一）

人爲求道，使能體會到心與理爲一，心動時，能常順理。這種順理爲自然之化。順理的修養功夫，要放開自己的心，不宜拘拘束束。若常牽繫在小小的禮節，唯恐有失，則反使之理不能自然流出。

「觀天理亦須放開意思，開闊得心胸便可見。……須是大其心使開闊，譬如為九層之台，須大做脚須得。」(二程全書，遺書二上，二程語錄二上，頁十五)

天地無內外，人心無內外，天人也本沒有分成爲二；程顥反對天人合一的論調。

「除了身只是理，便說合天人。合天人已是為不知者，引而致之。天人無間。夫不充塞則不能化育，言贊化育，已是離人而言之。」(二程全書一，遺書二上，二程語錄二上，頁十五)

「天人本無二，不必言合。」(二程全書一，遺書六，二程語錄六，頁一)

程顥以天爲天理，心與理爲一，便不必言合了，所以言合，是給不知天理的人說教，又爲已經遺失本性的人指導途徑。

人爲求道，應反觀自心天理。反觀自心天理爲格物致知，格物致知爲應接事物時循理而行，稱之爲誠。誠於心之理，則是敬以直內，同時也是義以方外，敬和誠都是合內外之理。內外之理本與心爲一，人能誠於自心之理，則理能自然流行，人與天不合而合了。

三、所求之道

程顥教導學生們求道，從心理方面予以開導，使學生們心安而定，開擴胸襟。進而講說所求之道究竟有什麼內容，便是進入他的理學中心了。

程顥爲周敦頤的門人，曾從周子受太極圖說；然他終生不提太極圖，可見他不願意接受太極圖說的思想。太極圖說爲宋朝理學家研究學術的途徑，雖然彼此的思想不同，然而太極圖說所提出的各種問題，大家都予以研究。程顥也研究了這些問題，具有自己的主張。

周敦頤的太極圖說，承接周易的「繫辭」，解釋天地萬物的本源本體。他以太極爲萬物的本源。以陰陽爲因素，以五行結成物的本體。張載則以太虛之氣爲萬物的本源，以陰陽之氣結成萬物。程顥則注重『理』和『道』，以天地萬物爲一理。

1. 理與道

(甲) 理與道來自天

哲學的目的在於研究物的所以然，理學爲哲學的形上學，形上學追究物的最高因素，即物之所以成物的最高理由，理學便追求天地萬物的最高因素。程顥以天地萬物的最高因素乃是理，又稱爲道。

天地萬物爲什麼是天地萬物呢？因爲有自己的理。有理則有物，無理則無物。天地萬物之理來自天，書經詩經曾說天生萬物，予以規則。

「天者，理也。神者，妙萬物而爲言者也。帝者，以主宰事而名。」（二程全書二，遺書十一，明道語錄一，頁十一）

「詩曰：天生蒸民，有物有則，民之秉彝，好是懿德。故有物必有則，民之秉彝也，故好是懿德。萬物皆有理，順之則易，逆之則難。若循其理，何勞於己力哉。」（二程全書二，遺書十一，明道語錄一，頁五）

理，來自天。天可以是主宰之天，可以是自然之天，都是神妙於萬物。主宰之天創造天地，天地因自然法則而生物，故也稱天地生物。天地代表自然，也稱爲天；因爲自然之物，是天然而有，也是先天而有。

「天地生物，各無不足之理。常思天下君臣父子兄弟夫婦有多少不盡分處。」

「天地生一世人，自足了一世事；但恨人不能盡用天下之才，此其不能大治。」（二程全書一，遺書一，二程語錄一，頁一）

以成物。

「天生蒸民，有物有則」，因此萬物皆有理。每一物之理都是自足；若理不足，則不足理爲物所以成物之理，道則每事之理。天地所以成爲天地有天地之理；然而天地有運行。天地運行，循理而行；循理而運行，稱爲道。道乃是行動之理。

「言天之自然者，謂之天道；言天之付與萬物者，謂之天命。」（二程全書二，遺書十一，明道語錄一，頁七）

「自然」是關於行動；天地的運行，萬物的生發，都屬於自然，故稱爲天道。天也稱爲理，因天地萬物在生發時都有自己的理，理是自然而有的，是生而有的，因此便稱爲天。萬物之理旣由生而有，萬物的生發由天道而成。從這方面去看，天道在萬物之理以先。然而天道和天理爲一，天理爲天地所以爲天地之理，天地運行是按天理而行；從天地一方面看，天理則在天道之先。

萬物在生發時，從天所受的爲理，卽是性。但在人的生活中不單由性而有行動的規則，這種規則稱爲人道，還有一些遭遇，也由生來就已經由天所決定，這種天的決定，稱爲天命。

因此，程顥以理爲性，又以道爲性。理，從本體方面去看；道，從行動方面去看。一個人，有人之所以爲人之理，又有人之所以做人之道。

（乙）天下祇有一理

張載主張「民吾同胞，物吾與也。」（西銘）張載是從氣方面去看；然氣中包含着理，民物因氣而同出一源，則民物之理也有相同處。程顥則主張天地祇有一個天理，朱熹後來明明提出「理一而殊」的主張。

「萬物皆只一箇天理，己何與焉！」(二程全書一，遺書二上，二程語錄二上，頁十三)

「理則天下只是一箇理，故推至四海而準，須是質諸天地，考諸三王不易之理。故敬則只是敬此者也，仁是仁此者也，信是信此者也。又曰：顛沛造次必於是。又言吾斯之未能信，只是道得如此，更難為名狀。」(二程全書一，遺書二上，二程語錄二上，頁十九)

程顥主張天地只有一個天理，也就只有一個理。他引孔子的話，在原文裏孔子說的是仁道：「道也者，不可須臾離也，可離非道也。」(中庸　第一章)「君子無終食之間違仁，造次必於是，顛沛必於是。」(論語　里仁) 這也表示程顥把理字和道字併在一齊，意義相同。

我們要問「天下只是一個理」，究竟怎樣解釋？程顥沒有說明。就他的思想來說，他主張天地人合而為一。這種主張不是如同渡邊秀方所說，由於人的心理作用，乃是由於理一而天地人合一，理是推至四海而準之客體的理。然而這個理怎樣講？程顥以理為道，質諸天地考諸三王都不變易，這個理便不是本體論的理，不是物之所以為物之理，而是行動規則之道。易經常以天道地道人道相連，天道地道為乾坤之道，即是宇宙變易之道，宇宙變易之道為人類生活的模範，人為天地萬物的一部份，人的活動要隨合天地的變易，天地之道便是人之道。易經由天地變易之道，推算人事的吉凶，同時也由天地之道，規定人類生活之道。「天行健，君子以自彊不息。」（乾卦 象曰）這樣天地人之道相合，天底下便只有一個運行之道，也就稱爲只有一個理。

程顥常強調人和物一樣，有相同的運行之道。

「人在天地間與萬物同流，天幾時分別出是人是物！」（二程全書一，遺書二上，二程語錄二上，頁十三）

人物都循理順性以行動，人物循理順性在求什麼？乃是求「生生之謂易」，人物都求生。求生之道爲易經指出天地變易之道，也就是人物行動之道。程顥說：

「所以謂萬物一體者，皆有此理，只為從那裏來。生生之謂易。生則一時生皆完此理。人則能推，物則氣昏推不得，不可道他物不與有也。」（二程全書一，遺書二上，二程語錄二上，頁十五）

「萬物皆備於我，不獨人耳，物皆然。都自這裏出去，只是物不能推，人

則能推之。雖能推之，幾時添得一分，不得推之，幾時減得一分，百理具在平鋪放著。」（同上，頁十六）

生生之道，在人物的性上，理便在人性上，人且能推理，故能致知。

「道卽性也，若道外尋性，性外尋道，便不是聖賢論天德。」（二程全書一，遺書一，二程語錄一，頁一）

「道之外無物，物之外無道，是天地之間無適而非道也。」（二程全書一，遺書四，二程語錄四，頁四）

生生之謂易，生生也稱爲仁。程顥以理爲道，以道爲仁。道爲性，仁也爲性，理也爲性。天地萬物由理而成，循理而變，變易之理在天地萬物相同，「萬物皆只一個天理」。

2. 氣

程顥不贊成張載以湛一之氣，卽太虛之氣爲宇宙之源，一則以氣爲形而下，二則以太虛空虛無物。

「繫辭曰：形而上者謂之道，形而下者謂之器。又曰：立天之道，曰陰與陽，立地之道，曰柔與剛，立人之道，曰仁與義。又曰：一陰一陽之謂道。陰陽亦形而下者也。而曰道者，惟此語截得上下最分明。元來只此是道，要在人默而識之也。」（二程全書，遺書十一，明道語錄一，頁一）

「形而上者謂之道，形而下者謂之器，若如或者以清虛一大為天道，乃以器言而非道也。」（同上）

「立清虛一大為萬物之源，恐未安，須兼清濁虛實乃可言神。道體物不遺，不應有方所。」（二程全書一，遺書二上，二程語錄二上，頁六）

程顥以氣爲形而下，淸虛大一也爲形而下之氣，形而下之氣不能爲宇宙之源。他似乎以「乾元」爲宇宙之元，易經曾說：「大哉乾元，萬物資始。」（乾卦 彖曰）氣雖不是天地萬物之源，然是天地萬物之成素。張載主張萬物都是氣，程顥也有同樣的主張，人物和鬼神都由氣而成。氣也充塞天地。氣分陰陽，分淸濁，又分天之氣和地之氣。

「陰陽於天地間雖無截然為陰為陽之理，須去參差，然一箇升降生殺之分，不可無也。」(二程全書一，遺書二上，二程語錄二上，頁十九)

「動植之分，有得天氣多者，有得地氣多者。……然要之雖木植，亦兼有五行之性在其中，只是偏得土之氣，故重濁也。」(同上，頁二十)

氣週行於天地之間，東西南北有陰陽的分別，春夏秋冬也有陰陽的分別，這都是漢朝易學的傳統思想。

「冬至一陽生，却須斗寒，正如欲曉而反暗也。陰陽之際，亦不可截然不相接。」(同上，頁十九)

「早梅冬至已前發，方一陽未生，然則發生者何也？其榮其枯，此萬物一箇陰陽升降大節也。」(同上)

一年四季，陽氣陰氣週流，漢朝時已盛行這種思想。程顥接受這種陽陰週轉的思想，但說明不宜過分截斷陰陽週流的季節，兩者間有並行的季節。

「長安西風而雨，終未曉此理。須是自東自北而風，則雨，自南自西，則不雨。何者？自東自北皆屬陽，陽唱而陰和，故雨。自西自南，陰也，陰唱則陽不和。……今西風而雨，恐是山勢使然。」（二程全書一，遺書二上，二程語錄二上，頁十八）

按照漢朝人的易學，東配春配木，為陽；夏配南配火，為陽；西配秋配金，為陰；北配冬配水，為陰。程顥以南屬陰，採卦氣之說。

在本體方面，氣成物成神。物之性為理，但也和氣相合。程顥雖不談氣質之性，然而他主張性不能離氣。

「論性不論氣，不備；論氣不論性，不明。」（二程全書一，遺書六，二程語錄六，頁二）

「生之謂性，性卽氣，氣卽性。」（二程全書一，遺書一，二程語錄一，頁七）

「氣外無神，神外無氣。或者謂清者神，則濁者非神乎？」（二程全書二，遺書十一，明道語錄一，頁四）

這兩段語錄，都不好解釋。因爲既然以性爲理，性便不是氣。若說每個物體和每個人的性，是和氣相合，則便是氣質之性。朱熹後來便把性和氣分開，性是理，不是氣。在具體的物體裏，性和氣相結合，從這方面去說，性受氣的限制，氣分清濁，性在具體的物中，因清濁而有善惡。則程顥雖不講氣質之性，實際上也是承認有氣質之性。氣分清濁，清者爲神，濁者爲物，乃是儒家的公認。程顥卻以清氣爲神，濁氣也是神，則是他對於神字的解釋與衆不同。他說：

「中庸言誠便是神。」（二程全書二，遺書十一，明道語錄一，頁二）

「窮神知化，化之妙者，神也。」（同上，頁三）

「天地只是設位，易行乎其中者，神也。」（同上，頁四）

神，除神靈和鬼神以外，代表天地變化的神妙境界。上面三段語錄，都是指的天地變化之神。天地變化由陰陽而成，陽爲淸，陰爲濁；則天地變化之神也有陰濁之神。程顥乃說「則濁者非神乎？」

程顥的弟弟程頤，曾講眞元之氣，以眞元之氣爲人生命的因素。程顥沒有提到眞元之氣，然而他也以氣爲人的生命，人的生命之自然發展，乃氣的變化。所以要養氣，如同孟子養浩然之氣。

天地以陰陽二氣，乃起變化；爲起變化必須有二，有二則對，有對纔有化。陰陽爲二，天地有陰陽，乃有變化：

「萬物莫不有對，一陰一陽，一善一惡，陽長則陰消，善增則惡減。斯理也，推之其遠乎？人只要知此耳。」（二程全書二，遺書十一，明道語錄一，頁五）

「天地之化既是二物，必動已不齊。……從此參差萬變，巧歷不能窮也。」（二程全書一，遺書二上，二程語錄二上，頁十三）

一年的四季，爲陰陽變化的表現；時代的流轉，也是陰陽的轉移。萬物的生發，都由陰陽的變易而生。

3. 生生之謂仁

陰陽變化，萬物生發，乃是天地萬物的天理。

天地有理有氣，氣分淸濁，而理則同爲一理。天地萬物之理都爲同一之理，萬物所有之理又各自爲已足，自爲完滿。朱熹後來講「理一而殊」，即爲繼承程顥的思想。天地同一之理稱爲天理，萬物各一所具之理也是天理。

這種萬物皆具自足的同一天理，即天地變化之理。天地變化，萬物隨着變化，所有變化之理同是一個天道。天地變化之道，在於生生，使萬物生存。

「生生之謂易，是天之所以為道也。天只是以生為道。繼此生理者卽是善也。」（二程全書一，遺書二上，二程語錄二上，頁十二）

「天地之大德曰生。天地絪縕，萬物化醇。生之謂性。萬物之生意最可觀。此元者，善之長也。斯所謂仁也。人與天地一物也，而人特自小之何耶？」（二程全書二，遺書十一，明道語錄一，頁三）

「生生之謂易，天地設位，而易行乎其中。乾坤毀，則無以見易，易不可

見，乾坤或幾乎息矣。⋯」(二程全書二，遺書十二，明道語錄二，頁二)

天地的變化爲發生萬物，乃是易經的主要思想。孔子在論語裏也曾說到四季運行，萬物發生。易經以天地之大德爲生，理學家進而以生生爲仁。

「醫書言手足痿痹爲不仁，此言最善名狀。仁者，以天地萬物爲一體。⋯如手足不仁，氣已不貫，皆不屬己。」(二程全書一，遺書二上，二程語錄二上，頁二)

「醫家以不認痛癢謂之不仁，人以不知覺不認義理爲不仁，譬最近。」(同上，頁十五)

「醫家言四體不仁，最能體仁之名也。」(二程全書二，遺書十一，明道語錄一，頁三)

程顥常以醫家所說不仁，來解釋仁字。醫家所說的不仁，即是沒有生氣。手足不仁，四體不仁，都是說手足或四體沒有生氣，不覺痛癢。仁的本義，便是指着生命。天地有好生之德，人心以天心而爲心，乃有愛惜生命之仁。因着愛惜生命之仁，乃體驗到萬物都愛生存，而且因着生存，萬物與我同爲一體，則萬物皆備於我。「此元者，善之長也，斯所謂仁也。人與天地一物也，而人特自小之何耶？」

「學者須先識仁。仁者，渾然與物同體。」（二程全書一，遺書二上，二程語錄二上，頁三）

「萬物皆備於我，不獨人耳，物皆然。都自這裏出去，只是物不能推，人則能推之。」（同上，頁十五）

萬物同一理，理爲生生之理，萬物皆求生存。唯獨人以靈敏之心，能推知生生之道。這種有認識的生生之理稱爲仁。這種仁爲人的特點。

「孟子曰：仁也者，人也。合而言之，道也。中庸所謂率性之謂道是也。仁者，人此者也。」（二程全書二，遺書十一，明道語錄一，頁三）

孟子也曾說:「仁,人心也。」理學家便以人得天地之心爲心,人心爲仁,仁便是人。

「一人之心,即天地之心。一物之理,即萬物之理。」(二程全書一,遺書二上,二程語錄二上,頁一)

心和理相同,天地之理爲生生之理,天地之心爲仁,生生之理就是仁。人心之仁,與天地好生之德爲一。仁既爲好生,便是愛護生存;愛護自己的生存,也愛護一切物的生存;乃有萬物一體的意識,自己體驗到「萬物皆備於我。」

愛護自己的生命,又愛護一切物的生存,孔子乃以立己立人爲仁,孟子又以推己及人之謂仁。而且孔子以仁爲全德,包涵其他的善德。程顥繼承孔子的思想:

「學者須先識仁,仁者渾然與物同體。義禮知信皆仁也。識得此理,以誠敬存之而已。」(二程全書一,遺書二上,二程語錄二上,頁三)

「仁義禮智信,五者,性也。仁者全體,四者四支。仁,體也;義,宜也;禮,別也;智,知也;信,實也。」(同上,頁二)

「以己及物，仁也；推己及物，恕也。忠恕一以貫之。忠者，天理，恕者，人道。」（二程全書二，遺書十一，明道語錄一，頁五）

孔子曾說「吾道一以貫之。」但卻沒有說明一貫之道。曾子解釋孔子一貫之道爲忠恕，忠恕本爲仁，以仁爲孔子一貫之道，乃是更合乎孔子的思想。

仁爲愛護生命之心，愛護自己的生命，也就要愛惜別人的生命，推己及人，這樣一切的人際關係，便有了基礎。一切的善德都包涵在仁以內。愛護人的生命，也該愛護物的生存，因爲在生命上，人物相連。物的生存之理，和人的生存之理，同是求生存之理，祇是人有靈性，可以知道生存之理，物則盲然隨着天理而變。程顥主張人要識仁，「學者須先識仁，仁者渾然與物同體。」知道了仁爲生命之理，人便能以己之心，體驗出與萬物同有生存之理，因着同一的天理而成同體。後來王陽明發揮了「一體之仁」，歸到大學的明德。中庸的盡性，由己性到人性，由人性到物性，根本理由也是因爲性理相同，同是求生，發揚自己求生之心，也發揚別人求生之心，又發揚萬物求生存的自然傾向，便稱爲參天地的化育。

4. 性

程顥解釋易經的話：「繼之者善也，成之者性也。」以爲繼續發育萬物的生存便是善，以生而成者便是性，性乃是「生之謂性」。

> 「元者善之長，萬物皆有春意，便是繼之者善也。成之者性也，成却待佗萬物自成其性須得。」（二程全書一，遺書二上，二程語錄二上，頁十二）

> 「告子云：生之謂性，則可。凡天地所生之物，須是謂之性。皆謂之性，則可。於中却須分別牛之性馬之性，是他便只道一般。」（同上）

程顥以天然爲性，天然乃自生而有，故主張生之謂性。但是他雖說「生之謂性」，並不是犯孟子所指責告子的缺點。告子以「生之謂性」，不加分別，孟子乃說那麼人之性像牛之性，牛之性又像馬之性了。程顥認爲告子的話只是就一般說，那是就性之所以爲性說，「是他便只道一般」，實則生雖同是一生，而生之所成則不同，「則可於中卻須分別牛之性馬之性。」所以他說：「成卻待萬物自成其性須得。」

性爲理爲道，卽一物生存之理，一物所以成爲一物，是因着性而成。

「道卽性也，若道外尋性，性外尋道，便不是。聖賢論天德，蓋謂自家原是天然完全自足之物。」（二程全書一，遺書一，二程語錄一，頁一）

朱熹後來說性卽理，和程顥的思想相同；朱熹也說性外無理，但不說心外無理；而程顥則說心外無理，心與理爲一。

在二程語錄中，有「性卽氣」的話，看來似乎不是程顥的話，像是程頤的話；但一段中的後段講修養則又像程顥的思想；然則程顥又主張「性卽氣」了。這裏須有一番解釋。

「生之謂性，性卽氣，氣卽性，生之謂也。人生氣禀理有善惡，然不是性中原有此兩物相對而生也。有自幼而善，有自幼而惡，是氣禀有然也。善固性也，然惡亦不可不謂之性也。蓋生之謂性，人生而靜以上不容說，才說性時便已不是性也。凡人說性，只是說繼之者善也。孟子言人性善是也。夫所謂繼之者善也者，猶水流而就下也，皆水也。有流而至海終無所汚，此何煩人力之為也。有流而未遠固已漸濁，有出而甚遠方有所濁，有濁之多者，有濁之少者，清濁雖不同，然不可以濁者不為水也。……水之清，則性善之謂也。故不是善與惡在性中為兩物相對，各自出來。此理，天命也。順而循之則道也。循此而修之，各得其分，則教也。自天命以至於教，我無加損焉。」（二程全書，遺書一，二程語錄一，頁七）

在這一段語錄裏，程顥討論性的善惡。孟子反對告子，因告子以性可善可惡。理學家正式討論性的善惡問題為朱熹。然而張載主張分天地之性和氣質之性，已經開了朱熹性說的途徑。程顥不明著主張氣質之性，然也從氣上去解釋善惡。在二程語錄中有一段話說：「論性不論氣，不備，論氣不論性，不明。」（二程全書一，遺書六，二程語錄六，頁二）這段話似乎是程頤的思想，然程顥也有同樣的主張。因性之成，是繼續氣之變而成。「繼之者善也，成之者性也。」在程顥看來，乃是天地變易而生物，生生之理繼續演進，成為每一物體。物體之成素為氣，物體之成因為性；因氣按照理變，依照一物之理而成此物。因此性在氣內，性因氣而成；每一物體之性便包涵此物之氣。

氣在每一物體內有清濁之不同，如水之有清濁，清者為善，濁者為惡。人因天生所稟之氣不同，乃有善有惡。「有自幼而善，有自幼而惡，是氣稟有然也。」氣稟來自天命，不是人可以加損。程顥以中庸所說「天命之謂性」，係指這個氣稟之性，即包涵氣和理的個性。所以說「自天命以至於敎，我無加損焉。」我雖修治濁性以養善性，並不能對性有所加損，只是顯出原來的性。原來的性乃是天然之性，乃是善。

程顥以善惡都來自性，即來自天理。他說：

「天下善惡皆天理，謂之惡者本非惡，但或過或不及便如此，如楊墨之類。」（二程全書一，遺書二上，二程語錄上，頁一）

善爲得其中正，惡爲過或不及，然是天理之過或不及，故惡也是天理，便也是性。但就性說，性爲道，道則在每個物體內部都是自足的，沒有缺乏，便是善。惡不是來自道，而是來自氣，氣使天理的表現或過或不及；然而所表現者，固然是道，只是有或過或不及。如水本是清，後因急流而變成濁，濁水仍舊是水。澄清濁水時，「亦不是將清水換來卻濁，亦不是取出濁來置在一隅也。」只是使水保持原來的速度，水便恢復本來的清潔。

流水爲什麼由本來的平靜速度，變成了急流，是因爲地勢的忽高忽下。性的理本來表現清明，卻因氣稟不好，乃表現或過或不及。因此，惡是來自氣。

程顥以「仁義禮智信，五者，性也。」這是繼承孟子的思想，孟子以仁義禮智信爲心的善端，也爲心的良能，良能乃是天生的能，根之於性，也可稱爲性。程顥以五德爲人心的天德，所以說「五者，性也。」他又以仁爲四德的體，四德爲仁的四支，人心爲仁，仁爲性理；這樣也可以說：「五者性也。」

「心具天德，心有不盡處，便是天德處未能盡，何緣知性知天？」（二程全書一，遺書五，二程語錄五，頁二）

「德性者，言性之可貴，與言性善，其實一也。性之德者，言性之所有。」（二程全書二，遺書十一，明道語錄一，頁七）

在致張載論定性書中，程顥以性無內外。人爲修養心性，不宜分內心和外行，致力約束外面的行爲，反使內心煩擾不安，因心將忙於奔命。內心的理和外面的行爲，乃是一個，誠於內心的理，理自然表現於行爲，則性沒有內外之分。程顥以理行爲一，或更好說知行合一，心知天理則表現於行爲，如不能達到行爲，便是不知。這是他的致知格物之主張。

5. 命

程顥很少提到命，在二程語錄中有提到命的話：

「大凡利害禍福，亦須致命須得。致之為言直如人以力自致之謂也。得之不得，命固已定。君子須知佗命方得，不知命無以為君子。蓋命苟不知，無所不至。故君子於困窮之時，須致命便遂得志。其得禍得福，皆已自致，只要申其志而已。」（二程全書一，遺書二上，二程語錄二上，頁十四）

「求之有道，得之有命，是求無益於得，言求得不濟事。此言猶只為中人言之，若為中人以上而言，却只道求之有道，非道則不求，更不消言命也。」（同上）

「樂天知命，通上下之言也。聖人樂天則不須言知命，上命者，知有命而信之也。爾不知命，無以為君子是矣。命者，所以輔義，一循於義，則何庸斷之以命哉。若夫聖人之知天命，則異於此。」（二程全書二，遺書十一，明道語錄一，頁六）

程顥承認有命，也崇尙孔子的主張：不知命，無以爲君子。然而命是什麼呢？命是上天對於禍福壽夭的安排。然而上天的安排，並不能爲人所命？所謂知命，則是知道這個原則。貧富壽夭，窮達貴賤，乃天所安排。知道這個原則怎樣，是自己完全不動，等待上天的安排呢？還是一心去追求呢？人應得以己之力，去追求富貴，去求通達；但求之要得其道，不能背道而行，這是所謂致命，卽盡力以達到命。在以道求富貴通達時，自己心裏該當知道自己得不得到，都有命。因此，得了不喜，不得不悲。這才算君子。若是不知有命，一意追求，不得則絕望，得則自傲，便不是君子而是小人了。

中人以上的人，則所注意在於修德，按照人生之道而行，不求富貴通達；因此也不注意命。

至於聖人所知的天命，則是上天給聖人的使命，孔子和孟子，都自知負有天所賜的傳道之使命，乃行而不倦。窮也好，達也好，只求傳繼先聖之道。

6. 心

在理學家中，心和性關係最密切，而且常不容易區分。程顥對於心，最主要的觀念有兩個：一是心是人之主，一是心爲理。

「人心作主不定，正如一個翻車，流轉動搖，無須臾停，所感萬端。……心若不做一個主，怎生奈何。」（二程全書一，遺書二下，二程語錄二下，頁三）

「人心緣境，出入無時，人亦不覺。」（同上，頁四）

程顥論心，從修養方面去講。人爲求心定，要由心自己作主，心作主乃是自然人性的自然流露，不能加摻意思。程顥舉例說明：

「張天祺昔常言，自約數年，自上著牀便不得思量事。不思量事後須強把佗這心來制縛，亦須寄寓在一個形像，皆非自然。君實自謂吾得術矣，只管念個中字，此則又為中繫縛，且中字亦何形象。若愚夫不思慮，冥然無知；此又過與不及之分也。有人胸中常若有兩人焉：欲為善，如有惡以為之間；欲為不善，又若有羞惡之心者。本無二人，此正交戰之驗也。持其

志，使氣不能亂，此大可驗。要之聖賢，必不害心疾，其佗疾却未可知。」（同上）

心中不能有所繫，在修養時，應由心自然行動；但心卻不能爲私慾所蔽。外面事物緣着情慾入心，使心出外，人卻不自覺。人的修養，便在收心。孟子曾講「求放心」，程顥也說：

「聖賢千言萬語，只是欲人將已放之心，約之使反復入身來，自能尋向上去，下學而上達也。」（二程全書一，遺書一，二程語錄一，頁四）

收心，在使心不隨外物而動情慾。然心在內，也可因思慮而亂。心，原來無內外。心對外事作主有所定奪，乃是心之自然流露，沒有內外之可言。若把心分成內外，有隨外物之心，有居在內之心，心就亂。以外物擾心而憂，爲不知心，以思慮擾心而亂，也爲不知心，而把心空了。空了，外物和思慮乃入。程顥說：

「呂與叔嘗言患思慮多，不能驅除。曰：此正如破屋中禦寇，東面一人來，未逐得，西面又一人至矣。左右前後驅逐不暇。蓋其四面空疎，盜固易入，無緣作得主定。又如虛器入水，水自然入。若以一器實之以水，置之水中，水何能入來？蓋中有主則實，實則外患不能入，自然無事。」（同上，頁六）

心之實，在於天理。心本有天理，人應讓其流露。若人不知天理而只驅逐外誘，則愈驅愈多，心便亂了。

「理與心一，而人不能會之為一。」（二程全書一，遺書五，二程語錄五，頁一）

理和心本爲一，心卽理，理卽心，人卻把理和心分開，在心外求理，不知道讓心自然流露天理。心對於理，自然有知。這種知，稱爲感通。

「心所感通者，只是理也。知天下事有卽有，無卽無，無古今前後。至如

夢寐，皆無形，只是有此理。若言涉於形聲之類，則是氣也。」（二程全書一，遺書二下，二程語錄二下，頁六）

外物可以使心有所感應，然心所感應者，爲外物在心內所引起之理，即人心應付外物之道，此種道理，由心自然流露。所謂自然流露，並不是無意識的盲動，而心對於感應之理有知。心爲靈，乃能知天理。

「人心莫不有知，惟蔽於人欲，則忘天德（一作理）也。」（二程全書二，遺書十一，明道語錄一，頁五）

人心若不爲人欲所蔽，自然知道天理。不知天理的人，不在心內求理，而向外求理，終不能至。

「嘗喻以心知天，猶居京師，往長安，但知出西門便可到長安。此猶是言作兩處。若要誠實，只在京師便是到長安，更不可別求長安。只心便是天。

天，盡之便知性，知性便知天。當處便認取，更不可外求。」（二程全書一，遺書二上，二程語錄二上，頁三）

心是理，理是性，性是天，心也是天。在心內，心知道理，便知道性，知道性便知道

「一人之心，卽天地之心；一物之理，卽萬物之理。」（二程全書一，遺書二上，二程語錄二上，頁一）

人是在心內，和天地萬物相通。相通則自然起感應，人心便不和萬物相隔閡。

「聖人之心，未嘗有在，亦無不在。蓋其道合內外，體萬物。」（二程全書一，遺書五，二程語錄五，頁五）

聖人之心體萬物，不繫於一物。聖人因此不患心疾。心疾在於心爲一物一念所繫。

「人心不得有所繫。」（二程全書二，遺書十一，明道語錄一，頁六）

「伯淳在澶州日脩橋，少一長梁，曾博求之民間。後因出入見林木之佳者，必起計度之心，因語以戒學者，心不可有一事。」（二程全書一，遺書三，二程語錄三，頁五）

心繫於一事一念，由於人自己所造成，人自以爲明智，反成愚昧。人自己造成愚昧，因私慾所蔽。受私慾所蔽之心，稱爲「人心」，天理昭然的心，稱爲「道心」。

「人心惟危，人欲也；道心惟微，天理也；惟精惟一，所以至之；允執厥中，所以行之。」（二程全書二，遺書十一，明道語錄一，頁七）

人的心，須精於一，一爲天理。人的心精於天理，則得其中。人心不得其中，因有情慾。情不動，又動是性，性是由心而動，動卽是情。「若夫惻隱之類皆情也。凡動者，皆情也。」（二程全書一，遺書九，二程語錄九，頁一）

四、實踐所求之道

1. 知行合一

程顥在理學家中，氣度寬宏，爲人溫和，敎弟子不主張嚴。爲修養性情，力主自然，不勉強苦行，常以求顏子之樂以自勉，也以勉弟子。他的人生觀，是樂觀的人生觀。然而並不放蕩，更不放棄修養。弟子稱道他的教學方法，爲如坐春風。程顥對於實踐天理，主張自然，讓天理自然流露，切不可自作聰明，揠苗助長。這種自然修養法，稱爲循性。人性本來自然昭明，爲大學所稱的明德，如同一塊寶石，自然發光。若是寶石上面有泥砂，則光明不露，須洗去泥砂。人性天理本來光明，若無情慾，則自然流露於行，不需要去求天理光明。所以修養工夫，不是修心養性，以求天理能够光明，而是在去情慾。

「循其性而不失，是所謂道也，此亦通人物而言。循性者，馬則為馬之性，又不做牛底性；牛則為牛之性，又不為馬底性。此所謂率性也。……

修道之謂教。此則專在人事以失其本性，故修而求復之。則入於學，若元不失，則何修之有？是由仁義行也，則是性已失，故修之，成性存存，道義之門，亦是萬物各有成性，存存亦是生生不已之意。天只以生爲道。」（二程全書一，遺書二上；二程語錄二上，頁十三）

一個人不失自己的本性，不須修性；若失了本性，則須修復本性。天道爲生生不息。人性本也是自然流行。人性天理自然流行，人對於天理之流行有知，因爲人心知天理。人心對於天理之知，不在於求之於外物，而在求之於自心。人性的天理自然昭著，昭著即是流露於行。人心知天理時，是天理流露於行時，知與行便相合。因此，說人性沒有內外，人心也沒有內外。人性的天理，不能由內心去認識，而不見於行事。若是有內心之知外，沒有外行之行，則是以天理和事爲兩，也是以人性和人心都有了內外。程顥說格物爲止於物；物爲理，人心止於理，理不爲情慾所蔽，則理自然昭明，稱爲格物。理既昭明，則自然見諸實行，這稱爲致知，知和行合而爲一；這種知是天理之知，行是天理之行。天理自然流露，見諸實行；就是中庸所說：「誠者，天道也。」（中庸 第二十章）「誠之者，人道也。」（同上）人爲實踐天理在於「誠之」，誠於自己人性的天理。誠，即是自然。「誠之者」，則是讓人性的天理自然流露，不宜參加自己的私意。「只着一個私意，便是餒，便是缺了佗浩然之氣處。誠者，物之終始，不誠無物。這裏缺了佗，便這裏沒這物。」（二程全書一，遺書二上，二程語錄二上，頁十二）人須誠於自己人性的天理，誠則有行，行就是物。不誠則天理便沒有行，便沒有物。天理之行和天理之知，一而二，二而一。「誠者，合內外之道，不誠無物。」（二程全書一，遺書一，二程語錄一，頁七）誠使天理知行，合而爲一。人對於天理，常有知，萬物則沒有知。人性天理自然流行，由心而行，心知天理，知與行乃合爲一。

心使天理流露，心則只在天理，不能繫於外物；心若有所繫，心便有所蔽，便是不誠。爲能誠，須「敬」。「敬以直內，義以方外。」敬使心正，直對天理。心便不宜考慮許多事，也不宜過於注意外面的行止；程顥不主張嚴肅，拘守禮儀，但應注意自己的心，以應對當前的事物。這樣，漸漸熟悉了，便能應付裕如。

自己修養自己的心，像孟子所說求放心，心若放在外面事物，便應收回。自己要自對自己的心，常要問心無愧，不愧屋漏，愼獨自居。這種修養工夫，爲養心的工夫，注意力下在心上，但也不宜戚戚不安。「今志於義理，而心不安樂者，何也？此則正是剩一個助之長。雖則心操之則存，捨之則亡；然而持之太甚，便是必有事焉而正之也，亦須恁去。」（二程全書一，遺書二上，二程語錄二上，頁二十一）

古代儒者，必須言聖人之言，行聖人之行，常須言行合一。然而言代表知，學而後能言，不學無術而言則是妄言。儒者須學聖人之道，學了則知，知而不行，則不足以稱爲儒者。

「德者，得也，須是實到這裏須得。」（二程全書一，遺書二上，二程語錄二上，頁二十二）

儒者應修德，德爲得到，要實際上將心之天理行於實事，才有所得，可以稱爲善德。

「得此義理在此，甚事不盡？更有甚事出得？……自是天來大事，處以此理，又曾何足論！若知得這個義理，便有進處；若不知得，則何緣仰高鑽堅，在前在後也。」（同上）

知要行，才算眞知。孔子所謂學，在於實行所學之道；所以稱讚顏淵爲唯一好學的弟子，因爲顏淵「三月不違仁」。儒者不僅是學者，更是有道之士，有道乃是實行聖人之道。

有道之士也稱爲古代的哲士，即是古代的哲學家。中國古代的哲學家必定要是知行合一的有德之士，儒家所以常講修身，論語、大學、中庸、孟子、荀子等書，沒有一册不講修身大道。宋朝理學家繼承孔孟的思想和精神，最注重修身，力行進德。

程顥崇拜孟子，孟子注意收心養氣，心氣滂沱，不拘繫外面的小節。孟子又主張心有善端，自然流露。程顥乃以人性的天理，在人心自然光明，自然流露於行。人爲修身便專於心的天理，不必去拔除念慮，不必去拘守禮儀的端正。若是人心正眞，天理流行，便是聖人。在這一點，程顥和程頤相同，程頤曾說：「聖人之心，未嘗有在，亦無不在。蓋其道合內外，體萬物。」（二程全書一，遺書三，二程語錄三，頁五）

心專於天理，心乃定，心定則志和氣也定。程顥講持志養氣，無非是在於志和氣的定。

「持國曰：凡人志能使氣者，能定其志，則氣為吾使，志壹則動氣矣。先生曰：誠然矣！志壹則動氣，然亦不可不思，氣壹則動志，非獨趨蹶，藥也酒也亦是也。然志動氣者多，氣動志者少，雖氣亦能動志，然亦在持其志而已。」（二程全書一，遺書一，二程語錄一，頁七）

「持國曰：道家有三住，心住則氣住，氣住則神住，此所謂存三守一。伯

淳先生曰：此三者，人終食之頃，未有不離者，其要只在收放心。」（同上）

志爲心之所向，心向何事何處便是志。所謂志壹，乃是心專於一。氣爲情感的動；心有所向，情感隨而動，即爲心理上的作用，稱爲志氣。志一則使氣，心專於一事，情感也發生熱情，熱情猶如滾水的氣，騰騰上冒，加強人的工作力。若感情先因外物之感而動，動得強烈時，則引心專向這事，便是氣動志，程顥認爲修養人心之定，不能專在志氣上下工夫，因爲人心常不能久住，所要的在於收回放出的心。

程顥說：「生之謂性，性即氣，氣即性，生之謂也。」（同上，頁七）這個氣字，表示氣禀，即人由生而有的情。氣動志，則是情動心。氣和情意義不完全相同，氣是情的素質，情由氣而成。

養氣，以天理而養氣，是孟子所說：集義而成。人心專於天理，遇事常求義，義成了人的第二天性。人的情感乃常正大光明，不繫於一事一物，胸襟遂開放。

「觀天理亦須放開意思，開闊得心胸便可見。……須是大其心使開闊，譬如爲九層之臺，須大做脚須得。」（二程全書二，遺書二上，二程語錄二上，頁十五）

開心，則氣魄大，世物世事不能擾亂方寸，便能養成浩然之氣。

「浩然之氣，天地之正氣，大則無所不在，剛則無所不屈，以直道順理而養，則充塞於天地之間，配義與道。氣皆主於義，而無不在道，一置私意則餒矣。是集義所生，事事有理而在義也，非自外襲而取之也。告之外之者，蓋不知義也。」（二程全書一，遺書一，二程語錄一，頁八）

浩然之氣，爲天地之正氣。天地的運行爲氣的運行，氣的運行一切合於理。人心之氣爲天地之氣所運行而生，人心之氣合於理，則和天地之氣相接。人養浩然之氣使人心之氣和天地之氣相通，人心之氣乃充塞天地。因此，人的心境，氣魄滂沱，有吞山河之概。浩然之氣爲正義之氣，不能爲暴力所屈。程顥雖沒有浩然之氣的氣魄，但性格雖柔和，卻不屈於強權，敢面責皇帝的過失，也當面對王安石說：「天下事非你一家私議，願平氣以聽。」

2. 道德

「德者，得也。須是實到這裏須得。」（二程全書一，遺書二上，二程語錄二上，頁二十二）天理自然流行，在行動上實現，有所得於心，作成一種心境，心境再表現於生活上，造成生活的形態，便修了善德。德是一種安的心境和一種中庸的形態。

天理的自然流露，第一種形態，必是「中」。中爲中正，天理在行爲上流露，不過不及，不偏不倚，恰恰正當。程顥說：

「中者，天下之大本。天地之間，亭亭當當，直上直下之正理，出則不是，唯敬而無失，最盡。」（二程全書二，遺書十一，明道語錄一，頁十一）

這一段話源出中庸，中庸說：「喜怒哀樂之未發謂之中，發而皆中節謂之和。中也者，天下之大本也；和也者，天下之達道也。致中和，天地位焉，萬物育焉。」（第一章）朱熹解釋中庸以中爲性，無所偏倚。性卽天理，天理之本然，爲中；天理之自然流露，也爲中。

天理乃生生之理，人得天理之全，生生之理完完全全地在人心中。人所得的天理，沒有虧缺，沒有偏倚，爲「直上直下的正理」，故人得天理之中，在天地萬物裏也是得其中。

「天地之間，非獨人為至靈，自家心便是草木鳥獸之心也；但人受天地之中以生爾。」一本此下云：「人與物，但氣有偏正耳。獨陰不成，獨陽不生。得陰陽之偏者為鳥獸草木夷狄，受正氣者人也。」（二程全書一，遺書一，二程語錄一，頁三）

程顥以人與萬物同體，理氣相同，惟所得的程度不同，人得理之全，得氣之正，物得理和氣之偏。鳥獸草木雖有心以作生命的根本，然心不靈不能知，人心作靈，能知天理，知天理以致於行，天理自然流露，便是「中」。

為能使天理自然流露於行，保全中道，人便要「敬」。心敬則正，正便是中。

「敬而無失，便是喜怒哀樂未發之謂中也。敬不可謂之中，但敬而無失，即所以中也。」（二程全書一，遺書二上，二程語錄二上，頁二十三）

敬為不偏不倚，不過不及，心得其正，即大學所謂正心，也是中庸的誠。誠是「思無邪」（二程全書一，遺書九，二程語錄九，頁一）心若「思無邪」，心便得其正，便是敬。

天理爲生生之理，生生之理自然流行便是仁，仁爲善德的全德。

「仁義禮智信，五者性也。仁者全體，四者四支。仁，體也；義，宜也；禮，別也；智，知也；信，實也。」（二程全書一，遺書二上，二程語錄二上，頁二）

「學者須先識仁。仁者，渾然與物同體。義禮智信皆仁也。識得此理，以誠敬存之而已。」（宋元學案，明道學案，識仁篇）

仁，釋爲公，推己及人，不懷私利。孔子以仁者立己立人，達己達人。有仁德者，愛及衆人，而且愛及萬物。這種愛爲天理的自然流露，由誠敬而行。

「學要在敬也誠也，中間便有個仁，博學而篤志，切問而近思，仁在其中矣之意。」（二程全書二，遺書十四，明道語錄四，頁三）

「聖人致公，心盡天地萬物之理，各當其分。佛氏總為一己之私，是安得同乎。」（同上）

五德稱爲五常；漢儒以五德發自五行，五行爲氣，氣與性合成氣質之性。程顥說性爲氣，因爲他說生爲氣；人因氣而生。五行之氣既爲人的氣質之性，五行所生的五常之德，便屬於性，「此五常，性也。」從理一方面說：性爲理，五常之理爲人性之理，五常之德便屬於性。孟子曾以惻隱之心爲仁之端，羞惡之心爲義之端，人心有仁義禮智四種善端，人性乃是善。程顥以惻隱之類爲情，他是從動一方面說，心有惻隱時，心已動，動爲情。但是孟子從根源方面說，惻隱之情根之於人性，人性有了惻隱的根源，人心才有惻隱之情。孟子所說善端，即是根源，根源來自人性，也就是理。

仁爲公，孟子曾說仁爲人，義爲宜；仁爲人心，義爲人路。仁代表人際關係，人際關係是愛。愛人便尊重人，乃有義和禮。義爲各人做各人應做的事；凡是得「宜」，則對人的權利不容侵犯。禮爲分別，使人各在各自的地位，人際關係便有次序。智爲知，知爲知道人際關係之道，知道義和禮。信爲四德的必須有的條件，即是實際去做，「信者，有此者也。」信和忠連用，忠信爲誠，且有長久的意思。人道常常忠信，否則不能修身。

「聖人言忠信者多矣。人道只在忠信，不誠則無物。且出入無時，莫知其鄉者，人心也。若無忠信，豈復有物乎。」（二程全書二，遺書十一，明道語錄一，

頁八）

有物即有德，有成。不誠，天理不能自然流露，行爲和天理相反，便不能自成，「不誠則無物」。

「養心莫善於寡欲，多欲皆自外來。公欲亦寡矣。」（二程全書四，外書三，陳氏本拾遺，頁一）

養心修德，須要寡欲。人若以公，則心不偏私，外物便不足以引誘，心乃不動。心不動，則中，中則仁。

3. 樂

「學至於樂，則成矣。篤信好學，未如自得之為樂。好之者，如游他人園囿；樂之者，則己物耳。然人只能信道，亦是人之難能也。」（二程全書二，遺書十一，明道語錄一，頁八）

程顥程頤兩兄弟曾從周敦頤受教，敦頤爲人溫和，生活簡樸，有樂觀精神，常教訓弟子心安意樂。程顥自己說：「昔受學於周茂叔，每令尋顏子仲尼樂處，所樂何事？」（二程全書一，遺書二上，二程語錄二上，頁二）

程顥以樂爲人生最高境界，養心養氣，不繫於物，心安意適。人心之樂，樂於道，道則在人心，人心天理自然流露，不加勉強，不助長。「今志於義理而心不安樂者，何也？此則正是剩一個助之長。」（二程全書一，遺書二上，二程語錄二上，頁二十一）有心助天理在行爲上實現，拘於一念之動，一事之行，必定不能定，而且煩慮很多，很覺痛苦。若能反觀自心，順性而行，心乃能安。若心騖於外事，則收心以敬，勿過燥急。「樂則生，生則烏可已也？須是熟，方能如此。苟爲不熟，不如稊稗。」（同上）順性而行，心則安，心則創作自己的行爲，創作爲生，久而熟了，則生生不已，事事合於天理。「存養熟後，泰然行將去，便有進。」（二程全書一，遺書六，二程語錄六，頁三）

這種順性而行的境界，有似冲和之氣，沒有過和不及之處，常居中道。

「聖人之言，冲和之氣也，貫徹上下。」（二程全書二，遺書十一，明道語錄一，頁九）

聖人教人的言論，必不是剛強銳利的氣概，而是冲和之氣；因聖人的生活，就是一團冲和之氣。

人心之樂，樂天知命，知道富貴不可妄求，安身行道。聖人則知天命，執行天所賦責任；對於命，不加注意，心已超乎命以上，祇循義理而行。

「樂天知命，通上下之言也。聖人樂天則不須言知命。知命者，知有命而信之者爾。不知命，無以為君子是矣。命者，所以輔義，一循於義，則何庸斷之以命哉。若夫聖人之知天命，則異於此。」(同上，頁六)

人得於天理，天命、人事，常求有得知，須靜心觀察，不窮事思索。求得了知，心中喜樂自足：

「欲知得與不得，於心氣上驗之，思慮有得，中心悅豫，沛然有裕者，實得也。思慮有得，心氣勞耗者，實未得也，强揣度耳。」(二程全書一，遺書

二上，二程語錄二上，頁三）

顏子求學，三月不違仁，居在陋巷中常有歡樂。「人須學顏子，有顏子之德。」（二程全書二，遺書十一，明道語錄一，頁十）「孔子謂顏淵曰：用之則行，舍之則藏，惟我與爾有是夫。君子所性，雖大行不加，雖窮居不損焉！不爲堯存，不爲桀亡者也。用之則行，舍之則藏，皆不累於己爾。」（同上）君子不累於己，不累於物，窮達常是一樣持身處世。故仁者樂天，「仁者不憂，樂天者也。」（同上，頁六）

「有恐懼心，亦是燭理不明，亦是氣不足。須知義理之悅我心，猶芻豢之悅我口。玩理以養心，如此，蓋人有小稱意事，猶喜悅，有淪肌浹骨，如春和意思，何況義理。然窮理亦當知用心緩急，但苦勞而不知悅處，豈能養心？」（二程全書一，遺書三，二程語錄三，頁五）

以義理養心，知足而樂。不憂貧，不羨富，不求達官，程顥自述心境說：

「天下皆憂，吾獨得不憂；天下皆疑，吾獨得不疑。與樂天知命，吾何憂？窮理盡性，吾何疑？皆心也，自分心跡以下一段皆非。」（二程全書二，遺書十一，明道語錄，頁十二）

樂天知命爲心境，窮心盡性爲工作，心有萬物皆備於我之仁，不以事物而累心。人乃能有孔子和顏淵的樂趣。程顥作有「顏樂亭」一篇，篇中說：

「載基載落，亭曰顏樂。昔人有心，予忖予度。千載之上，顏惟孔學；百世之下，顏居孔作，盛德彌光，風流日長。道之無疆，古今所常。」（二程全書五，明道文集三，頁二）

周敦頤的敎導，常留在程顥的心中，一生常景仰顏回樂道的精神，平居心中常怡然自樂。他所作的詩中，處處表現這種怡樂的情緒。

「雲淡風輕近乎天，望花隨柳過前川，旁人不識予心樂，將謂偷閒學少

年。」（二程全書五，明道文集三，頁一，題爲偶成。時作鄠縣主簿）

「曾是去年賞春日，春光過了又逡巡，却是去年春自去，我心依舊去年春。」（同上，頁七，戲題）

「對花酌酒公能樂，飯糗羹藜我自貧，若語至誠無內外，却應分別更迷眞。」（同上，頁八，酬韓持國資政湖上獨酌）

「寥寥天氣已高秋，更倚凌虛百尺樓。世上利名羣蠛蠓，古來興廢幾浮漚，退安陋巷顏回樂，不見長安李白愁。兩事到頭須有得，我心處處自優游。」（同上，頁六，秋日偶成）

「閒來無事不從容，睡覺東窗日已紅。萬物靜觀皆自得，四時佳興與人同。道通天地有形外，思入風雲變態中，富貴不淫貧賤樂，男兒到此是豪雄。」（同上，頁六，秋日偶成）

「道通天地有形外，思入風雲變態中。」自己生活之道已超出形色物跡之外，一眼看透世事的風雲變態，乃能「我心處處自優游」。宋元學案的「明道學案」有評語說：「而大程德性寬宏，規模闊廣，以光風霽月爲懷。」

揮。

五、結論

程顥的思想，在「識仁」篇和「定性書」兩篇短文章裏，表現了大綱，語錄則予以發

天地萬物由氣而成，氣因理而分。天地萬物共一理，惟人得理之全以爲性，又祇有人能知自心之理。理在人心，乃天地之仁，因此萬物皆備於我。

人生活之道，首須格物致知。格爲止，物爲理，止於理，則能知。心知理，理自然流露於行，知行乃合一，稱爲順性，順性卽是敬，也是誠。「敬以直內」，使心常正，天理能在行上自然流露。程顥的這種主張以理在人心，反身而誠，則天理流行，開陸象山和王陽明在思想上的路。

知行合一，則性無內外，心也不分內外。「定性書」說：「夫天地之常，以其心普萬物而無心；聖人之常，以其情順萬物而無情。故君子之學，莫若廓然而大公，物來而順應。」物來順應爲「義以方外」。

修身在存心養性，方法是誠敬，誠敬不宜勉強，也不宜窮於思慮，「識仁」篇說：「識

得此(仁)理，以誠敬存之而已。不須防檢，不須窮索。……此道與物無對，大不足以明之。天地之用，皆我之用。孟子言萬物皆備於我，須反身而誠，乃得大樂。……心勿忘，勿助長，未嘗致纖毫之力，此其存之之道。……此理至約，惟患不能守。既能體之而樂，亦不患不能守也。」

朱熹曾批評程顥的這種主張，祇合於地位高者，卽生性善良之人。他又解釋說：「誠敬爲力，乃是無着力處。蓋把持之存，終是人爲。誠敬之存，乃爲天理。只是存得好，便是誠敬，誠敬就是存也。存正爲防檢，克己是也。存正是窮索，擇善是也。若泥不須防檢窮索，則誠敬存之，當在何處，未免滋高明之惑。子靜專言此意，固有本哉。」(註七)朱熹不贊成「不須防檢，不須窮索。」的主張，以爲太高，學者難行。陸子靜的學說，便本於程顥的這種思想。

但是程顥主張有仁義禮智信，仁雖是全德，使人和萬物渾然同體，然須有義禮智信五常之德。顧涇陽曾說：「程伯子曰：仁者渾然與物同體，只此一語已盡，何以又云義智禮信皆仁也，始頗疑其爲贅。及觀世之號識仁者，往往務爲圓渾活潑，以外媚流俗，而內濟其私，甚而蔑棄廉恥，決裂繩墨，閃鑠回互，誑己誑人，曾不省義禮智信爲何物，猶偃然自命曰仁也，然後知伯子之意遠矣。」(註八)

程顥不主放蕩，然主收心。一切以心爲主，注意心之動，使天理在心之動中自然流行，心有所得。有得，人心乃怡悅而樂。

程顥的修身訣，爲「敬以直內，義以方外。」然他卻最不喜歡談內外，「定性書」便是辯明這一點。但是在初學方面，也須告以心內心外。敬義兩字，實則爲誠，爲主誠，乃主靜。主靜，係程顥所立，以靜合內外，靜而後能定。「動亦定，靜亦定。」（定性書）定則樂。

樂，爲程顥的人生觀，「得意卽爲適，種花非貴多。一區才丈席，滿目自雲蘿。靜聽禽聲樂，閑招月色過。期公在康濟，終奈此情何！」（二程全書五，明道文集一，頁七，和花庵）

註一：何間劉立之，明道先生行狀，見二程全書，遺書第二五後附錄。

註二：朱熹 二程遺書編輯後記。

註三：宋元學案 明道學案，頁五。

註四：同上，頁二十一。

註五：同上，頁三十一。

註六：渡邊秀方 中國哲學史概論，臺灣商務印書館，民五十六年版，北宋哲學，頁三十二。「他認天地人三體爲一體，缺其一，天地之所以為天地之理且不存。換句話說：宇宙自身的存在，畢竟由於我們的心理作用，離開我們的心時，天地不得存在，其氣亦不得存在。」

註七：宋元學案　明道學案，頁七。
註八：同上。

第六章　程頤的哲學思想

一、緒　論

程頤爲程顥的胞弟，字正叔，生於宋神宗明道二年（公元一〇三二年）卒於宋徽宗大觀元年（公元一一〇七年），壽七十五歲。幼年同兄程顥受業於周敦頤，後放浪於佛經，再歸而研究古人經籍，和兄程顥同講理學。程頤的性格和程顥不同，程顥天眞開拓，注重養心，不勉強修行，祇求天性的發揚，平生常樂。程頤則性嚴肅，求學貴窮理，修身主端重。人以春日比程顥，以秋氣比程頤。二程和邵雍爲友，和張載爲親戚，和周敦頤有師生的情誼，宋朝理學到了二程乃建立了規模。後來朱熹和陸象山分承二程的學說，建立了宋朝理學。程頤因性情嚴峻，跟蘇軾不和，乃造成洛蜀的黨爭。邵雍病重垂危時，程頤在側，請問教言。邵雍戲說：「正叔可謂生於生薑樹頭上的，將來必死於生薑樹頭。」程頤又再問有否遺言相贈，邵雍張開兩手對他說：「面前路徑常須寬，路窄則自無著身處，況能使人行呢？」（二程全書六，附

錄，頁五、四部備要版、中華書局據江寧刻本校刊）

程頤初以司馬光的推薦，詔爲西京國子監敎授，轉擢爲崇政殿說書。後因黨禍削籍，竄涪州，徽宗卽位，移陝州，復舊日官職。崇寧二年，又因黨禍去官歸鄉。五年復爲宣議郞，大觀元年卒於家。所著書有易傳四卷，文集八卷，及二程遺書和外書，又有粹言二卷，都收集在二程全書以內。

程頤的哲學思想，從他的第一篇文章裏，就可以窺見大綱。這第一篇文章題爲「顏子所好何學論」。文集加注說「先生始冠，遊太學，胡安定以是誠諸生，得此論，大驚異之，卽請相見，遂以先生爲學職。」（二程全書六，伊川文集，卷之四，頁一）（註一）在這篇文章裏，他以顏子所學爲學成聖人。爲聖人之道，在於約束自己的七情使合於中道，端正自己的心以養自己的心以養自己的性。人若不約束七情，則喜怒哀樂愛惡欲七情熾蕩人的心而毀人的性。因此人爲求致聖人之道，先須認識自己的心，知道怎樣去養心，然後力行以誠。聖人雖有天生者，然也可以因學而至，故「聖人可學而致歟？曰：然！」

「……然則顏子所獨好者，何學也？學以至聖人之道也。……天地儲精，得五行之秀者為人，其本也，真而靜，其未發也，五性具焉，曰仁義禮智信。形既生矣，外物觸其形而動於中矣。其中動而七情出焉，曰喜怒哀樂愛惡欲。情既熾而益蕩，其性鑿矣。是故覺者，約其情始合於中，正其心養其性。故曰：性其情。……凡學之道，正其心養其性而已，中正而誠則聖矣。君子之學，必先明諸心知所養，然後力行以求至所謂自明而誠也。故學必盡其心，盡其心則知其性，知其性反而誠之，聖人也。……蓋聖人則不思而得，不勉而中，從容中道；顏子則必思而後得，必勉而後中。故曰：顏子之與聖人，相去一息。孟子曰：充實而有光輝之謂大，大而化之之謂聖，聖而不可知之謂神。顏子之德可謂充實而有光輝矣，所未至者守之也，非化之也。以其好學之心，假之以年，則不日而化矣。故仲尼曰：不幸短命死矣。蓋傷其不得至於聖人也。……」（同上）

在這篇少年時所作的文章，已經有他後來一生所講的學說。所缺的，則在於理性之學，要等到後來研究易經時，纔完成他的理學。

宋朝理學，在開始時邵雍和周敦頤的思想裏，都注意天地萬物的源起，周敦頤作太極圖，邵雍作元會運世圖表，到了張載，雖然還講太虛之氣，但已經不像周敦頤講太極，二程則就物之本體，而講理氣，開理學的本體論，程顥多講理，程頤則理氣並重，朱熹繼承這種學說，集其大成。

二、本體論

1. 形上形下

程頤的物之本體論，可以從形上形下之分法開始研究。在易經的「繫辭」裏有「形而上之謂道，形而下之謂器。」（繫辭上 第十二章）張載以太虛之氣，無形無狀，屬於形而上，程頤則以氣屬於形而下，道則屬於形而上。在物之本體，張載和程頤都認爲氣成物形，既有形則屬於形而下，物之本體則在形而下了。但是物之本體有理，張載雖不明講物之理，程頤則明明講論；因此物之本體既屬於形而下，又屬於形而上。若按西洋傳統的士林哲學來說，本體應該屬於形而上，西洋的傳統形上學便講本體論，至於形與質，則爲宇宙論的研究對象，西洋宇宙論乃屬於形而下。

程頤關於形上形下的意見，有下面幾條語錄：

「有形總是氣，無形只是道。」（二程全書一，遺書六，二程語錄六，頁二）

「天無形，地有形。」（同上，頁三）

「離了陰陽更無道，所以陰陽者是道也，陰陽氣也。氣是形而下者，道是形而上者。形而上者，則是密也。」（二程全書二，遺書十五，伊川語錄一，頁十四）

「道，無有形體；道者一陰一陽也。」（二程全書九，伊川經解一，頁二）

形上和形下之分，在於有形無形。形之成，成於氣，氣爲形而下。道則沒有形體，道乃是形而上。這種思想的來源，出自易經，易「繫辭」以形而上爲道，形而下爲器。周易本義的註解說：「卦爻陰陽，皆形而下者，其理則道也。」易「繫辭」也說：「見乃謂之象，形乃謂之器，制而用之謂之法。」（繫辭上　第十一章）「易傳」的器便是形，然而所謂形，不是普通所說的外面形狀，而是物的具體存在。因爲陰陽之氣，並不是可以看見的形，另外是太虛之氣，更沒有形狀，稱爲形下，則祇是具體之有。這樣解釋，形上形下和西洋哲學的抽象和具體相似了，形上爲抽象，形下爲具體。道和理當然是抽象的，陰陽之氣便是具體的。朱熹曾解釋程頤的形上形下的分別，不能由有形和無形去講，因爲道和器不相離，因此我們以抽象和具體去講形上形下，便合於程頤的思想了。

由形上形下去看本體論，形上爲先，形下爲後；形上爲要，形下爲次。道和理在程頤的哲學思想裏，便居重要的位置，氣則退居於後。程頤和程顥一樣，沒有講天地萬物的來源，幾乎沒有提到太極。他的宇宙觀，以宇宙之道爲主，道造成陰陽之變，陰陽之變乃化生萬物。

2. 道

程頤在「易傳」的序裏說：

「聖人之憂天下來世其至矣。先天下而開其務，後天下而成其務。是故極其數以定天下之象，著其象以定天下之吉凶。六十四卦三百八十四爻，皆所以順性命之理，盡變化之道也。散之在理則有萬殊，統之在道則無二致。所以易有太極，是生兩儀。太極者，道也。兩儀者，陰陽也。陰陽一道也。太極，無極也。萬物之生，負陰而抱陽，莫不有太極，莫不有兩儀，絪緼交感，變化不窮。形一受其生，神一發其智，情僞出焉，萬緒起

焉。」（二程全書七，伊川易傳一，頁一）

「太極，道也。」程頤以「道」爲天地的起源；然而他雖說：「太極，無極也。」太極並不是道家之無，「道」也不是老子的道。程頤和兄長程顥曾受教於周敦頤之門，周子曾以自作的太極圖授給他們，他們弟兄倆人一生不提太極圖，當然表示他們不贊成；但是程頤所說：「太極，無極也。」必是出於周子的太極圖說。關於周敦頤太極圖說的「無極」，陸象山和朱熹爭論很久，陸以爲周敦頤把無極放在太極之上，出於道家，朱認爲無極就是太極，無極是太極的解釋。朱熹的思想和程頤的思想相同。「太極，無極也」，也就是「道，無也」，所謂無，卽是無形象，也就是抽象的形而上。

道爲形而上，爲陰陽所以爲陰陽之道。「易傳」曾說「一陰一陽之謂道，繼之者善也，成之者性也。」（繫辭上　第五章）程顥說：

「一陰一陽之謂道，此理固深，說則無可說。所以陰陽者道。既曰氣，則便是二。言開闔，已是感。既二，則便有感。所以開闔者，道；開闔便是陰陽。老氏言虛而生氣，非也。陰陽開闔本無先後。」（二程全書二，遺書十五，

（伊川語錄一，頁十三）

陰陽所以成爲陰陽，由於開闔，所以開闔的原因，便是道。然而開闔是氣的開闔，而且有氣就有開闔，有開闔也就有道。這樣說來，道並不在氣以先。有氣便有道；但道不是氣。

「離了陰陽更無道，所以陰陽者，是道也。陰陽，氣也，氣是形而下者，道是形而上者。形而上者則是密也。」（同上，頁十四）

「離了陰陽更無道」，道是以氣爲歸宿，因氣而具體存在，因此，道不是像老子所說的道。「有物混成，先天地生。」（道德經 第二十五章）不是一個自立個體，而是抽象之理。抽象之理，不能單獨存在。按照程頤的思想，太極便不是天地萬物的起源，不是先天地而有之實體，祇是氣化成陰陽之理。而且有氣卽有陰陽，也沒有一種不分陰陽的氣。他便不接受周敦頤的太極圖，也不承認張載的太虛之氣。而且不承認有離開萬物的太極和氣，因爲他說：「萬物之生，負陰而抱陽，莫不有太極，莫不有兩儀。絪縕交感，變化無窮。」太極和陰陽都在萬物之中，離了物沒有道，沒有氣。朱熹後來說天地有一太極，萬物各有一太極，思想來自程頤。

陰陽所以成爲陰陽，是一種普通的變化，爲宇宙的共通變化；至於陰陽相感應而成爲物，成爲物之理則稱爲理。道祇有一個，理則很多。「散之在理則有萬殊，統之在道則無二致。」「易傳」也是說「一陰一陽之謂道，……成之者性也。」性爲理。按照程頤的思想，道在先，道爲一，理在後，理有殊。程頤在易解說：

「知道者，統之有宗則然也。」（二程全書九，伊川經說一，頁三）

「合而言之，道也。仁固是道，道却是總名。」（二程全書二，遺書十五，伊川語錄一，頁十一）

程頤之「道」，即「易傳」所說之道，「易傳」所說之道爲易之道，即乾坤天地變化之道，不是一物所成之理。「易傳」說「易與天地準，故能彌綸天地之道。」（繫辭上 第四章）「易之爲書也不可遠，爲道也屢遷，變動不居，周流六虛。」（繫辭上 第八章）這種道爲天地共同之道。天地的變化，神妙莫測，道在「易傳」裏有『神』之名。

「子曰：知變化之道者，其知神之所爲乎。」（繫辭上 第九章）「陰陽不測之謂神。」（繫辭上

第七章)「夫易……唯神也，故不疾而速，不行而至。」(繫辭上 第九章)程頤解釋易經，以易爲天地變化之道。這種道，廣大精深，神妙莫測。

「聖人作易，以準則天地之道。易之義，天地之道也，故能彌綸天地之道，彌，徧也，綸，理也。在事為倫，治絲為綸。彌綸，徧理也，徧理天地之道。……道，無有形體。道者，一陰一陽也。……天下之有，不離乎陰陽，惟神也，莫知其鄉。」(二程全書九，伊川經說一，頁二)

「易道廣大，推遠則無窮，近言則安靜而正，天地之間，萬物之理，無不有同。……」(同上)

「易之道其至矣乎！聖人以易之道，崇大其德業也。知則崇高，禮則卑下，高卑順理，合天地之道也。…斯理也，成之在人，則為性。」(同上)

程頤以易經所講之道，不是宇宙源起之道，不是先有太極，然後有兩儀，然後有八卦而六十四卦，以生萬物；而是講萬物本體之成。萬物本體由氣因道而有變化而成，氣因道而有陰陽，陰陽按理而成物。程頤說：「道卻是總名」。後代王船山的思想卻和程頤相反。船山以理爲一成不變之理，即天下之公理，道則爲應接事物之道，例如孝道，君臣之道，道乃理的實行。有事纔有道，無事則無道，道便和器相連。程頤說：

「書言天天序秩，天有是理，聖人循而行之，所謂道也。」（二程全書三，遺書二十一下，伊川語錄七，頁一）

「稱性之善，謂之道，道與性，一也。」（二程全書三，遺書二十五，伊川語錄十一，頁二）

3. 理

（甲）理爲性

理，爲物所以成物之因由，即物之所以成物之理。陰陽因道而成，「一陰一陽之謂道」陰陽的感應變化常相繼續，由着繼續變化乃成物體，「成之者性也」。物成物必有所以成物之理，理爲物之性。程頤在易序裏說：「六十四卦三百八十四爻，皆所以順性命之理。」天下之事也皆有理，「事有理，物有形也。」（二程全書九，伊川經說一，伊川易說，頁一）又說：「天下

之理易簡而已，有理而後有象成乎其中也。」（同上）

「有理而後有象成乎其中矣」，一物之象爲形，形爲氣所成，但是象之所以成爲象，則由於理。西洋士林哲學以物本體之成，有形有質，形（Forma）爲一物所以成一物之理，質（Materia）爲一物所以成物之料。譬如一座銅像，銅爲質料，形爲人像之模型。又如一座大樓，建築材料爲質料，建築圖形爲形。這種形爲外面可見之形，因爲銅像和房屋是物質物。物的本體則是抽象體，不可見，本體之形也就不可見，這種不可見之形稱爲理。「理，無形也。」（二程全書七，周易上經，頁一，伊川易事之一、初九、潛龍勿用）

「理也，性也，命也，三者未嘗有異。窮理則盡性，盡性則知天命矣。天命猶天道也，以其用而言之，則謂之命，命者，造化之謂也。」（二程全書三，遺書二十一下，伊川語錄七下，頁一）

理爲性，天地之道在陰陽變化中自然生物，每一物有一物之理。

「道則自然生物，今夫春生夏長了一番，皆是道之生。後來生長，不可道

卻將既生之氣，後來卻要生長，道則自然生生不息。」（二程全書二，遺書十五，伊川語錄一，頁五）

一物有一物之理，一事也有一事之理。窮理盡性爲知人性的理，由人性之理而知天命。中庸以盡人性則能盡物性，（第二十二章），人性與物性之理相通。致知格物則是窮事之理，對於人事之理加以研究。

「格物窮理，非是要盡窮天下之物，但於一事上窮盡，其他可以類推。至如言孝，其所以為孝者如何窮理，如一事上窮不得，且別窮一事，或先其易者，或先其難者，各隨人深淺。如千蹊萬徑，皆可適國。但得一道入得便可。所以能窮者，只為萬物皆是一理。至如一物一事，雖小，皆有是理。」（二程全書二，遺書十五，伊川語錄一，頁十一）

「萬物皆是一理」，程顥也是有一樣的主張，後來朱熹繼承了這種學說，倡「理一而殊」的原則。程頤和程顥一樣，沒有萬物所有之理究竟是什麼理。這個理不是一個實有自立體，也不是一個公共之理由大家分有，而是同一理在事物內的表現全不全。在人，則理的表現雖全。人若能擴大自己的心，則能與理爲一。孟子曾說大而化之則爲聖，程頤解說這種化就是與理爲一。

「大而化之，只是謂理與己一。其未化者，如人操尺度量物，用之尚不免有差，若至於化者，則己便是尺度，尺度便是己。」（二程全書二，遺書十五，伊川語錄一，頁十一）

「大而化之，則己與理一，一則無己。」（同上，頁一）

語錄裏有「理與心一」，和「心所感通者，只是理也，」更近乎程顥的思想，然程頤也有這種傾向：

「心所感通者，只是理也。知天下事，有卽有，無卽無，無古今前後。至如夢寐，皆無形，只是有此理。若言涉於形聲之類，則是氣也。物生則氣聚，死則散而歸盡。」（二程全書一，遺書二下，二程語錄二下，頁六）

「理與心一，而人不能會之為一。」（二程全書一，遺書五，二程語錄五，頁一）

「理與己一」，應是「理與心一」，理由心而知，知之致，便大而化之，乃能心與理為一。

(乙) 天理

萬物只一理，這一理即是天理。天理在天地，天理在人心。天字在程頤的思想裏，意義有下列的解釋：

「伯溫又問孟子言心性天只是一理否？曰：然！自理言之謂之天，自稟受言之謂之性，自存諸人言之謂之心。又問凡運用處是心否？曰：是意也。棣問意是心之所發否？曰：有心而後有意。」（二程全書三，遺書二十二上，伊川語錄八上）

「詩書中，凡有個主宰底意思者，皆言帝，有一個包涵徧覆底意思則言天，有一個公共無私底意思則言王，上下千百歲中，若合符契。」（二程全書

一，遺書二上，二程語錄二上，頁十三）

「乾，天也。天者，天之形體；乾者，天之性情。乾，健也，健而無息謂之乾。夫天，專言之則道也，天且弗違是也。分而言之，則以形體謂之天，以主宰謂之帝，以功用謂之鬼神，以妙用謂之神，以性情謂之乾。」

（二程全書七，伊川易傳一，頁一）

天理，即是理，是天然之理，是道自然生物之理。天理從天地的變易說為乾，為健而無息，也就是生生之理。這種理在人以內，稱為天，因來自天，或說來自天然。自人一方面說稱為性，因為是自生所禀受的。自人的體驗說稱為心，因為人由心以知天理。程顥把乾道稱為天，又以聖人最能體驗乾道，因聖人最能體驗自心之理；則人所有之理，即乾道之理。天地之理稱為天理，人所有性理也稱為天理。遺書所載「二程語錄」中有萬物一理的話，很似程顥的思想，但也和程頤的思想很相近。

「萬物皆只是一個天理，己何與焉！至如言天討有罪，五刑五用哉！天命有德，五服五章哉。此都只是天理自然當如此，人幾時與。」

「天理云者，這一個道理，更有甚窮已？……是佗元無少欠，百理具備。」

（二程全書一，遺書二上，二程語錄二上，頁十三）

一理包涵一切衆理，「百理具備」。

(丙) 生生之理

天理在人，在萬物，在天地；天地人物之理爲一理。程頤既已經說「道爲宗」、「道爲統名」、「道一理殊」，現在又說「萬物一理」，似乎有點自相矛盾了。理若是物性，物之性不相同，則怎能說「萬物一理」呢？程頤以道爲陰陽之所以成爲陰陽，陰陽只有一個陰陽，陰陽之道當然是一個道。陰陽在分陰陽後，繼續感應而變化，「繼之者善也，成之者性也，」性之成，成於陰陽的感應，陰陽感應而起聚散，聚則生，散則死。由感應之理而有生滅，則萬物生滅之理爲一。老子以這種生滅之理爲自然，自然之變卽爲必然之變，沒有任何其他意義。儒家則以生滅不息，爲乾道運行，乾道代表生生不息，生生不息乃是天心好生之德。儒家認爲萬物生滅不息有種非常深奧的意義，「易傳」稱聖人「探賾索隱，鉤深致遠」（繫辭上　第十一章）纔能明瞭乾坤的意義。「夫乾，其靜也專，其動也直，是以大生焉。夫坤，其靜也翕，其動也闢，是以廣生焉。」（繫辭上 第七章）乾坤動靜爲生生，「易簡之善配至德。」（同上）生生爲天地的至德。程頤在「易傳」解釋乾卦彖辭說：

「乾元，統言天之道也。天道始萬物，物資始於天也。雲行雨施，品物流行，言亨也。天道運行，生育萬物也。……乾道變化，生育萬物，洪纖高下，各以其類，各正性命也。天所賦為命，物所受為性。……天為萬物之祖，王為萬邦之宗，乾道首出庶物而萬彙亨，君道尊臨天位而四海從，王者體天之道則萬國咸寧也。」（二程全書七，伊川易傳一，頁二）

乾道乃天地之道，乾道爲生育萬物，萬物所得者爲生存。一物生存之道稱爲天命，稱爲性，稱爲理。生存之道在本體方面雖不同，即是性理各不相同；然萬物都是由乾道而得正性命以生存，生存便是萬物所相同之理。則萬物之一理，乃是生存之理。

以生生之理，爲萬物所共有，聖人爲應接萬事萬物，按照這個共有之理，則萬事也只有一理。程頤在注釋易經咸卦時，以咸爲感，咸卦乃講人事感通之理。

「感者，人之動也。……夫子因咸極論感通之道。夫以思慮之私心感物，所感狹矣。天下之理一也，塗雖殊而其歸則同，慮雖百而其致則一，雖物有萬殊，事有萬變，統之以一，則無能違也。」（二程全書八，伊川易傳三，頁三）

這種一萬物之理，是什麼理呢？一理卽爲常理，程頤在解釋恆卦時，說明天地的常理，卽爲順天道而使萬物生育：

「天下之理，未有不動而能恆者也，動則終而復始，所以恆而不窮。凡天地所生之物，雖山嶽之堅厚，未有能不變者也。故恆非一定之謂也，一定則不能恆矣，唯隨時變易，乃常道也。」（二程全書八，伊川易傳三，頁六）

又解恆卦彖辭的「日月得天而能久照……」說：

「此極言常理。日月，陰陽之精氣耳。唯其順天之道，往來盈縮，故能久照而不已。得天，順天理也。四時，陰陽之氣耳，往來變化，生成萬物，

亦以得天，故常久不已。……天地常久之道，天下常久之理，非知道者，孰能識之。」（同上）

天地有常道，亦稱爲天地常久之理，即生生不息之理。程頤解釋睽卦的彖辭「天地睽而其事同也，男女睽而其志通也，萬物睽而其事類也」，他說：

「推物理之同，以明睽之時用，乃聖人合睽之道也。見同之為同者，世俗之知也。聖人則明物理之本同，所以能同天下而合萬類也。以天地男女萬物明之：天高地下，其體睽也，然陽降陰升，相合而成化育之事則同也。男女異質，睽也，而相求之志則通也。生物萬殊，睽也，然而得天地之合，稟陰陽之氣，則相類也。物雖異而理本同。故天下之大，羣生之衆，睽散萬殊，而聖人為能同之。」（二程全書八，伊川易傳三，頁二十五）

天地萬物之理相同，不是物性之理相同，而是生生之理相同，因爲都是因陰陽之感應而生，「得天地之合，稟陰陽之氣。」以生存的重點去看萬物，物皆相同；而且物對於生存的要求也相同。生存是動是變，萬物變動之理也相同。因此說天下有常道有常理，聖人識得常理，按照常理以應對萬事萬物，便能以一馭萬。「非識道者，孰能識之。」天地之理祇在一生字，生卽氣之聚。程頤解釋萃卦彖辭「觀其所聚，而天地萬物之情可見矣。」他說：

「觀萃之理，可以見天地萬物之情也，天地之化育，萬物之生成，凡有者皆聚也。有無動靜終始之理，聚散而已。故觀其所以聚，則天地萬物之情可見矣。」（同上，頁五十三）

聚之理，卽是生之理。觀生之理，則得知天地萬物和人間萬事的變化了。

4. 氣

（甲）氣的意義

陰陽所以爲陰陽的原因，稱爲天道；陰陽互相感應而相聚散的原因，稱爲理；然而陰陽本身則是氣。陰陽爲氣，有陰陽則有聚散，也卽是有氣便有理，有理便有氣。程頤說：

「有理則有氣，有氣則有數。行鬼神者，數也。數，氣之用也。」（二程全書九，伊川經說一，頁三）

氣和理沒有先後可言，猶如道和陰陽也沒有先後可言。氣，究竟是什麼呢？這是中國哲學上的大問題。程頤祇說氣是形而下，氣成形器。

「氣，形而下者。」（二程全書一，遺書三，二程語錄三，頁四）

氣常和理相對待，理爲形而上，氣爲形而下。若以陰陽代表氣，則道是形而上，氣是形而下。

「有形總是氣，無形總是道。」（二程全書一，遺書六，二程語錄六，頁二）

氣是有形；然而氣的形，來自理，氣因此理而有此形。天地萬物都由氣而成，「生物萬殊，睽也，然而得天地之合，稟陰陽之氣，則相類也。」萬物都稟陰陽之氣以生，「陰陽，氣也。」氣卽是萬物的成素，是本體的一部份，而且是本體的一半，因爲萬物是由理氣而成。萬物的本體便是理和氣，理和氣也就是本形和質料。

理是此物所以成此物之理，如一座大樓的圖形；氣是此物所以成爲此物的質料，如一座大樓的建築材料。在理論方面說：凡是物體都有本形和質料，本形對於物體在每種物體內意義是一樣，質料在每種物體內意義也是一樣，可是質料可以有多少種，使物體不相同。例如一個人的像，可以用顏色去畫，可以用石灰去塑，可以用銅去鑄，可以用大理石去彫。同是一個人的像，可是因材料不同，分爲畫像、石灰像、銅像、大理石像。因此可以知道，質料是使本形成爲具體物的因素，使本形具體化。氣便是使理具體化的因素，也就是西洋哲學所說「在」的因素。

中國古代的氣，由雲氣而來，山川初出爲氣，升上天空爲雲。雲，上升時無形，在天始凝爲稀薄之形，再結爲稍濃之形，再則結爲濃厚烏雲，然後凝爲水，水凝爲冰，水和冰再化而爲雲氣。中國古代哲學思想乃以氣有清濁，極清之氣至於無形，如鬼神之氣。（所謂無形，不是沒有本體之形，乃本體之外形）；極濁之氣則成土石。清濁之分，程度無窮，因而每個物體都不相同，就是同類之人也沒有兩個完全相同的人。氣的清濁，也稱爲氣的精粗。

「性出於天，才出於氣，氣清則才清，氣濁則才濁。」（二程全書三，遺書十九，伊川語錄五，頁四）

「物形便有大小精粗，神則無精粗。」（二程全書二，遺書十五，伊川語錄一，頁一）

形出於氣，形有精粗，卽氣有精粗。才出於氣，氣有清濁，才也有清濁。清濁精粗是否與精神物質之分有關，或說與心物之分有關。西洋的傳統哲學以精神與物質，判爲兩種實有，絕不相混；而且兩有的區分不是程度之分，而是本性之分。中國哲學則心物之分雖然很明顯，然而兩有都來自氣，氣則祇分清濁，清濁且爲程度之分。則在氣上說，似乎是心物一體了。但是氣清是神而不是物，氣濁時是物，而不是神。所以在物體上說，不是心物一體。程頤也說：「神則是神。」（同上）

（乙）眞元之氣

程頤講「眞元之氣」，在語錄中幾次提到；然而卻沒有說明眞元之氣究竟是什麼。

「真元之氣，氣之所由生，不與外氣相雜，但以外氣涵養而已。若魚在水，魚之性命，非是水為之，但必以水涵養，魚乃得生爾！人居天地氣中，與魚在水無異。至於飲食之養，皆是外氣涵養之道。出入之息者，闔闢之機而已，所出之息，非所入之氣。但真元自能生氣。所入之氣，止當闔時隨之而入，非假此氣以助真元也。」（二程全書二，遺書十五，伊川語錄一，頁十七）

「若謂既返之氣，復將為方伸之氣，必資於此，則殊與天地之化不相似，天地之化自然生生不窮，更何復資於既斃之形。……人氣之生，生於真元。天之氣，亦自然生生不窮……」（同上，頁五）

吳康教授曾說：「此眞元之氣究爲何物？伊川未及明言，昔嘗戲以「以太」名之，實乃刻畫無鹽，唐突西子。祥觀其意，似止能且之爲「宇宙精神」。……由是知『氣』之爲物，蓋兼涵『材質』（物質之氣）與『志氣』（精神之氣）二義而成者也。」（註二）我認爲這種解釋並不清楚，因爲『宇宙精神』一詞，過於空泛。程頤的『眞元之氣』，必是來自道教。道教以天地有元氣，人身有元氣。人生時懷元氣而生，長大後元氣漸消耗，飲食呼吸不能助長人的元氣，祇有用天地間的元氣去補充。道教的長生之術，就在於使元氣新生，人能夠養老還童，猶如重生一次。

眞元之氣，爲氣的根源，周遊宇宙之內，變化不已，生生不息。這種氣相似莊子所說的『泰初之氣』，莊子在「達生」篇說：「壹其性，養其氣，合其德，以通萬物之所造。」成玄英疏解爲「吐納虛夷，故愛養其元氣。」這種元氣爲道教的元氣。管子「內業」篇講『氣之精』和『靈氣』。道教主張宇宙間有種元氣，生生不息，陰陽之氣由元氣而生。人之生是稟元氣而生。程頤的『眞元之氣』爲氣的根源，生生不窮，應該是化生天地之氣，也卽是不分陰陽之氣，屬於形而上。二程都不贊成張載的『太虛之氣』，「立清虛一大爲萬物之源，恐未安。須兼清濁虛實乃可言神。道體物不遺，不應有方所。」（二程全書一，遺書二上，二程語錄二上，頁六）萬物之源，神妙莫測，應稱爲道爲神，不宜稱爲清虛一大；然則眞元之氣則不是清虛，而爲一實體，兼有清濁虛實。但是追其究太虛之氣爲不分陰陽之氣，眞元之氣也是不分陰陽之氣。不過，程頤既然主張道和陰陽之氣同時並存，似乎不應該另有一不分陰陽之氣。

（丙）陰陽

(A) 陰陽的意義

「離了陰陽更無道，所以陰陽者道也，陰陽氣也。」（二程全書二，遺書十五，伊川語錄一，頁十四）

「太極者，道也。兩儀者，陰陽也，陰陽一道也。」（二程全書七，伊川易傳一，頁一）

程頤的本體論，以道和陰陽同時存在，氣因道而分陰陽，有道就有陰陽，有陰陽就有道，但是前一節研究眞元之氣，看到程頤以眞元之氣爲陰陽之氣所自出。則在陰陽之氣以先，有不分陰陽的眞元之氣。這種眞元之氣本可稱爲太極，程頤卻以太極爲道。然而眞元之氣內有道，眞元之氣因道而生陰陽之氣。這一點，和程頤所說「離了陰陽更無道」，似乎有些衝突。實際上，程頤所說「離了陰陽更無道」，是說『道』祇是陰陽之道，即易經所說「一陰一陽之謂道」，沒有別的道，並不是說道除了在陰陽以內，便不存在。道所以可以在眞元之氣以內。

道使陰陽成爲陰陽，究竟有什麼意思？

「一陰一陽之謂道，此理固深，說則無可說。所以陰陽者道，既曰氣，則便是二，言開闔，已是感。既二，則便有感，所以開闔者，道；開闔便是陰陽。老氏言虛而生氣，非也！陰陽開闔本無先後。」(二程全書二，遺書十五，伊川語錄一，頁十三)

陰陽所以成，乃是變化之道。變化之道，首先應有二，一則不能變，二則相對而起變化。相對之道爲開闔。

「一陰一陽之謂道，道非陰陽也。所以一陰一陽，道也。如一闔一闢謂之變。」(二程全書一，遺書三，二程語錄三，頁六)

開闔之理爲道，開闔爲氣的變，開闔爲陰陽，開爲陽，闔爲陰。氣爲一，開闔乃有陰陽二氣。在易經裏有進退、有動靜、有剛柔、有消長，都是陰陽所以成爲陰陽之道。程頤在「易傳」裏講剛柔動靜，例如在乾卦裏解釋「初九」「九二」說：

「理無形也，故假象以顯義，乾以龍爲象。龍之爲物，靈變不測，故以象乾道變化，陽氣消息，聖人進退。初九在一卦之下，爲始物之端。……田，地上也。出見於地上，其德已著。……乾坤純體，不分剛柔，而以同德相應。」（二程全書，伊川易傳一）

剛柔爲陰陽之德，進退爲陰陽之用；動靜則爲陰陽所以成爲陰陽之道。周敦頤在太極圖說曾說明：「太極動而生陽，動極而靜，靜而生陰，靜極復動，互爲其根。」二程都不贊成周子的太極圖，很少說動靜，而說開闔。實際上開爲動，闔爲靜，開闔卽是動靜。開闔雖用動靜可以解釋，究竟開闔是什麼？動靜又是什麼？在語錄中有「靜中便有動，動中便有靜。」在整個儒家哲學裏，尋找不到對於動靜的解釋。動靜開闔本是日常生活中的現象，表示動的狀態；然而在形上本體論，這些名詞必另有意義，我們不能說氣有動靜開闔，如同日常生活裏所見的現象一般。祇能從日常生活的現象，尋找這些現象的理，進爲伸張，退爲收縮。伸張退縮之理，卽爲陰陽之理。

(B) 陰陽的感應

天地萬物都含有陰陽，而萬物之生因陰陽之感應而生。陰陽兩氣互相感應，有陰必有陽，有陽也必有陰。陰陽因感應而相結合，結合中的陰陽有多有少，萬物乃各不同。感應也稱爲絪縕，絪縕出於易經。

「感，動也，有感必有應。凡有動皆為感，感則必有應。所應復為感，感復有應，所以不已也。」（二程全書八，伊川易傳三，咸卦，頁三）

陰陽相感應，不是正反相牴觸，而是相通。用黑格爾的辯證法解釋陰陽，不能解釋陰陽相感之理。陰陽相感應而相合，相合乃通；不通，則有反乎陰陽的感應，天地間乃有失常的現象，如暴風暴雨，都是陰陽失調。程頤解釋咸卦，說明感應相通之理。

「咸，感也。不曰感者，咸有皆義，男女交相感也。物之相感，莫若男女，而少復甚焉。凡君臣上下，以至萬物，皆有相感之道。物之相感，則有亨通之理。君臣能相感，則君臣之道通。上下能相感，則上下之志通。以至父子夫婦親戚朋友，皆情義相感，則和順而亨通；事物皆然。」（二

程全書八，伊川易傳三，頁一）

易經咸卦彖曰：「咸，感也。天地感而萬物生，聖人感人心而天下和平。觀其所感，而天地萬物之情可見矣。」程頤注解說：「感通之理，知道者，默而觀之可也。」默觀天地感應之理，便可以知陰陽感應之道。

「天地之間皆有對，有陰則有陽，有善則有惡。」（二程全書二，遺書十五，頁十四）

「電者，陰陽相軋。雷者，陰陽相擊也。」（二程全書一，遺書二下，頁七）

「問：人有不善，霹靂震死，莫是人懷不善之心，聞霹靂震懼而死否？曰不然！是雷震之也。如是雷震之，還有使之者否？曰不然！人之作惡有惡氣，與天地之惡氣相擊搏，遂以震死。霹靂天地之怒氣也，如人之怒，固自有正，然怒時必為之作惡，是怒亦惡氣也，怒氣與惡氣相感，故爾。」（二程全書二，遺書十八，伊川語錄四，頁四十一）

儒家的宇宙觀和人生觀都重在和順，陰陽相感應而相通，則事物和順，程頤注解易經歸妹卦象曰：

「雷震於上，澤隨而動，陽動於上，陰說而從，女從男之象也，故為歸妹。君子觀男女配合，生息相續之象，而以永其終，知有敝也。」（二程全書八，伊川易傳四，頁二十八）

萬物莫不有陰陽，人事也都有陰陽，陰陽的感應，貫通天地事物。

(C) 五　行

由陰陽而有五行，乃是自漢朝以來，儒家和道家的共同學說，周敦頤的太極圖說就是明顯的例證。程頤和兄長程顥都少談五行，後來朱熹也說陰陽少說五行。程頤以五行爲五物，不是一氣，五行的相剋相生，祇是盛衰相迭。

「或曰：五行是一氣。曰：人以為一物，某道是五物，既謂之五行，豈不是五物也。五物備，然後能生。且如五常，誰不知是一箇道，既謂之五

常，安得混而為一也。」（二程全書二，遺書十八，伊川語錄四，頁三十一）

「五行，只古人說迭王字，說盡了，只是箇盛衰自然之理也。人多言五行無土不得，木得土方得生火，火得土方得生金，故土寄王於四時。某以為不然，木生火，火生土，土生金，金生水，水生木，只是迭盛也。」（同上）

五行的意義解爲陰陽的迭盛，非常合理。漢朝易學家以五行配四季配四方，就是這種思想。「春時，陽始長，陰始消，萬物得陽而萌生；故春配東，似乎太陽初出；又配木，似乎木生芽。夏時，陽極盛，陰極衰，萬物因陽而暢茂；故夏配南，似乎南方多熱；又配火，似乎大盛熱氣強。秋時，陽始消，陰始長，萬物遇陰而零落；故秋配西，似乎西方太陽將落；又配金，似乎金屬的冷殺。冬時，陽極衰，陰極盛，萬物遭陰而凋殘；故冬配北，似乎北風的冰冽；又配水，似乎水的陰暗向下。陰陽至歲末，在中央相會合，中央爲土，土代表陰陽相隱，不動不顯。所以五行與四時五方相配，便看出是陰陽相交的方式了。」（註三）

5. 變化

易經講論宇宙，從變易觀點講論宇宙；易經觀點事物時，也從變易方面去看。在易經裏，宇宙萬物都是變易，宇宙間沒有不變的物體，而宇宙的現象，總括起來就是生生不息。程頤解釋易經革卦說：

「革者，變其故也。……推革之道，極乎天地變易，時運終始也。天地陰陽，推遷改易而成四時，萬物於是生長成終。各得其宜。革，而後四時成也。」（二程全書八，伊川易傳四，頁九）

天地間，陰陽變易而成四時，以生萬物。萬物成長後必有敝壞，敝壞後再有成長，繼續不息。

（甲）理 氣

天地萬物的變易，無非氣的變化，氣的變化來自理。有了變化之理纔有變化。程頤的本體論雖然還沒有講明本體由理與氣所成，然已說明一事有一事之理。至於理和氣的關係，他說：

「有理則有氣，有氣則有數。行鬼神者數也，數，氣之用也。……變化言功，鬼神言用。」（二程全書九，伊川經說一，頁三）

「有理則有氣」，有氣則也有理，理在氣上，無氣則理沒有着落。理爲一物之性，每物都有性，則每物都有理。性理爲天理的表現，爲生生之理。大地萬物都是存在的實體，每一實體都求保全自己的存在，這卽是求生之理。各物存在雖各不同，然所以存在之理則都來自天。存在之理爲能實現，須有氣爲質，氣使理成爲實有。

「有氣則有數」，數，「氣之用」，有氣乃有實際的變化，有了變化纔有數，否則常是一。理常不變，數便不適於理，數的變化卽氣的變化，神妙莫測，有如鬼神，因此說：「鬼神，用也。」

氣的變化雖神妙莫測，要之總離不了理。氣爲陰陽，理爲生理；陰陽因着生理，變化不窮。

「生生相續，變易而不窮也。乾始物而有象，坤成物而體備，法衆著矣。推數可以知來物，通變不窮，事之理也。天下之有，不離乎陰陽。惟神

也，莫知其鄉，不測爲剛柔動靜也。」（同上，頁二）

乾始物，代表理；坤成物，代表氣。理爲象，氣爲體。有象有體，物乃成。象和體的結合，繼續不息，乃能生生相續。

生生相續，不是用已壞的氣再變爲有用之氣。程頤以氣常新生，氣壞則散。

「凡物之散，其氣遂盡，無復歸本原之理。……況既散之氣，豈有復在天地？造化又焉用此既散之氣！其造化者，自是生氣。……此是氣之終始。開闔便是易，一闔一闢謂之變。」（二程全書二，遺書十五，伊川語錄一，頁十五）

這是程頤的一種新理論，以爲氣散就消失不存，一切之物是新生之氣。新生之氣來自眞元之氣。他反對莊子所說氣散，復歸天地之氣。也不同意張載和程顥所說氣的聚散。物的生，不是氣的聚，而是新生之氣。這種新生之氣，因着理而生。

新生之氣卽是陰陽之氣，陰陽相結合而成物。陰陽爲兩儀，在天地間互不相分。

「陰陽於天地間，雖無截然為陰為陽之理，須去參錯，然一箇升降生殺之分，不可無也。」（二程全書一，遺書二上，二程語錄二上，頁十九）

陰陽不截然相分離，因爲在一物之內，只有一物之理，沒有陰陽之理。然而陰陽爲變易的根源，變易則是升降生殺。

(乙) 動與恆

物體有陰陽之氣，有不變的性理；因着陰陽之氣，物常有變；因着不變的性理，物常有恒。這就是所謂「靜中便有動，動中自有靜。」（二程全書一，遺書七，二程語錄七，頁二）

「天下之理，本有不動而能恆者也，動則終而復始，所以恆而不窮。凡天地所生之物，雖山嶽之堅厚，未有能不變者也。故恆非一定之謂也。一定則不能恒矣。惟隨時變易，乃常道也。」（二程全書八，伊川易傳三）

天地萬物常常恆易，然能保持常道。恆，指着變化的一種形態，即是終而復始的形態。

這種恆的形態，有恆久不變的理。例如每年的四季，四季變化，終而復始，乃稱爲恆。四季所以能恆，有不變之理。這種理，稱爲天理。一切變化順乎天理，稱爲順天，順天故常變有恆。伊川解釋恆卦彖曰：「日月得天而能久照，四時變化而能久成。」

「此極言常理。日月，陰陽之精氣耳，唯其順天之道，往來盈縮，故能久照而不已。得天，順天理也。四時，陰陽之氣耳，往來變化，生成萬物，亦以得天，故常久不已。……天地常久之道，天地常久之理，非知道者，孰能識之。」（二程全書八，伊川易傳三，頁六）

天地有常道，常道在於生生不窮。天地有常理，常理是順於天道則變化常能有恆，終而復始。易經以復卦在剝卦之後，即是剝盡而復生。以否卦在泰卦之後，即是通極而有否。程頤解釋復卦說：

「物無剝盡之理，故剝極則復來，陰極則陽生，陽剝極於上而復生於下，

窮上而返下也。」(二程全書七，伊川易傳二，頁三十二)

程頤解釋否卦說：

「夫物理往來，通泰之極，則必否，否所以次泰也。為卦，天上地下，天地相交，陰陽和暢，則為泰。天處上，地處下，是天地隔絕，不相交通，所以為否也。」(二程全書七，伊川易傳一，頁四十四)

泰卦爲天在下，地在上，象徵天向上，地向下，天地相交。否卦天在上，地在下，象徵天地隔絕。天地常理，陰陽各在正位，則相交相通；如不在正位，則互相牴衝，不相交往。氣的交往，爲陰陽的交往；易經以天地相交，化生萬物。陰陽兩氣因互相感應而相交，相交乃起絪緼，絪緼乃生物。「易傳」說：「天地絪緼，萬物化醇。」(繫辭下　第五章)程頤解釋歸妹卦的象辭說：

「一陰一陽之謂道，陰陽交感，男女配合，天地之常理也。歸妹，女歸於

男也，故云大地之大義也。男在女上，陰從陽動，故為女歸之象。」（二程全書八，伊川易傳四，頁二十七）

「絪縕，陰陽之感。」（二程全書二，遺書十五，伊川語錄一，頁十五）

易所講宇宙的變易，都歸之於陰陽，陰陽的變化爲消長，陰陽的相交爲感應，陰陽的化育爲絪縕，爲了絪縕，萬物乃能發生。程頤說：

「卦之分，則以陰陽，陽感者居上，陰感者居下。所謂感者，或以卦，或以爻，卦與爻取義有不同。」（二程全書七，伊川易傳序，伊川易傳，上下篇義，頁一）

周易在漢朝變成了卦氣，王弼註易則掃除卦氣之說，一本義理以註易；然王弼偏於道家，常以老莊的思想牽入易經。到了宋朝，理學家根據王弼的方法，作易傳，程頤爲對易經義理發揮最當的第一人。張載雖有易傳，然不詳細。程頤的易傳，則每卦都附有註釋，發揮義理。他在「易傳序」裏說：「去古雖遠，遺經尚存，然而前儒失意以傳言，後學誦言而忘味，自秦而下，蓋無傳矣。予生千載之後，悼斯文之湮晦，將俾後人，沿流而求源，此傳所

以作也。」（同上，頁三）

（丙）體用

中國古代哲學裏所用的名詞，常多混亂不清，不僅是不同的作者，使用同一的名詞，意義不同；就是一個作者，使用一個名詞，意義也不同一。使研究中國哲學的人，感覺有很大的困難。例如心字、命字、天字，意義常不清楚。在這一些名詞中，有兩個字，從宋朝以後，常被人使用，而意義常不清楚，卽是體用兩字。這兩個字不僅在哲學上用，在普通的日常用語裏也用，例如民初提倡革新，喊出一個標語：中學爲體，西學爲用。這兩句話，若按哲學意義去講，根本不通。因爲體爲本體，用爲本體之用，怎麼可以用和本體完全是相對立，而且『用』不是本體所有的呢！當然這種標語不是哲學用語，祇是一種普通用語；體作爲根本，用作爲外面的表現。但是體用的名詞，來自哲學，在中國哲學界也習慣用。程頤卽是在自己的語錄和「易傳」裏，用這個名詞。所以我們便研究這個名詞的意義。

程頤在「周易傳序」說：

「君子居則觀其象而玩其辭，動則觀其變而玩其占。得於辭不達其意者有矣，未有不得於辭而能通其意者也。至微者，理也；至著者，象也。體用一源，顯微無間，觀會通以行其典禮，則辭無所不備。」（二程全書九，伊川易傳一，頁三）

「易傳序」說：「體用一源。」所謂體，指着辭；所謂用，指着「以解者」、「以動者」、「以制器者」、「以卜筮者」，因為程頤說「易有聖人之道四焉：以言者尙其辭，以動者尙其變，以制器者尙其象，以卜筮者尙其占。吉凶消長之理，進退存亡之道，備於辭。」（同上）辭和用都源出於理。「顯微無間」，顯是象，微是理，而象則代表辭。這裏所說的體用，不是指着本體和特性，而是指着基礎和運用，辭為基礎，或更好說：理為基礎，言談、行動、制器和卜筮為辭的運用。

程頤「與呂大臨論中書」書中說：

「在天曰命，在人曰性，循性曰道；性也、命也、道也，各有所當。大本（天下之大本）言其體，達道（天下之達道）言其用，體用自殊，安得不為二乎？」（二程全書六，伊川文集五，頁十）

程頤解釋中庸的中和，以中為體，以和為用，中為本質，和為行動。

在語錄裏程頤說：

「配義與道，卽是體用，道是體，義是用，配者合也。氣儘是有形體，故言合。氣者是積義所生者，却言配義，如以金為器，旣成，則目為金器可也。」（二程全書二，遺書十五，伊川語錄一，頁十四）

「配道與義」為孟子的話，孟子談養氣，以氣為集義所生。一個人精神生活的氣魄，要由集義去培養，卽是要有正義感。義則根之於道，道是基礎，義則是道在事物上的運用。從哲學本體論的觀點去看，道可以稱為義的本體，義由道所生，可稱為道的特性；但是程頤不主張由哲學本體論去看體用。

「問仁與心可異？曰：心是所主處，仁是就事言。曰：若是，則仁是心之用否？曰：固是！若說仁者，心之用，則不可。心譬如身，四端如四支，

四支固是身所用，只可謂身之四支。如四端固具於心，然亦未可便謂之心之用。」（二程全書二，遺書十八，伊川語錄四，頁三）

在這一段語錄裏，程頤解釋用字爲就事言。體用是從人生一方面去看，用是就人的行動而言。體爲基礎，用爲運用。

三、人生論

程頤在理學家中，最注重修養，而且主張從嚴肅方面去進修。修養之道和他的本體論相聯連，本體論對於人，則講人的性命心情。由這些觀念，推論出修養之道。

「稱性之善，謂之道，道與性一也。以性之善如此，故謂之性善。性之本謂之命，性之自然者，謂之天，自性之有形者謂之心，自性之有動者謂之情。凡此數者，皆一也。聖人因事以制名，故不同若此。而後之學者，隨文析義，求奇異之說，而去聖人之意遠矣。」（二程全書三，遺書二十五，伊川語

錄十一，頁二）

這是中國哲學的本色，祇求總合，不求分析。聖人因實而制名，名不同實也不同。後世學者強說同，而不說分，意義常混亂不清。

1. 性‧命‧才

(甲) 性

程顥以生之爲性，又以理爲性，兼以氣爲性。程頤論性，和程顥有相同之點，也有不同之點。

「孟子言性，當隨文看。不以告子生之謂性為不然者，此亦性也。彼命受生之後謂之性爾，故不同，繼之以犬之性猶牛之性，牛之性猶人之性歟，然不害為一，若乃孟子之言善者，乃極本窮源之性。」（二程全書一，遺書三，二程語錄三，頁三）

「性不可以內外言」（同上）

「某欲以金作器，比性成形。先生謂金可以比氣，不可以比性。」（同上）

性爲形而上，氣爲形而下。金成器，金乃是質料，故不可比作性，祇可以比作氣。氣是質料，性是理。性既是理，則不可分成內外，理只是一。人之理，受之於天。在天一方面說，稱爲命，中庸說：「天命之謂性」；在人一方面說，稱爲性。性從生來就有，說是與生俱來，因此告子說生之謂性。程頤和程顥都承認告子的話有他的理由，凡是性，都是生來就有的，無論人性牛性犬性；但是性的本質各有不同，因爲天所命於人物，人物所受於天，都不是一樣。

理學家常有這種說法，以天、命、理、性、心爲一個客體，祇是名字不同，不同的名字是從不同的觀點去看而取的名。程頤和周伯溫問答說：

「問心有善惡否？曰：在天為命，在義為理，在人為性，主於身為心，其實一也。」（二程全書二，遺書十八，伊川語錄四，頁十七）

「伯溫又問二子言心性天只是一理否？曰：然！自理言之謂之天，自稟受言之謂之性，自存諸人言之謂之心。又問凡運用處是心否？曰：是意也。」（二程全書三，遺書二十二，伊川語錄七，頁十四）

「二子」指程顥程頤。在這方面，二程意見相同，二程以人爲一個具體的人，人在生活上祇是一個主體，爲研究人的生活可以從多方面去看，但是主體的人祇是一個。人爲生活，由心去主宰。心怎樣去主宰？是按照人心的天理。天理是什麼呢？天理稱爲人的性，性便是人心之理。然而這個天理就是人心，因爲心自己主宰，而且按自己所想的去主宰。人心怎麼能够自己按照自己所想的去主宰？因爲人是天地的最優秀份子，得有天地之理。天理在人心，爲與生俱來，所以說「生之謂性」。

天地之理出自天命，人心天理也來自天命，因此說：「天命之謂性。」性，是從人的生活中之理去看人的生活，人的生活須有理，理應在人以內，而且每個人都有，並且是生來就有。中國哲學講人性，不是從本體方面出發，求人之所以成人之理，而是從倫理道德方面出發，求人之所以爲人，卽人之所以度人的生活之道。人之所以度人的生活之道，稱爲性。當然，人的生活之道，合於人之所以成人之理，一爲人動的方面，一爲人靜的方面。

「言天之自然者謂之天道，言天之付與萬物者，謂之天命。」（二程全書二，遺書十一，明道語錄一，頁七）

「理也、性也、命也，三者未嘗有異。窮理則盡性，盡性則知天命矣。天命猶天道也，以其用而言之，則謂之天命。命者，造化之謂也。」（二程全書三，遺書二十一下，伊川語錄七下，頁一）

程頤多次重複這種思想，在他的思想裏，天地運行有自然之道，稱爲天道。天地運行而生萬物，萬物分有天地運行之道，稱爲受有天的稟賦，稱爲性。

「性出於天，才出於氣。」（二程全書三，遺書十九，伊川語錄五，頁四）

但是天道和人所稟受的天道，兩者有分別。天道是天地運行之道，也是人生活之道，就這一方面說，程頤說是人性之本原，或性之本。若乃「孟子之言善端，乃極本窮源之性。」

「性相近也，此言所稟之性，不是言性之本，孟子所言，便正言性之本。」（二程全書三，遺書十九，伊川語錄五，頁四）

性有本原之然，或稱本性之性，或稱天地之性，張載和程顥都用這些名詞。性又有稟受之性，即每人所有之具體之性，即是和心意義相同之性，這種性也稱氣質之性，即程顥所說：「性，氣也。」

「性相近也，習相遠也，性一也，何以言相近？曰：此只是言氣質之性。如俗言性急性緩之類，性安有緩急，此言性者，生之謂性也。」（二程全書二，遺書十八，伊川語錄四，頁十九）

程頤不大講氣質之性，也不多談性中有氣，這一點和程顥有些不同，因爲程頤已經嚴守理氣之分。

包含在氣質之性以內。

（乙）才

氣質之性，爲每人所稟賦的性，性和氣相合，氣有清濁，性便有不同。在氣質之性中包括「才」。才固然不是性，「性出於天，才出於氣。」然而在氣質之性中已包含氣，才便也包含在氣質之性以內。

「又問上智下愚不移，是性否？曰：此是才，須理會得性與才所以分處。又問中人以上可以語上，中人以下不可以語上，是才否？曰：固是！然此只是大綱說。」(同上)

才出於氣，氣分清濁，才乃有高下。人的聰明，人的脾氣，人的才能，都稱爲才。才是生來就有的，和性相似。才不是良能，因爲良能是不學所能，才須等學習纔能發揮。孟子所說的良能，乃是心的善端。

「性出於天，才出於氣。氣清則才清，氣濁則才濁。」(二程全書三，遺書十

九，伊川語錄五，頁四）

才與性不相同，也就和心不同；然而和命本可以相同，因爲才也是天所賦，因此也是天命。每人的才，生來如是，自己不能爲力。但不稱爲命，因爲命是不可更改的，人對於命，祇有承受。才，則可以用人力以改之，愚的人，努力也可以求學，孔子祇說上智與下愚不移。究竟上智和下愚的人並不多。普通的人都應努力以成全自己的才。程頤所以說：

「揚雄韓愈說性，正說著才也。」（同上）

「荀揚，性已不識，更說甚道。」（同上，頁六）

性和才的分別，在程頤眼中，非常重要；因爲討論性善或性惡時，所有錯誤，多是來自性和才沒有分別好。揚雄主張性善惡相混：「修善則爲善人，修惡則成惡人，氣者通善惡之馬。」（法言 修身）氣混在性內；氣有善有惡。程頤批評他說的是才不是性。韓愈以性分三品，「上者善焉而已矣，中焉者可導而上下也，下焉者惡焉而已矣。」（原性）程頤認爲所謂性之三品，可就才而言，不可就性而言。因此他說揚雄韓愈以及荀子都沒有認識性的本質，把性和才相混。但是他也說明才的善惡，是就原則方面說，至於每一個人的善惡，是在於每人的修養。「才猶言材料，曲可以爲輪，直可以爲棟樑，若是毀鑿壞了，豈關才事。……或曰：人材有美惡，豈可謂非才之罪，曰：才有美惡者，是舉天下之言也。若說一人之才，如因富歲而賴，因凶歲而暴，豈才質之本然邪？」（二程全書二，遺書十八，伊川語錄四，頁十九）

（丙）命

「在天曰命，在人曰性，貴賤壽夭，命也。仁義禮智亦命也。」（二程全書三，遺書二十四，伊川語錄十，頁三）

程頤雖以命和性，同指一個客體，然而命字有兩種不同的意義。概括地說，命指着天命，天命在人是人性，「言天之付與萬物者，謂之天命。」也就是中庸所說：「天命之謂性。」就命的特別意義說，則不指着人性，而是指着生命發展的必然形式，本人不能抗拒或改變這種必然的形式，如貧富窮達壽夭。這些發展生命的形式，由上天所定，人自己不知道，自己努力按照自己的志願去創造生命的形式，求富求達，但總不能改變上天的命令。這種天命，不是賦給人性的天命，人性對於每一個人都是一樣的；也不是包含「才」的氣質之性，因爲才相等的人，遭遇並不相同。對於生命的發展，每個人有各自的形式或境遇，這種形式或境遇爲天命，人不能抵抗。普通稱這種命爲命運或遭遇。

「問命與遇何異？先生曰：人遇不遇，即是命也。曰：長平之戰，四十萬人死，豈命一乎？曰：是亦命也。……又問或當刑而王，或為相而餓死，或先貴後賤，或先賤後貴，此之類，皆命乎？曰：莫非命也。旣曰命，便有此不同，不足怪也。」（二程全書二，遺書十八，伊川語錄四，頁十七）

墨子曾反對命運論作「非命」篇，儒家孔子孟子雖知道有天命，但仍努力不懈；因爲貧富窮達和壽夭不足以成爲人生的成果，也不足爲代表人生的事業；人之所以爲人，在發揚人性，中庸稱爲盡性以參天地化育，大學稱爲明明德、親民和止於至善。而且天命不是憑空決定，乃是爲報應人的善惡，善惡可以改易天命。

「知天命是達天理也。必受命是得其應也。命者，是天之所賦與，如命令之命。天之報應皆如影響，得其報者，是常理也；不得其報者，非常理也。然而細推之，則須有報應。但人以狹淺之見求之，便謂差互。天命不可易也，然有可易者，惟有德者能之，如修養之引年，世祚之祈天永命，常人之至於聖賢者，皆此道也。」（二程全書二，遺書十五，伊川語錄一，頁十四）

富貴。程頤反對命運論或宿命論，然而他所主張的改易天命，是在精神生活方面，不努力以求

「子曰：天生德於予，桓魋其如予何！人莫不知有命也，臨事而不懼者鮮矣，惟聖人為能安命。」（二程全書九，程氏經說六，頁九）

人都知道有命，惟有聖人則安命，安命則臨事不懼，孔子稱讚顏淵居陋巷而樂，即是稱讚他能安於命，乃能樂道。程頤說「知天命是達天理」，所說命，不是人性之理，是人所受遭遇的命；知道這種天命卽達天理，因爲人有命乃是天理的常道。

「大凡利害禍福，亦須致命須得。致之為言，直如人以力自致之謂也。得

之不得，命固已定。君子須知佗命方得，不知命無以為君子。蓋命苟不知，無所不至。故君子於困窮之時，須致命便遂得志，其得禍得福，皆已自致，只要申其志而已。」（二程全書一，遺書二上，二程語錄二上，頁十四）

「求之有道，得之有命，是求無益於得。言求得不濟事。此言猶只為中人言之，若為中人以上而言，卻只道求之有道，非道則不求，更不消言命也。」（同上）

貧富禍福，由命而定；但人若不去求，則命也不會實現，「亦須致命須得」。君子之人，和中人以上的人，志向不在於貧富禍福，卻在於人生之道。他們知道有命，絕不妄求富貴，所求的，是在伸張自己的志向，對於君子便不必講命了。程頤和程顥都是一生以「道」為目標，不貪求官爵。程頤雖身遭貶謫，誤坐朋黨之禍，卻常是氣概嚴肅，堅守自己的修身之道。「窮理盡性至命，只是一事，纔窮理便盡性，纔盡性便至命。」（二程全書二，遺書十八，伊川語錄四，頁九）

（丁）性的善惡

程頤批評荀卿，揚雄和韓愈，都不懂「性」的意義，就是因爲性的善惡問題。宋朝理學家從邵雍開始，已經注意性的善惡問題，張載和程顥也都談到，程頤則進而加以分析。孟子曾以性爲善，才也不是惡。程頤隨從孟子的主張，又加以分析的說明。性本善，才則有善有不善。孟子所說的性，爲本原之性，本原之性爲善；因爲本原之性爲理，理當然是善。「易傳」曾說：「一陰一陽之謂道，繼之者善也，成之者性也。」由一陰一陽之道繼續變化而成之性，必定是善。惡則來自氣；因爲氣有清濁，濁則使人性天理昏暗，天理昏暗便成惡。程顥主張惡也來自理，卽是以惡爲天理的昏暗。程頤不談善惡同出一原，祇說惡出於氣。

「天地之間皆有對，有陰則有陽，有善則有惡。君子小人之氣常停，不可都生君子。但六分君子則治，六分小人則亂。七分君子則大治，七分小人則大亂。」（二程全書二，遺書十五，伊川語錄一，頁十四）

「問人性本明，因何有蔽？曰：此須索理會也，孟子言人性善是也，雖荀楊亦不知性。孟子所以獨出諸儒者，以能明性也。性無不善，而有不善者才也。性卽是理，理則自堯舜至於途人一也。才稟於氣，氣有清濁，稟其清者為賢，稟其濁者為愚。又問愚可變否？曰：可！孔子謂上智與下愚不

移，然亦有可移之理，惟自暴自棄者，則不移也。」（二程全書二，遺書十八，伊川語錄四，頁十七）

「性出於天，才出於氣。氣清則才清，氣濁則才濁。」（二程全書三，遺書十九，伊川語錄五，頁四）

程頤把理氣分得清楚，理爲天理，性卽天理，乃是善。氣生才，因氣有清濁，才有賢不肖。因此，善出於理，惡出於氣。氣所以有惡，非本身有惡，祇是氣濁，則蒙蔽人性天理。蒙蔽天理之濁氣，產生私慾，私慾乃蒙蔽人性天理。所以善惡，並不在於性和才，乃是在於人心，人心本也是善，人心有惡，是情慾蒙蔽人心而造成惡。

惡是天理不顯，人心之動不合於中，而有所偏。張載已說到氣質之性，以氣質之性可以惡，程顥也有這種主張。程頤沒有明白說到氣質性的善惡，而以才有善惡。而才之善惡，不是才能的高下和智慧的智愚，乃是才代表情慾，情慾的清濁卽是才的清濁，才的清濁來自於氣。才包含在性以內，卽是氣質之性。才有善有惡，卽是氣質之性有善有惡。荀子主張性惡，程頤認爲荀子所說不是性，而是才，揚雄以性爲善惡混，程頤也認爲揚雄所說的是才。因此程頤不承認性有善惡，有善惡者爲才，性則本來是善。

「氣有善不善，性則無不善也。人之所以不知善者，氣昏而塞之耳。孟子所以養氣者，養之至則清明純全，而昏塞之患去矣。」（二程全書三，遺書二十二下，伊川語錄七下，頁一）

程頤說得很清楚，惡來自氣；氣所以有惡，在於重濁而昏蔽人心天理，人不知理便行動有偏，不合於禮義，乃作惡。因此他主張致知，人知天理則將爲善。這一點，和道心人心的思想有關係，道心爲理，人心爲慾，道心可視爲性，人心可視爲氣。人心的慾情蔽塞道心，心乃傾於惡。「人心惟危，道心惟微」書經的話，程頤常引以爲戒。

2. 心・情・意・志

（甲）心的意義

「自性之有形者，謂之心。」（二程全書三，遺書二十五，伊川語錄十一，頁二）

講到了人心道心，我們就看到性和心的關係非常密切；程頤且以性和心同指一客體，祇是名詞不同，所指的意義有分別。照我們看來性和心並不同是一實，祇是兩者所指的實互相聯繫。中國哲學家看性和心，都是從人生方面去看，人之爲人之道，在於「率性」，性便是爲人之道的根本；但是性祇是一個抽象的理，人之所以生活則全在於自己的心靈，生命的一切事都由心去主持，心就是生命的中心和基礎。這樣看來，性和心必定要有密切的聯繫；而且兩者既都是人生的根本基礎，理學家便認爲兩者同是一實，祇是名詞不同。從理一方面去看，生命的根本爲性；從主宰一方面去看爲心。

心爲人生命的主宰，乃是荀子的主張，理學家都承襲這種思想。

「人多思慮，不能自寧，只是做他心主不定。」（二程全書二，遺書十五，伊川語錄一，頁一）

「理與心一，而人不能會之為一。」（二程全書一，遺書五，二程語錄五，頁一）

這一段語錄，可以代表程顥的思想，也可以代表程頤的思想。兩人的思想都以人心和天理爲一，普通人則以心爲心，天理爲天理，而要以心去找尋天理。程顥對於「會之爲一」，主張人心卽天理，心祇要反省以觀自心的天理就是致知。程顥對於會字是「體會」的意思，有直覺而不用思索的意思。程頤對於「會之爲一」，則不是體會，而是「能夠」的意思，「能夠」必須努力，必須用思索追求。而且天理在人心，也在事物，則致知也可以追求外面事物之理。

「或問獨處一室或行闇中，多有驚懼，何也？曰：只是燭理不明。若能燭理，則知所懼者妄，又何懼焉。」（二程全書二，遺書十八，伊川語錄四，頁六）

「觀物理以察己，旣能燭理，則無往而不識。」（同上，頁九）

「天下物皆可以理照，有物必有則，一物須有一理。」（同上）

觀外物之理以察己心之理，這是程頤的主張，和程顥體會自心之理的主張不同。人爲觀物之理，是用自己的心去觀物理。心虛明，能知物理，這也是荀子的思想，程頤雖沒有明明提出這一點，然而他不但接受荀子的思想，而且還摻雜了道敎和佛敎的思想，以人心虛明，能超出空間和時間的限制，對於遠地和將來的事也可以知道。

邵雍一生常多詼諧，在臨終時，也是諧謔，程頤去警戒他，他習以爲常。那時親友在大聽商量後事，把他遷葬城中，邵子早已爲自己營了墓地，他當時在房裏卻能聽到親友的談話，就告訴自己的兒子，不能遷葬。親友想他們說話聲音大被他聽見，出到外面談話，他卻也能聽見。程頤說：

「以他人觀之，便以為怪，此只是心虛而明，故聽得。問曰：堯夫未病時不如此，何也？曰：此只是病後，氣將絕，心無念慮，不昏，便如此。又問釋氏臨終亦先知死，何也？曰：只是一箇不動心，釋氏平生只學這箇事，將這箇做一件大事，學者不必學他，但燭理明，自能之，只如邵堯夫事，佗自如此，亦豈嘗學也。」（同上，頁十二）

心虛明，不爲氣所昏蔽，可以明燭事理。而所明燭者不僅是抽象的事理，卻能聽到通常人所不能聽到的聲音和預先知道自己的死期，在道教和佛教裏，則將稱爲神通，莊子則以爲是氣知，是人心的一種直覺，不可以理喻。

（乙）心的本質

心是否有限量？

「問人之形體有限量，心有限量否？曰：論心之形，則安得無限量。又問心之妙用有限量否？曰：自是人有限量，以有限之形，有限之氣，苟不通之以道，安得無限量。孟子曰盡其心知其性，心卽性也。在天為命，在人為性，論其所主為心，其實只是一箇道。苟能通之以道，又豈有限量？天下更無性外之物。若云有限量，除是性外有物，始得。」（同上，頁十七）

程頤的這一段話，包含幾個重要的觀念：第一，人的「存有」是有限量的，因爲人的「形」和「氣」有限量，所謂形，不是外形，而是人之所以爲人之形，卽是理由氣的限制而成之形。這種形，是人之所以成人之理。氣則爲質料，人的形和氣都是有限量的。

第二，心的用爲妙用，妙用在易經和理學家中也稱爲神，卽是無形跡，不受時空的限制。人的用，爲一種妙用，心也就可以稱爲神。然而心雖稱爲神，卻並不是無限量的；因爲人自己是有限的存有，則心的妙用也有限量。在智識方面，心的妙用有限量；在欲望方面，心的妙用也有限量。通常卻說人心追求智識和人心的欲望是無限的，這所說的無限爲數學上的無限，不是本體上的無限。

第三，「性外無物」，性和理相同，天下萬物之理同是一道。人性之理，和物性之理，同是一道。則萬物之性理，和人性的性理，都在道以內。道既是人性之理，又是物性之理，則在性外便沒有別的性理了，所以說「性外無物。」在這一點上，程頤和程顥的主張不相同。程顥說「心外無理」，程頤說「性外無理」，兩人雖都以性和心同是一實，但是在結論上便相離很遠了，就是後來朱熹和陸象山的兩個學派。

心有善惡否？

「問心有善惡否？曰：在天為命，在義為理，在人為性，主於身為心，其實一也。心本善，發於思慮，則有善有不善。若既發，則可謂之情，不可謂之心。譬如水，只謂之水；至如流而為派，或行於東，或行於西，卻謂之流也。」(同上)

程頤以心之本體爲善，沒有不善，因爲性卽理，理常善，心主身的一切行動，心爲主宰時，自然按性理而主宰。若不按性理，則是心爲慾所蔽。慾爲氣，氣成才，氣淸而才淸，則不蔽塞心的天理。氣濁而才濁，則蔽塞心的天理。

程頤把心和情予以分別，把善和惡歸之於心之動，不歸於心之體。心之動稱爲情。心沒有善惡，情則有善惡。這種區分，對於心和情是合理的；對於善惡則不合理。善惡不是本體方面的善惡，祇是倫理方面的善惡，倫理的善惡應歸於爲主之心。程頤的思想，來自中庸。中庸說：「喜怒哀樂之未發謂之中，發而皆中節謂之和。」中爲心，發爲情，中節或不中節屬於既發之喜怒哀樂。然而心不是塊然不靈的抽象之中，而是活潑作主宰的心靈，喜怒哀樂中節或不中節，由心作主。心當然可以受情慾的牽制，然正因爲如此，程頤乃講養心。

(丙) 情

「自性之有動者，謂之情。」（二程全書三，遺書二十五，伊川語錄十一，頁二）

「心本善，發於思慮，則有善不善。若既發，則可謂之情，不可謂之心。」（二程全書二，遺書十八，伊川語錄四，頁十七）

「問喜怒出於性否？曰：固是，纔有生識，便有性。有性，便有情，無性安得情。又問喜怒出於外，如何？曰：非出於外，感於外而發於中也。問性之有喜怒，猶水之有波否？曰：然！湛然平靜如鏡者，水之性也。及遇沙石或地勢不平，便有湍激，或風行其上，便為波濤洶湧，此豈水之性也哉？人性中只有四端，又豈有許多不善底事！然無水安得波浪，無性安得情也。」（同上，頁十七）

在這兩節語錄裏都講說情，然似乎有所不同。第一節謂心之動爲情，卽是喜怒哀樂既發，便稱爲情，不稱爲心。第二節說情出自性，有性便有情，無性安得有情。這種差異，雖然可以解釋，因程頤以心和性同是一實；但性和心究竟在意義上不相同，則情發於心生於性，兩者的意義也必有不同。情發於心，因情爲心之動；不動時稱爲心，動時稱爲情。不動之心也稱爲中，也就是性，「湛然平靜如鏡者，水之性也。」情生於性，則是說心之動有動之理，動之理則是性，人有喜怒哀樂，是因人性有喜怒哀樂之理，其他萬物則沒有喜怒哀樂之理。雖說動物如家畜之狗，也表示喜怒哀樂之情，然其表現之情和人所表現之情究不相同。程頤說「有性，便有情，無性安得情。」但是程頤說這話，他另有一種思想，卽是爲解釋性的善惡。他以性如水，本性「湛然平靜如鏡」，是善；至於不善，乃是如同水流出時有偏激混濁，卽是既發之情。語錄中有一段話，可以是程顥的，然也可以是程頤的，就有這種解釋：

「凡人說性，只是說繼之者善也，孟子言人性善是也。夫所謂繼之者善也者，猶水流而就下也，皆水也。有流而至海，終無所污，此何煩人力之為也。有流而未遠，固已漸濁，有出而甚遠方有所濁，有濁之多者，有濁之少者，清濁雖不同，然不可以濁者不為水也。如此，則人不可以不加澄治之功。故用力敏勇，則疾清，用力緩怠，則遲清。及其清也，則却只是元初水也，亦不是將清來換却濁，亦不是取出濁來置在一隅也。」（二程全書一，遺書一，二程語錄一，頁七）

這一段話解釋善與不善同出於性，乃是程顥的主張；然而以情有不善，不善出於性，情所以出於性，則是程頤的主張了。照這樣去講，則所謂性，乃是包含「才」的「氣」之「氣質之性」了。

照我們看來，性無所謂動不動，也無所謂發不發，因爲性是理，理居於抽象的形而上。所謂動和發，應屬於心；後來朱熹便分辨得清楚。程頤自己也常講不動心，又說「性中只有四端，又豈有許多不善底事！」。然他把性與心相混，沒有能够把情講明白。

善惡的問題，從本體方面去講，這是儒家研究性的善惡，常犯的錯誤。善惡爲倫理的問題，中庸以喜怒哀樂既發中節或不中節爲善或不善，說得正確。儒家從告子和孟子以來，研究喜怒哀樂之發爲什麼緣故中節或不中節呢？便進入本體論的境域，以爲人的善惡來自人的本性。漢唐的儒家都和孟子一樣，在性的本質上追求善惡的根由，宋朝理學家自張載到二程，則以性爲善，不善來自情，因情出自氣，氣有清濁。實際上從本質方面說，情也無所謂不善，而且祇能說是善；喜怒哀樂之情可以發而爲善，也可以發而爲惡，所發而成的善惡，不在情的本身，是在情所在的目標和方式。目標和方式，爲心的意志，由心去主宰。而且目標和方式的善惡，由倫理的標準去評價。

情爲喜怒哀樂之發，怎樣發動呢？「感於外而發於中」。外面的事物刺激感官，由感官而刺激情感，情感起反應而發，情感發時心卽動；情因稱爲心之動，也是「發於中」。西洋哲學在心理學方面講述情感作用，兼採實驗心理學的結論。

西洋哲學的情卽是欲，中國哲學也常以情和欲並用。程頤是否以情爲欲呢？

「視聽言動，非理不爲，卽是禮，禮卽理也。不是天理，便是私欲。人雖有意於爲善，亦是非禮。無人欲，卽皆天理。」（二程全書二，遺書十五，伊川

語錄一，頁一）

「養心莫善於寡欲。不欲則不惑。所欲不必沉溺，只有所向便是欲。」

（同上，頁二）

程頤常以私欲和天理相對待，天理爲善，私欲爲惡。孟子曾以欲爲惡，曾講寡欲；理學家也都講寡欲；祇有程顥不主張寡欲，而主張導之於善。程頤是主張寡欲的，也以欲爲惡。吳康教授說：「只有所向便是欲，則一切欲望嶄嚮皆欲也，既有嶄嚮，則非普遍，故曰私欲，謂偏私也。欲起於人心，所謂人欲。反私爲公，故與人欲相對待之天理爲公。」（註四）我認爲有所向便是私，不算正確。欲爲人之動，凡是動都有所向，而所向不一定是惡。兒子愛父母，也是心有所向，然而是善，合於天理。人心所以稱爲私欲，在於所向者不是天理，而是一已之私利，一已之私利和天理之公利相反，故傾於私利之欲乃稱私欲。至於私欲稱爲人欲，則因爲傾於私利之欲，不發自人性天理，而發自人的自私之心，卽是人所爲，故稱人欲。

人欲是不是情？人欲既是心之動，便是情。情稱爲欲，是因爲情有所追求，追求的感應非常強烈，故稱爲欲。實際上若說「有所向便是欲」，是從情一方面說；若從心一方面說，

「有所向」乃是意。

(丁) 意與志

上面所引的一段語錄中，有一句話說到意，「人雖有意於爲善」，這個意字很可以改爲心字，「人雖有心於爲善」，普通也常說有心或無心，有意或無意，心和意似乎意義相同。雖說相同，實則反不相同。相同，在指心的作用；不同，在指心的本體。心爲體，意爲用。後來朱熹解說意爲心之所向。

「自理言之謂之天，自稟受者言之謂之性，自存諸人言之謂之心。又問凡運用處是心否？曰：是意也。棣問意是心之所發否？曰：有心而沒有意。」(二程全書三，遺書二十二上，伊川語錄八上，頁十四)

「君子之學，在於意必固我。既亡之後而復於喜怒哀樂未發之前，則學之至也。」(二程全書三，遺書二十五，伊川語錄十一，頁一)

「意必固我，既亡之後，必有事焉，此學者所宜盡心也。」(同上，頁四)

意爲心之所向，重要的在於意不向外求，而求「固我」。固我爲保持自我的天性，使心不放。孟子講求放心，卽是心已隨意而外求福利，便是使心亡了，立刻要知道把心收回來。程頤接受孟子的主張，「旣亡之後，必有事焉」，「事」就在於「復於喜怒哀樂未發之前」。也就是「存夜氣」。程頤把意和心連在一起，盡心去使「意必固我」。

志是意所向的目的，卽是「心之所之」。如說君子志在爲聖賢。

「志不可不篤，亦不可助長。不篤則忘廢。助長，於文義上也且有益，若於道理上助長，反不得。」（二程全書三，遺書二十三，伊川語錄九，頁一）

程頤講意和志，不是從本體方面去講，而是從修養方面去講，這乃是理學家一貫的態度。但爲知道意和志在修養方面的功效，先該明瞭意和志在本體方面的意義。意爲「心之所向」，志爲心之所之。這種意義雖是朱熹所講，然在程頤的思想裏已經有，祇是沒有明白說出來。

志爲心所向的目標，對於目標，便應該篤實。若不篤實則不久便忘了或者廢了，不發生作用。然也不可操之過急。孟子講不助長，程顥雖贊成，程頤也相當贊成。

志若是篤，不僅是能持久不懈，而且能率氣。

「志，氣之帥。若論浩然之氣。則何者為志？志為之主，乃能生浩然之氣。志至焉，氣次焉，自有先後。」（二程全書二，遺書十五，伊川語錄一，頁十五）

「志順者，氣不逆。氣順志將自正，志順而氣正，浩然之氣也。然則養浩然之氣也，乃在於持其志無暴其氣也。」（二程全書三，遺書二十五，伊川語錄十一，頁五）

志爲心之所之，爲自我所決定的目標，自我所有的努力便都向這目標，另外是心常向這個目標。氣則是人的存有的質料，也就是人的生命的質料，生命的一切活動都由氣而成。不僅人的理智和感官以及情欲都是氣，就是人的心理作用也是氣。浩然之氣卽是人的一種心理狀態；這種心理狀態代表人的理想超出世界萬物，不以萬物爲自己所追求的目標；自己所追求的目標，爲無形的精神至善。又代表人的心，不以事物的順逆而起變動，常平靜安和。這種心境是我們普通所說的大無畏精神，所說的氣呑山河的精神。孟子曾說浩然之氣，充塞宇宙，卽人心之氣和天地之氣相接相通，人的心擴充到整個宇宙。然而這種氣由志去率領。

若是人尚沒有修養到浩然之氣的境界，人心之氣之動都該由志去率領，絕不可由氣來率領志；如同一個軍隊，應由主將來率領，而不能由軍隊來率領主將。「志，氣之帥」。

「或問人或倦怠，豈志不立乎？曰：若是氣體勞後須倦。若是志，怎生倦得！人只為氣勝志，故多為氣所使。如人，少而勇，老而怯，少而廉，老而貪，此為氣所使者也。若是志勝氣時，志既一定，更不可易。」（二程全書二，遺書十八，伊川語錄四，頁七）

志，應該合於道義，孟子以浩然之氣由集義以成。志合於道義則順，志順，氣也正。氣正，當然志也是順。「志順而氣正，浩然之氣也。」

「率氣者在志，養志者在直內。」（二程全書二，遺書十五，伊川語錄一，頁七）

這個「率」字和帥字相通，有率領的意思，和「率性之謂道」的率字不同，程頤解釋率性的率字：

「率性之謂道，率，循也。」（同上）

「問學者須志於大，如何？曰：志無大小！且莫說道，將第一等讓與別人，且做第二等，才如此說，便是自棄。……言學便以道為志，言人便以聖為志。自謂不能者，自賊者也。謂其君不能者，賊其君者也。」（二程全書二，遺書十八，伊川語錄四，頁六）

儒家的志向，都要在學道做聖賢。這就是大學所說：「大學之道，在明明德，在親民，在止於至善。」孔子在論語上也曾同弟子們言志：弟子們說出各自的抱負，他也說出自己的志向：「老者安之，朋友信之，少者懷之。」（公冶長）又一次說：「吾與點也」（先進）。

3. 宗教信仰

理學家在一般人看來，都沒有宗教信仰。他們都重理，以理爲天，天卽自然，常說「理之自然者爲天」。但是，若從他們的人格去研究，他們修養德性，品格高尚，以古聖人爲模範，則又不能沒有精神的支持者。道家老莊雖然不信上天而也能修養高尚的人格，然而老莊的人格，祇是一種自私的人格。若說孔子的人格，以天地好生之德爲仁而追求仁德，則不能不信上天造物的愛心；否則，天地運行，任其自然，和老莊的思想一樣，沒有好生的仁道可講。理學家最重仁道，又以仁道乃是天地好生之心，則理學家便不能離開詩經易經和論語所有的宗教信仰。程頤一生治身嚴肅，敎導門生也嚴格；他的人生哲學雖看來沒有宗敎信仰，但在基礎上還是深信上天。

(甲) 天

程頤的天字，常有自然或天然的意義；所謂自然或天然，即是生來就有。「生之謂性」性是生來就有的，性便是天然的。「性之自然者謂之天」，即性之由來謂之天，性中所有良能也稱爲天。然而所謂自然，和老子所謂自然則有分別；老子所謂自然，以一切由道的自然而變乃成爲有，沒有所謂天心天意，沒有所謂上天主宰。程頤所說的自然，即是天然而有，不由人力，如孟子所說良知良能，生來就有，不必學習。「性之自然者謂之天」，性的一切都自然而有，一切都是天然，便稱爲天。他講天時，乃講天然而有的性。性是理，天也指着理。「伯溫又問二子言性天只是一理否？曰：然！自理言之謂之天，自稟受者言之謂之性，自存諸人言之謂之心。」(二程全書三，遺書二十二上，伊川語錄八上，頁十四)

以理爲天，並不是以理爲一個精神實體，先天地而存在，或以理爲宇宙之元的太極，故稱天，以理性之天去替代書經詩經的有意志之皇天上帝。程頤以理和氣同在，天地之理在天地之內，是一種超然之理。以理爲天，祇是承認理爲天然所有，又承認理的規律都是天然的結論。就如易經所說的天道，乃一種自然的規律。但並不否認天道和天理爲造物者所給的律則。「天造人物，有物有則」。程頤也承認這一項道理。

程頤解釋書傳中的帝字和天字的意思：

「詩書中，凡有箇主宰底意思者，皆言帝，有一箇包涵徧覆底意思則言天，有一箇公共無私底意思則言王，上下千百歲若合符契。」（二程全書一，遺書二上，二程語錄二上，頁十三）

「乾，天也。天者，天之形體；乾者，天之性情。乾，健也，健而無息謂之乾。夫天專言之，則道也，天且弗違是也。分而言之，則以形體謂之天，以主宰言之謂之帝，以功用謂之鬼神，以妙用謂之神，以性情謂之乾。」（二程全書七，伊川易傳一，頁一）

程頤將詩經書經和易經的天和詩書的帝互不相同，易經以自然之天代替了詩書的主宰之帝，易經代表戰國和漢朝初年的儒家思想已經揚棄了詩書所有上帝的信仰，主張一切都歸於自然。程頤註解易經作易傳卻以帝和天以及鬼神都同在一實。宇宙由一位尊神主宰，稱之為帝或上帝。上帝主宰宇宙由有形之天而表現出來，有形之天代表上帝的造化功臣，因而以有形之天稱呼上帝。上帝在有形之天內所表現功用，無形跡可尋，乃稱為鬼神；上帝的這種功用，神妙莫測，乃稱為神；上帝的這種功用，又循環不息，乃稱為乾。這樣，儒家所用的『天』雖指着有形之天，雖指着自然之理，並不是像老莊所說的塊然無靈的自然，以萬物作芻狗，而是有好生之德和好生之心的天；這所稱的天，代表主宰之帝。因此，程頤保持有詩書中所有的上天信仰。

「君子宜獲祐；然而有貧悴短，大以至無繼者，天意如何，氣鍾於賢者，固有不周也。」（二程全書二，遺書十五，伊川語錄，頁六）

君子宜獲上天的福佑，然而卻有貧困或夭折的君子；程頤嘆息天意難測，對於君子的福佑也不周徧。這種嘆息表示程頤對上天的信仰。

程頤當時對於郊祭之禮，主張遵循古制，不可廢棄，也不可保守六天之說。

「又問三年一郊與古制如何？曰：古者一年之間，祭天甚多。春則因民播種而祈穀，夏則恐旱暵而大雩，以至秋則明堂，冬則圜丘，皆人君為民之心也。凡人子不可一日不見父母，國君不可一歲不祭天，豈有三年一親郊之理。」（二程全書三，遺書二十二上，伊川語錄八上，頁七）

「用休問北郊之禮？曰：北郊不可廢！元祐時，朝廷議行，只為五月間天子不可服大裘，皆以為難行。不知郊天郊地，禮制自不同。天是資始，故凡用物皆尚純，藉用藁秸，器用陶匏，服用大裘，是也。地則資生，安可亦用大裘？……郊天郊地又與共祭父母不同也。此是報本之祭，須各以類祭，豈得同時邪？」（同上，頁八）

「又問六天之說，曰：此起於讖書，鄭玄之徒從而廣之，甚可笑也。……豈有上帝而別有五帝之理。此因周禮言祀昊天上帝而後又言祀五帝，亦如之，故諸儒附此說。又問周禮之說果如何？曰：周禮中說祭祀更不可考證。六天之說正與今人說六子是乾坤退居不用之時同也。不知乾坤外，甚底是六子？譬如人之四肢，只是一體耳，學者大惑也。」（同上）

「又問郊天冬至當卜邪？曰：冬至祭天，夏至祭地，此何待卜邪？又曰：天與上帝之說如何？曰：以形體言之謂之天，以主宰言之謂之帝，以功用言之謂之鬼神，以妙用言之謂之神，以性情言之謂之乾。」（同上）

引用上面幾段稍長的語錄，爲的是能看清程頤對上天的信仰。他稱皇帝祭天如同子女見父母，他以祭天和祭地不能同時舉行，他又責備六天之說以昊天爲一，又解釋了天與帝之說。他對上天的信仰和古書所載相同。

（乙）鬼神

儒家信上天，也信鬼神，因爲書經和禮記載有祭天神地祇的典禮。戰國時，人多信鬼，孔子乃說：「敬鬼神而遠之。」宋明理學家都奉行了孔子的敎訓。程頤說：

「俗人酷畏鬼神，久亦不復敬畏。」（二程全書一，遺書二上，二程語錄二上，頁二

十五)

「今日雜信鬼怪異說者，只是不先燭理，若於事上一一理會，則有甚盡期，須只於學上理會。」（二程全書一，遺書二下，二程語錄二下，頁三）

程頤以信鬼爲世俗的流行迷信，「聰明如邵堯夫猶不免致疑。」（同上）堯夫曾說聽見天空有人馬的聲音，程頤反駁說若有人馬，必須鞍韉的形像。堯夫則答以天地間也有一般不有不無的物。程頤再說：「深不然也。」（同上）他認爲這都是人們自己想像出來的東西，傳以爲信。「假使實所聞見，亦未足信，或是心病，或是目病。」（同上）

「古之言鬼神，不過著於祭祀，亦只是言如聞嘆息之聲。」（同上）

「生氣盡則死，死則謂之鬼可也，但不知世俗所謂鬼神何也？」（同上）

古人信鬼神，乃行祭祀，祭祀也祇是一種感應，人心和天地之氣相通。門生問程頤說，易經言知鬼神之情狀，是否眞有情狀。他答說是有。門生便說既有情狀，便有鬼神，程頤卻答說：

「易說鬼神便是造化也。……既有祭，則莫須有神否？曰：只氣便是神也。」（二程全書三，遺書二十二上，伊川語錄八上，頁八）

程頤解釋很清楚，「以功用言之謂之鬼神，以妙用言之謂之神。」他便以「易傳」所說鬼神為造化功用，以氣的神妙為神。

世間傳說有人驟知遠地的事，或知道從來沒有學習的事。譬如一個人沒有讀過書，病時忽然能背杜甫的詩，或是遠地知道親人的死訊。程頤說：

「故人之心，及至精一，有箇道理，自相感通。以至人心在此，託夢在彼，亦有是理，只是心之感通也。死者託夢，亦容有此理。」（二程全書一，遺書二上，二程語錄二上，頁二十五）

程頤曾以邵雍臨終前能聽見遠處的談話，乃人心的氣和天地之氣相通。這是天地之理，人物相通。所以程頤不信鬼怪。若世俗所說巫師看見鬼神的形狀，乃是與妖邪說，他也不信祈雨。曾有一個人名叫朱定，來向程頤問學，定在泗州做過守官，正逢城中起火，定命兵士舁僧伽避火。程頤對他說：你爲什麼不舁僧伽坐在火中，若僧伽被火燒了，則天下人再不迷信僧伽；若是有靈驗，不被火燒，也被讓天下人去信奉。（二程全書三，遺書十二上，伊川語錄八上，頁八）

二程不信鬼神，程顥初次做官，在永興府鄠縣做主簿，遇到地方的一座石佛頭頂常放火光，程顥質問石佛寺裏的主持人，命他若再見佛頂放光，拿佛頭取看。以後便再沒有佛頭發光的事。又遇芽山下有個龍池，裏面有條五色鮮艷的龍，人民都敬拜爲龍神。程顥卻命把龍殺了，剁成肉醬。程頤雖沒有這種故事，但破除迷信的心和兄長相同。

他們兄弟倆人又都反對佛教，駁斥輪迴的信仰。程頤說：

「問某嘗讀華嚴經，第一真空絕相觀，第二事理無礙觀，第三事事無礙觀，譬如鏡燈之類，包含萬象，無有窮盡，此理如何？曰：只爲釋氏要周遮，一言以蔽之，不過曰萬理歸於一理也。又問未知所以破佗處？曰：亦未得道他不是，百家諸子箇箇談仁談義，只爲他歸宿處不是，只是箇自私，爲輪迴生死。」（二程全書二，遺書十八，伊川語錄四，頁十）

「釋氏言成住壞空，便是不知道只有成壞，無住空。且如草木初生既成，生盡便枯壞也。……天下之物，無有住者。……長的自長，滅的自滅，自不相干也。」（同上）

程頤主張天地間萬物，生生滅滅，繼續不息，沒有能長住之物。物滅則氣散，所散之氣不復變爲新氣以生新物。天地間元氣自能產生新氣以生物，綿綿不斷。

至於人死後，魂魄若何？程頤主張人死則氣散。

「魂謂精魂，其死也，魂氣歸於天，消散之意。」（二程全書一，遺書三，二程語錄三，頁四）

「問魂魄何也？曰：魂只是陽，魄只是陰。魂氣歸於天體，魄氣歸於地，是也。如道家三魂七魄之說，妄爾！」（二程全書二，遺書十八，伊川語錄四，頁十三）

伊川不信人死後魂能長存，魄歸於地逐漸毀壞，魂氣歸於天，逐漸散失；所以他不信鬼神。

但是他卻又很積極維護祭祀的意義：

「又問祭起於聖人之制作，以教人否？曰：非也。祭先本天性。如豺有祭，獺有祭，鷹有祭，皆是天性；豈有人而不如物乎？聖人因而裁成禮法，以教人耳。又問今人不祭高祖如何？曰：高祖自有服，不祭甚非！某家卻祭高祖。」（二程全書三，遺書二十二上，伊川語錄八上，頁六）

「又問祭如在，祭神如神在。曰：祭如在，言祭祖宗。祭神如神在，則言祭神也。祭先主於孝，祭神主於恭敬。」（同上）

既不信鬼神，又不信人魂長存；卻又很看重祭祖和祭神的祭典，而且順承孔子的思想，「祭如在，祭神如神在」。雖祇說如在，如不能完全祇是人想像中之在，也應該相信神和祖魂眞眞存在。

4. 德論

「言學便以道爲志，言人便以聖爲志。」程頤以這種高尙的目標給弟子們標榜出來，他本人也以這個目標爲目標。聖人在孔子的心目中，爲一位有完善品格的人，爲一位發揮自己的人性而有得於心，又有表於外的人。以聖爲志，即是要以德爲志。

德，在人心有天生的「端」。程頤說：「性中只有四端，又豈有許多不善底事！」（二程全書二，遺書十八，伊川語錄四，頁十七）四端，即是孟子所說仁義禮智四端，人性生有這種善端，須要修養發揮，使有得於心，成一種善的習性，便成爲德。

「得之於心，謂之有德。自然睟然見於面，盎於背，施於四體，四體不言而喻，豈待勉强也。」（二程全書二，遺書十五，伊川語錄一，頁四）

有德之人，不能勉強造作，祇有外表，而外表乃心中所有之善，自然表露於外。和他相接觸的人，也自然感覺到有德者的祥氣。

程顥曾講明『仁』，程頤則講明『中』，然他也注重仁德。

（甲）中

程頤有「與品大臨論中書」，書中說：

「中卽道也。若謂道出於中，則道在中外，別爲一物矣。……」

「先生曰：中卽性也，此語極未安。中也者所以狀性之體段，如稱天圓地方，遂謂方圓卽天地可乎？……中者，性之德，却爲近之。……」

「先生曰：喜怒哀樂未發謂之中。赤子之心發而未遠於中，若便謂之中，是不識大本也。……」（二程全書六，伊川文集五，頁十、十一）

品大臨以「中者，道之所由出」，「中，卽性也」，又以「此心之狀，可以言中。」程頤答信指明中不是性，不是道的根由，祇是性的狀態，也不是心的狀態，因爲「凡言心者，指已發而言，固未當！心一也，有指體而言者，有指用而言者，惟觀其所見如何耳。」中，爲性的狀態。這種狀態，爲「不倚之謂中」。心之體，卽寂然不動之心，卽是性理，也是中。

在語錄中，有蘇季明問中道的幾大段語錄。季明問「中」是否就是喜怒未發之謂中，程頤答說不是，因爲喜怒哀樂未發是說在「中」，卽是說未發時，心在中。季明就問「在中」

有什麼意義？程頤說祇是未發時的形像，季明又問未發是靜否？程頤說未發不可見，人應當在已發之際觀察。「自古儒者皆言靜見天地之心，唯某言動而見天地之心。或曰：莫是動上求靜否？曰：固是，然最難。」（二程全書二，遺書十八，伊川語錄四，頁十五）因此，不可求中於喜怒哀樂未發之前，應求之於已發之際；然可以在未發之前，予以存養。

中，又應該合於時宜，天氣冷時穿暖的衣服爲中，天氣熱時穿涼的衣服爲中。男女不授受爲中，然在表祭時則不中。又譬如一廳以廳的中央爲中，一家以中堂爲中，一國以國之中央爲中。中又要合於地宜。程頤因此說：

「中字最難識，須是默識心通。」（同上，頁二十四）

程頤反對把「中」形上化，反對以「中」爲形上實體或爲形，他主張「中」代表性的體態。這種體態乃一特性，即是中庸，常適合所遇的時地身份。他的主張既來自中庸，也來自易經。易經講中正，程頤註釋易經便注重中正之道。如需卦象曰：「需有孚，光亨貞吉，位乎天位，以正中也。」程頤註釋說：

「五以剛實居中，為孚之象，而得其所需，亦為有孚之義，以乾剛而至誠，故其德光明而能亨通，得貞正而吉也。所以能然者，以居天位而得中正也。居天位指五。以正中兼二言，故云正中。」（二程全書七，伊川易傳一，頁二十）

例如師卦象曰「長子帥師以中行也，弟子輿師，使不當也。」程頤註釋說：

「長子謂二以中正之德，合於上而受任以行，若復使其餘者象尸其事，是任使之不當也，其凶宜矣。」（同上，頁二十九）

又如比卦：「九五顯比，王用三驅。……」象曰：「顯比之吉，位正中也。」程頤註曰：

「五居君位，處中得正，盡比道之善者也。」（同上，頁三十二）

陽爻居在第二位或第五位，稱爲中正，乃在應在的位置。中，便是代表宜於位宜於時，即是俗語恰得其當。

(乙) 仁

程顥的「識仁」篇代表他對於仁的思想，他對仁的主要思想在於「生」，繼續易經的仁道，以生生爲仁，又與張載西銘所說的仁道相同，「仁者，渾然與物同體。」程頤的仁道，與程顥的仁道，注重點有些不同，程頤對於仁，注重在一「公」字，公是仁的特點，自私便是不仁。「公」的模範爲天道，天道大公無私，使人物生育；自私則是人所爲，和天道相反。在骨子裏，二程的仁道都注重天地好生之德，祇是兩人的表達有些不同。程顥直接以天地好生爲仁，程頤以天地大公無私爲仁。

「仁道難名，惟公近之，非以公便為仁。」(二程全書一，遺書三，二程語錄三，伊川語錄，頁三)

「公則一，私則萬殊。至當歸一，精義無二。人心不同如面，只是私心」(二程全書二，遺書十五，伊川語錄一，頁一)

「仁之道，要之祇消道一公字。公只是仁之理，不可將公便喚做仁。公而以人體之，故為仁。只為公，則物我兼照。做仁所以能恕，所以能愛，恕則仁之施，愛則仁之用也。」（同上，頁八）

程頤解釋仁，解釋得非常明白，以公爲仁之理，以恕爲仁之施，以愛爲仁之用。仁之理卽仁的本性爲公，公「則物我兼照」。他不說「物我一體」，似乎和張載程顥的思想，不大相同，祇說「物我兼照」，兼照是愛及物。以恕爲施，以愛爲用，施和用有什麼區別？施爲推廣，爲孟子所說的推己及人；用則爲實行，爲推己及人的實際行爲，即是「己所不欲，勿施於人。」愛所能稱爲仁，須有公之理，要「仁民而愛物」。

愛和仁有什麼分別？愛是用，是情；仁則是人的本性所有的公之理。仁是體，愛是用。

「問仁。曰：此在諸公自思之，將聖賢所言仁處，類聚觀之，體認出來。孟子曰惻隱之心，仁也。後人遂以愛為仁。惻隱固是愛也。愛自是情，仁自是性，豈可專以愛為仁？」（二程全書二，遺書十八，伊川語錄四，頁一）

程頤分別得很清楚，公不是仁，愛也不是仁。公爲理，愛爲情，仁爲性。然而也不可以性爲仁，性固是仁，然仁不可概括性。仁和性的關係，就如中和性的關係。中代表性的體態，仁也代表性的特點，性中有公之理。

恕爲「仁之施」，恕也不是仁。恕字要和忠字連貫，忠爲恕的根基，恕按照「忠」去推己及人。

「恕字甚大，然恕不可獨用，須得忠以為體（忠恕只是體用），不忠何以能恕。看忠恕兩字，自見相為用處。」（同上，頁二）

仁和心的關係怎樣？理學家常以人心得天地之心爲心故仁。程頤說明心是主，仁是心所主的事；然不能以仁爲心之用，因心所主的仁，也是心的一部份。

「問仁與心何異？曰：心是所主處，仁是就事言。曰：若是，則仁是心之用否？曰：固是！若說仁者心之用則不可。心譬如身，四端如四支。四支固是身所用，只可謂身之四肢。四端固具於心，然亦未可便謂之心之用。

或曰：譬如五穀之種，必待陽氣而生。曰：非是！陽氣發處却是情也。心譬如穀種，生之性，便是仁也。」（同上，頁二）

程頤也贊成生生之理爲仁，所以說「生之性，仁也。」陽氣代表愛，愛是情。在講仁時，程頤的分析特長，把性情體用分析清楚，又主張用歸納法去「類聚觀之」古聖賢對仁的解釋，而且還要「體認」，而不憑空說理。

弟子們又問孔子所說「孝弟爲仁之本」和「克伐怨欲不行，可以爲仁，」若何解釋？程頤解釋孝弟爲仁的第一步實踐，孝弟爲用，仁是性。至於「克伐怨欲不行」，卽是沒有克伐怨欲，人就是仁。

「問孝弟為仁之本，此是由孝弟可以至仁否？曰：非也，謂行仁自孝弟始，蓋孝弟是仁之一事，謂之行仁之本則可，謂之是仁之本則不可；蓋仁是性也，孝弟是用也。」（同上，頁一）

「問克伐怨欲不行，可以為仁？曰：人無克伐怨欲四者，便是仁也。」（同上，頁二）

是聖人。

程頤以仁爲天地之道和人之道，天地爲公，人的生活也就在爲公。人能做到這一點，便

「道二，仁與不仁而已。自然理如是。」（二程全書二，遺書十五，伊川語錄一，頁八）

「大抵盡仁道者，卽是聖人，非聖人則不能盡得仁道。問曰：人有言盡人道謂之仁，盡天道謂之聖，此語何如？曰：此語固無病，然措意未是。安有知人道而不知天道者乎！道，一也。」（二程全書二，遺書十八，伊川語錄四，頁一）

程頤以聖爲人倫的至極，仁則通上下，仁不在聖以下，也不比聖小，祇是仁也可以代表聖以下的賢人。聖人則能盡仁之道，而不祇行仁的二三事。仁者盡仁道，則也必爲聖人，中庸第二十章所講盡人性，盡物性，贊天地化育，旣是仁人，又是聖人。

(丙) 五常

中和仁，都是善德的道理，也都爲人之性。人性爲中，又爲仁，發於外則成善行，善行有得於心，遂成善德。對於善行，理學家常講五常，程頤也講。五常爲仁義禮智信。五常的由來，由五行之氣而來，因人既有五常之氣，人便也有五常之德。五常之德源於五常之氣，氣既包含在具體的人性中，卽是包含在氣質之性中，氣質之性的具體化卽是心。因此，程頤說：心爲性之形。

氣在心中，心便有五常之氣。孟子曾說心有四端：惻隱之心、羞惡之心、辭讓之心、是非之心。這四種心情，乃是仁義禮智的根由，稱爲四端（孟子 公孫丑上）。四端爲金木水火四氣所成。信由土氣而成，土爲四季的四氣在變化時之出入點，信便是仁義禮智的共同條件。

「天有五行，人有五藏，心，火也，著些天地間風氣乘之便湏發燥。肝，木也，著些天地間風氣乘之便須發怒，推之五藏皆然。孟子將四端便為四體。仁便是一箇木氣象，惻隱之心便是一箇生物春底氣象。羞惡之心便是一箇秋底氣象，只有一箇去就斷割的氣象，便是義也。推之四端皆然，此箇事又著箇甚安排得也？此箇道理，雖牛馬血氣之類亦然，都恁備具，只是流行不同，各隨形氣後便昏了佗氣，如其子愛母，母愛其子，亦有木底氣象。又豈無羞恶之心，如避害就利，別所愛恶，一一理完。」（二程全書一，遺書二下，二程語錄二下，頁四）

人有五行之氣，禽獸也有五行之氣；人有四端，禽獸也有四端；人則氣清而明，禽獸則氣濁而昏。人因此能發揮四端，而有善德，禽獸祇靈原始之跡，不能有德。四端既由氣而成則屬於性；然本然之性祇有仁義禮智之理，四端則發於氣質之性。

「仁義禮智信，於性上要言此五事，須要分別出。若仁則固一，一所以為仁。惻隱則屬愛，乃情也，非性也。恕者入仁之門，而恕非仁也。因其惻隱之心，知其有仁。惟四者有端，而信無端，只有不信更無信。如東南西北已有定體，更不可言信。若以東為西，以南為北，則是有不信。如東卽東，西卽西，則無信。」（二程全書二，遺書十五，伊川語錄一，頁十九）

信爲善德的共同基本條件，即各是自己，仁要是仁，義要是義，禮要是禮，智要是智。在這種情形下，雖是信，但不說信。若仁不仁，則不信，不信則不能是德。信和誠相同，信代表一個狀態，誠則代表一種理。但程頤講誠以誠和敬相同，作一修爲的方法，也和信一樣了，是「徹頭徹尾，不誠更有甚物。」(二程全書二，遺書十八，伊川語錄四，頁十六)

5. 修　養

「學者言入乎耳，必須著乎心，見乎行事。如只聽佗人言，却似說他人事，已無所與也。」(二程全書二，遺書十八，伊川語錄四，頁六)

「言學便以道為志，言人便以聖為志。」(同上)

「呂氏童蒙訓曰：伊川妙處，全在要人力行，所以不欲苦言，用意深者，常自得之。」(宋元學案五，伊川學案，頁一百三)

程頤一生謹愼嚴肅，努力求行聖人之道，對於門生，也常謹嚴，敎人力行，他很注意修養。學案記載說：「韓公維與二先生善，屈致於潁昌，暇日同遊西湖，命諸子侍，行次有言貌不莊敬者，伊川回視，厲聲叱之曰：汝輩從長者行，敢笑語如此，韓氏孝謹之風衰矣。韓遂皆逐去之。」（同上，頁九十六）又記載說：「二程隨侍太中知漢州，宿一僧寺，明道入門而右，從者皆隨之，先生入門而左，獨行，至法堂上相會。先生自謂此是某不及家兄處。蓋明道和易，人皆親近，先生嚴重，人不敢近也。」（同上，頁九十八）

程顥敎人，自然隨心所欲，然所欲乃天理的自然流露。程頤則敎人嚴刻修養，注重力行。然二程都主張知必須有行，學者以成聖人爲志。弟子聽了老師的敎言，必要存諸心，又要力行實踐，否則不能稱爲好學。爲實踐聖人之志，程頤指出三步方法：一爲致知，二爲持敬，三爲養氣。

（甲）致　知

「須是識在所行之先，譬如行路須得光照。」（二程全書一，遺書三，二程語錄三，頁六）

「致知則有知，有知則能擇。」（二程全書二，遺書十五，伊川語錄一，頁一）

儒家修身之道，以大學所講的步驟次序爲標準。大學所講的次序，最先的步驟爲格物致知。人爲有理性的動物，有理性則有知，有知然後纔有行，「須是識在所行之先」，識爲行爲的照路光明。程顥和程頤都很注重致知格物，但是兩人所講的意義，則有不同。程顥以理在人心，反身而誠，則理自明；程頤以理在事物也在人心，人先求知事物之理，便通自心之理。

儒家的傳統常認天道爲人道的來由，天道卽是天理，人道也是天理。天理在天地萬物，爲同一天理。人爲修身，須先識天理，大學所以講致知格物。物是什麽？

「物則事也，凡事上窮極其理，則無不通。」（二程全書二，遺書十五，伊川語錄一，頁一）

程頤解釋物爲事，事卽日常生活中的事，就每樁事上，研究適宜的理，便是格物。因着格物，乃能致知。每一事有一事之理，譬如兒子對於父母的事有孝之理，父母對於兒女的事有慈愛之理，朋友對於朋友有信之理。就每樁事物上去研究，也去理會。

「人要明理，若止一物上明之，亦未濟事。須是集衆理然後脫然自有悟

處，然於物上理會也得，不理會也得。」（二程全書二，遺書十七，伊川語錄三，頁二）

理會不是在物上，是在自己，理會要自己去理會。格物雖是就事物去研究，但要返歸到自己身上，知道自己心裏就有這種天理。

「致知在格物，格物之理，不若察之於身，其得尤切。」（同上，頁一）

「今人欲致知須要格物，物不必謂事物然後謂之物也，自一身之中，至萬物之理，但理會得多，相次自然豁然有覺處。」（同上，頁六）

就事物上研究，又在自身上去理會。然而怎麽樣就一樁一樁的事去研究，卻能貫通一切呢？這本來就是歸納法，程頤不說明，卻說是「思」，「思」則「睿」。爲學致知，知道了一些事物之理，然後便要思索，思索在於把一樁一樁事物之理，結合起來，得一結論。有了結論，便是得了一項原則，按照原則而用演繹法去應接事物，便是明智的人了；明智卽是「睿」。

「問學何以有至覺悟處？曰：莫先致知，能致知則思，一日愈明一日，久而後有覺也。學而無覺則何益矣，又奚學為！思曰睿，睿作聖，纔思便睿，以至作聖，亦是一箇思。」（二程全書二，遺書十八，伊川語錄四，頁四）

覺悟，在於對於事理都明了，事理之明在於得到了原則，有了原則便通了。爲能得到原則，要知道多少事物之理呢？西洋哲學講歸納，也有個問題，即是所研究的實例，究竟要有多少，纔可以得到結論？答案也很難，所研究的問題性質不一樣；然而在原則上則是所研究的實例到了相當的數目，可以說在百分之八十，都有同樣的結果，則可以歸納而得一項原則。程頤對於格物常說並不是要格盡天下的事物，然後纔能致知，格了一事的事理，便能自然貫通。

「問格物是外物是性分中物？曰：不拘。凡眼前無非是物，物物皆有理。……又問只窮一物，見此一物，還便見得諸理否？曰：須是偏求，雖顏子亦只能聞一知十，若到後來達理了，雖億萬亦可通。」（二程全書三，遺書十九，伊

川語錄五，頁一）

「格物窮理非是要盡窮天下之物，但於一事上窮盡，其他可以類推至。……如一事上窮不得，且別窮一事。……所以能窮者，只為萬物皆是一理。至如一物一事，雖小，皆有是理。」（二程遺書二，遺書十五，伊川語錄一，頁十一）

格物不是反身為誠，自明心中大理，乃是研究事物之理。事物之理可以是外物，也可以是內心。格物時，要能澈底了解這椿事物之理，既了解了，則可以類推到同類的事。這種歸納法不是純淨的歸納法，而是分析的研究法，分析研究所得事理，便成為原則，可以演繹類推。所以能這樣辦，是因為天下萬物同一理。

（乙）持　敬

知道了天理，則按照天理去修身。大學修身之道，在於正心誠意；正心誠意的目標在於心安。程頤在第一篇文章「顏子所學何學論」裏說：「凡學之道，正其心養其性而已矣，中正而誠則聖矣。君子之學，必先明其心知所養，然後力行，以求至所謂自明而誠也。」力行之道，在先正心，正心在於持敬。

敬的意思是端肅，端肅則不亂，不亂在於心主於一。程頤自己外貌常端肅，程顥則瀟灑自然。外貌的端肅要反映內心的端肅，內心的端肅在於常能注意天理，使心之動合於理而中節。每事有事之理，為做這事使止於這事之理，這就是敬。

「人多思慮，不能自寧，只是做他心主不定。要作得心主定，惟是止於事，為人君止於仁之類。……有物必有則，須是止於事。」(二程全書二，遺書十五，伊川語錄一，頁一)

止於事，稱為「主於一」，就每一事上，專心去做好。敬為主一，因專心於一事，內外都端正嚴肅，則不有邪念。

「閑邪則固有一矣，然主一則不消言閑邪。有以一為難見，不可下工夫，如何？一者無他，只是整齊嚴肅，則心便一，一則自是無非僻之奸。此意但涵養久，則天理自然明。」(同上，頁六)

心專於一，整齊嚴肅，乃無雜念，心便虛靜。虛靜不是虛空無事，而是心主於一。

「有主則虛，無主則實，必有所事。」（同上，頁一）

「敬則自虛靜，不可把虛靜喚做敬。居敬則自然行簡。」（同上，頁十一）

在這一點上，程頤明明受佛教的影響；但他自己說明和佛教有分別，佛教用靜，他則用敬，靜是消極，敬是積極；而且程頤所講的虛靜，不是空虛無物，而是主於一物之理。

「問敬還用意否？曰：其始安得不用意，若能不用意，却是都無事了。又問敬莫是靜否？曰：纔說靜，便入於釋氏之說也。不用靜字，只用敬字，纔說着靜字，便是忘也。孟子曰：必有事焉而勿正，心勿忘，勿助長也。必有事焉，便是心勿忘，勿正，便是勿助長。」（二程全書二，遺書十八，伊川語錄四，頁七）

程顥主張誠，自然而安。程頤主張用意修養，勉力勿怠，然也不宜急迫，否則揠苗助長。修養久了，則心自然主一不亂。主一是心有事，有事則心有主，有主則心便沒有雜念，心乃虛靜而能安。

「主一者謂之敬，一者謂之誠，主則有意在。」（二程全書三，遺書二十四，伊川語錄十，頁四）

心專於一事之天理，天理乃顯明。程頤把中庸大學的修養之道合而爲一，敬就是誠，誠就是正心。

(丙) 養氣

持敬使心能安定，心的安定要表現於外，表現於外的安定，便是孟子所說的浩然之氣。人爲能有浩然之氣，應該養氣。

養氣也稱爲養心，養心就是把心的安定狀態常常保持，遇事心都不動。然而心之動是氣動而不是理動，而且人的生命以氣爲元素，心是氣；因此爲養心便該養氣。人所得之氣有清濁，氣清的人生來情慾輕，心易定；氣濁的人則心易動易亂，須多用涵養使氣不動。

爲養氣，先有志，以志率氣。再者外面行動，嚴肅端重，可以阻止氣的妄動，久而久之，心乃保持安定，氣則浩然充塞宇宙。

「養心莫善於寡欲。」（二程全書二，遺書十五，伊川語錄一，頁二）

「率氣者在志，養志者在直內。」（同上，頁七）

寡欲使欲不掩蔽天理，不擾亂心。爲寡欲，須先定志，志定則心專，心專則主一。主一之志，則以率氣。氣卽是情欲。所以修養的工夫全在於心能節制情欲，使之不妄動。

「人語言緊急莫是氣不定否？曰：此亦當習，習到言語自然緩時，便是氣質變也。」（二程全書二，遺書十八，伊川語錄四，頁七）

「或問人或倦怠，豈志不立乎？曰：若是氣體勞後須倦，若是志怠生倦得，人只為氣勝志，故多為氣所使。……若是志勝氣，志既一定，更不可易。……」（同上）

「問人之燕居，形體怠惰，心不慢可否？曰：安有箕踞而心不慢者。昔呂

與叔六月中來緱氏，閒居中，某嘗窺之，必見其儼然危坐，可謂敦篤矣。學者須恭敬，但不可令拘迫，拘迫則難久矣。」（同上）

「問人於議論，多欲己直，無含容之氣，是氣不平否？曰：因是氣不平，亦是量狹。人量隨識長，亦有人識高而量不長者，是識實未至也。」（同上，頁八）

養氣須事事留心，事事謹愼，從小事做起，到了純熟時，則心常定。人的氣不平，是因爲人沒有加以節制，若加以節制，則言語行動，不會表現不平之氣。

程頤一生常端重嚴肅，當他在京中任侍講時，蘇軾在翰林院有重名，「一時文士多歸之，文士不樂拘檢，迂先生所爲，兩家門人，迭起標榜，遂分黨爲洛蜀。」（宋元學案　伊川學案，頁四十九）程頤後因黨爭而被貶謫。

「貶涪州，渡江中流，船幾覆，舟中人皆號哭，先生獨正襟安坐如常。已而及岸，同舟有父老問曰：當船危時，君獨無怖色，何也？曰：心存誠敬爾。」（同上，頁九十八）

「伊川見人靜坐，便嘆息其善學。」（同上，頁一百）

程頤力行所學，以嚴肅爲行動的規律，對人對己都不敢苟且，事事認眞。「司馬溫公呂申公嘗言於朝日：程頤之爲人，言必忠信，動遵禮義，眞儒者之高蹈，聖世之逸民。」（同上，頁一百）

四、結論

程頤在宋朝的理學史中，是一位建立理學系統的學者，把易經、中庸、大學、孟子幾本書中的思想，結成一個系統，使理學成爲哲學的系統思想。

他以「天下物皆可以理照，有物必有則，一物須有一理。」（二程全書二，遺書十八，伊川語錄四，頁九）一物一理，萬物又同一理。理和氣結成物，氣分清濁，清濁使物不同，人也因氣的清濁而有個性。人的善惡不在於性理而在於氣，氣的清濁生出情慾的多寡，情慾多則掩蔽天理。人生之道，在於實踐天理。先格求事物之理，「觀物理以察己，既能燭理，則無往而不識。」（同上，頁九）識了事理，則端重嚴肅以求每事按理而行，心主於一，乃能養氣而心安。「爲人處世間，得見事無可疑處，多少快活。」（同上）

程頤的思想和周敦頤的思想不同，他不接受太極圖說，不講太極，只講理和氣。程頤和張載的思想也有不同，他不贊成張載以太虛之氣爲宇宙之元，也不贊成物壞後氣返回本原。在修養方面，張載主張窮理盡性爲兩事，程頤則主張窮理盡性以至於命爲一事。張載更不贊成二程的持敬主靜。

程頤和程顥兩兄弟的思想在形上學方面，大致相同，在修養方面則有分別。程顥主張反身而誠則知天理，程頤則主張致知在格物窮理；程顥又教人把自心的天然流露，一團和氣，程頤則主張嚴肅與修養，一絲不苟。而且程頤講學注重分析，運用理則方法。

程頤在宋代理學史上，被認爲朱熹的先師，且對於易經和書經詩經的註釋，也成立了以理據經的學問。

註：

註一：二程全書（四部備要本， 子部），上海中華書局據江寧刻本校刊。

註二：吳康 宋明理學，華國出版社，民四十四年，頁一五九。

註三：羅光 中國哲學大綱，臺灣商務印書館，頁二七。

註四：吳康 宋明理學，頁一五六。